Fermín Munarriz

Lichtblicke im Baskenland

W0045972

Fermín Munarriz

Lichtblicke
im Baskenland

Ein Interview mit Arnaldo Otegi

Mit einem Vorwort von Gerry Adams

Aus dem Spanischen übersetzt von
Ralf Streck und Harry Stürmer

PapyRossa Verlag

Gedruckt mit freundlicher Unterstützung der Hans-Böckler-Stiftung

Titel der Originalausgabe:
El tiempo de las luces. Entrevista con Arnaldo Otegi
© 2012 by Baigorri Argitaletxea, All rights reserved.

© der dt. Ausgabe 2014 by PapyRossa Verlags GmbH & Co. KG, Köln
Luxemburger Str. 202, 50937 Köln
Tel.: +49 (0) 221 – 44 85 45
Fax: +49 (0) 221 – 44 43 05
E-Mail: mail@papyrossa.de
Internet: www.papyrossa.de

Alle Rechte vorbehalten

Umschlag: Fhorma Promo S. L.
Druck: Interpress

Die Deutsche Nationalbibliothek verzeichnet diese Publikation in
der Deutschen Nationalbibliografie; detaillierte bibliografische
Daten sind im Internet über http://dnb.d-nb.de abrufbar

ISBN 978-3-89438-544-6

Inhalt

Editorial	7
Vorwort zur deutschen Ausgabe	8
Vorwort von Gerry Adams Die Chance auf Frieden ergreifen	11
Der lange Marsch	15
Vom Txillarre nach Loiola	33
Loiola	50
Vom Flughafenparkhaus T4 bis Genf	66
15 Monate in Haft	82
Kreuzzug gegen die baskische Linke	93
Die Strategiedebatte	105
Die Oktober-Razzia	114
Von Altasu zur Erklärung »Zutik Euskal Herria«	125
Adressaten: Internationale Öffentlichkeit und Baskenland Von Brüssel nach Gernika	139
Einseitigkeit, Dialog und Abkommen	155
Prozess und Urteil im »Bateragune-Prozess«	170

Die Konferenz in Aiete   183

Das definitive Ende des bewaffneten Kampfes der ETA   195

Prioritäten   207

Die Folgen des Konflikts   219

Zukunftsvisionen   231

Anhang A
Das Baskenland – eine Standortbestimmung   247

Anhang B
Arnaldo Otegi Mondragón – Eine Kurzbiographie   249

Anhang C
Glossar   252

Anhang D
Bildnachweise   255

EDITORIAL

Liebe Leserin, lieber Leser!

Das Buch, das Sie gerade in der Hand halten, ist kein gewöhnliches Buch. Für seine Fertigstellung musste es den außergewöhnlichen Umständen Rechnung tragen, unter denen sein Protagonist, Arnaldo Otegi, als Häftling im spanischen Gefängnis in Logroño einsitzt.

Das Verbot, uns für die Interviews von Angesicht zu Angesicht zu treffen, machte es notwendig, die Gefängnismauern auf eine andere Art zu überwinden. Wir führten das Gespräch über komplizierte und diskrete Kommunikationskanäle mittels schriftlich vorformulierter Fragen und handschriftlicher Antworten des Gefangenen. So zog sich über mehrere Monate hin, was unter normalen Umständen nichts weiter als ein lebendiger und flüssiger Austausch gewesen wäre.

Als Folge dieses komplizierten Entstehungsprozesses war es unmöglich, auf Antworten spontan mit Nachfragen zu reagieren. Um den Stil und die Atmosphäre dieser langwierigen Fernkonversation getreu wiederzugeben, haben wir darauf verzichtet, Nachfragen schriftlich neu zu formulieren. Wir haben nur Fragen nachgereicht, die sich aufgrund der aktuellen Entwicklung ergaben, und vorher zwar angesprochen, aber nicht ausreichend behandelt worden waren.

Ich hoffe, dass die Kenntnis dieser Details dazu beiträgt, das Buch in dem historischen Ausnahmezustand zu verorten, unter dem es zustande gekommen ist.

Arnaldo Otegi ist als politischer Vordenker bekannt. Und er ist einer der zentralen Akteure, die maßgeblich daran mitgewirkt haben, dass gegenwärtig im Baskenland eine neue, von Optimismus geprägte Stimmung spürbar ist. Wohl genau wegen dieses »Vergehens« befindet er sich, wie andere AktivistInnen, in Haft und ist damit Teil des Kollektivs von mehr als 600 baskischen Männern und Frauen, die gegenwärtig aus politischen Gründen in spanischen und französischen Gefängnissen sitzen.

Fermín Munarriz

VORWORT ZUR DEUTSCHEN AUSGABE

»Ein tiefes Gefühl der Freude«, so beschreibt die baskische Zeitung GARA die Stimmung derer, die sich in Donostia[1] vor dem Gefängnis von Martutene versammelt haben. Es ist der 31. August 2008 und Arnaldo Otegi wird nach 15-monatiger Haft entlassen. Kurz nach dem Scheitern der Friedensverhandlungen von 2005 bis 2007 war der prominente und charismatische Verhandlungsführer der baskischen linken Unabhängigkeitsbewegung inhaftiert worden. Im fünften Kapitel des vorliegenden Buches bezeichnet Otegi dies als »Plan B der (spanischen) Regierung« und als »Botschaft der psychologischen Kriegsführung«. Die verschärfte Verfolgung baskischer politischer Aktivisten beabsichtigte, die abertzale Linke[2] nach dem Scheitern der Verhandlungen in eine Krise zu stürzen.

Nichtsdestotrotz stellt ein kleiner Kreis um Arnaldo Otegi die Weichen für eine offene Analyse der eigenen Fehler und für eine Strategiediskussion zur Neuausrichtung. »Wenn wir … behaupten, dass objektive und subjektive Bedingungen für einen politischen Wandel bestehen, er sich aber nicht ereignet, dann haben wir uns entweder geirrt … oder nicht die adäquate Strategie angewandt«, erläutert Arnaldo Otegi im Kapitel »Kreuzzug gegen die baskische Linke« den Ausgangspunkt seiner Überlegungen. An der Strategiediskussion sollten sich später Tausende beteiligen.

Für die baskische Linke ist die Lösung des Konflikts zwischen dem Baskenland auf der einen sowie dem spanischen und dem französischen Staat auf der anderen Seite ein wichtiger Meilenstein. Denn unter dem Deckmantel der bewaffneten Auseinandersetzung mit der ETA setzt der spanische Staat sein Anti-Terror-Instrumentarium gegen die gesamte Unabhängigkeitsbewegung ein. Die tief in der baskischen Bevölkerung verwurzelte Bewegung konnte trotz der Illegalisierung ihrer Organisationen staatlicher Verfolgung widerstehen. Mit dem hohen Grad der Politisierung der Bevölkerung, ihrem Engagement,

---

1   Hauptstadt der baskischen Provinz Gipuzkoa, spanischer Name: San Sebastián

2   Die baskische linke Bewegung, die für die Unabhängigkeit des Baskenlands eintritt, bezeichnet sich als »abertzale Linke«. Eine politische Einordnung findet sich im ersten Kapitel »Der lange Marsch«.

der baskischen Kultur des Miteinander, ihren kämpferischen Gewerkschaften und ihrer starken Linken könnte ein freies Baskenland auch auf internationaler Ebene wertvolle Beiträge leisten: zur Abwehr der neoliberalen Agenda, die Europas Machteliten durchsetzen wollen, und zur Schaffung neuer, kollektiver und partizipativer Formen des Zusammenlebens, für die es im Baskenland viele gute Ansätze gibt. Aber dazu braucht es die Möglichkeit einer offenen und demokratischen Diskussion in der Bevölkerung – unter den Bedingungen des bewaffneten Konflikts eine Unmöglichkeit.

Gerade einmal vierzehn Monate in Freiheit blieben Arnaldo Otegi, um sein Projekt auf den Weg zu bringen. Die neue Strategie setzt auf umfassende Bündnisse und die Bildung eines linken Blocks für Unabhängigkeit, auf die breite Beteiligung der baskischen Bevölkerung und die Unterstützung durch die internationale Gemeinschaft. Erst wenn der Druck aus der ganzen Breite dieses Spektrums auf die spanische Regierung groß genug ist, wird sie sich in Richtung Konfliktlösung bewegen und neue demokratische Rahmenbedingungen für das Baskenland akzeptieren. Das ist die Lehre aus der Vergangenheit. Initiativen zur Konfliktlösung würde die baskische Linke deshalb künftig bzw. bis dahin nicht nur als Ergebnis von Verhandlungen der Konfliktparteien starten, sondern auch einseitig und autark ins Leben rufen, um die notwendige Dynamik zu erzeugen. Sie würde dabei auf ausschließlich friedliche und demokratische Mittel setzen, um ihre politischen Ziele zu erreichen.

Am 13. Oktober 2009 stürmt die spanische Guardia Civil den Sitz der baskischen Gewerkschaft LAB in Donostia und verhaftet Arnaldo Otegi und seine Mitstreiter, die just zu diesem Zeitpunkt daran arbeiten, die Debatte um eine neue Strategie zur Entscheidung an die Basis weiterzuleiten. Die Verhaftung sowie die spätere Verurteilung zu 6 ½ Jahren Gefängnis empören viele Menschen im Baskenland. Die Kampagne für die Freilassung der Inhaftierten wird in der baskischen Bevölkerung breit unterstützt. Die Verhaftungen wecken aber auch das Interesse an der Debatte: allein im Internet wird das Dokument »Klärung der politischen Phase und der Strategie« über 200.000 mal heruntergeladen.

Der Strategiewechsel wird von der Basis der abertzalen Linken nach intensiver Diskussion im Februar 2010 mit überwältigender Mehrheit angenommen. Er machte in den letzten Jahren politische Fortschritte möglich, die man nur als atemberaubend bezeichnen kann. Lichtblicke auf dem schwierigen Weg in eine selbstbestimmte Zukunft. Im Bündnis mit kleineren Parteien gelangen spektakuläre Wahlerfolge auf allen Ebenen, die internationale Konferenz von Aiete gab im Oktober 2011 den Fahrplan für einen Friedensprozess vor, nur wenige Tage später erklärte die ETA das Ende ihres bewaffneten Kampfes. Gegen den erbitterten

Widerstand der spanischen Regierung setzte die baskische Linke vor dem spanischen Verfassungsgericht die Gründung ihrer neuen Partei Sortu (aufbauen, neu entstehen) durch. Zu ihrem Generalsekretär wählten die Gründungsmitglieder im Februar 2013 den politischen Gefangenen Arnaldo Otegi. Im April 2013 erhalten Arnaldo Otegi und Jesús Eguiguren den Friedenspreis von Gernika für die gemeinsamen Bemühungen um eine friedliche Lösung des baskischen Konflikts. Otegi berichtet über diese Gespräche im Kapitel »Vom Txillare nach Loiola«.

Für Leserinnen und Leser außerhalb des Baskenlands bietet das Buch spannende Einblicke in die Entwicklung einer der stärksten linken Bewegungen in Europa, die seit langem partizipative Gesellschaftsmodelle und kollektive Modelle eines alternativen Zusammenlebens umsetzt und in der Praxis weiterentwickelt. Arnaldo Otegi hat über zwei Jahrzehnte maßgeblich zur Entwicklung dieser Bewegung, der abertzalen Linken, beigetragen. Ihre neue Strategie stellt die Veränderung der Gesellschaft in den Mittelpunkt. Aktive Beteiligung der Bevölkerung ist auch der Schlüssel, um angesichts von Verhandlungspartnern, die ihre Machtinteressen hinter Anti-Terror-Vokabular verstecken, Lösungen zu erreichen.

Es würde uns freuen, wenn das vorliegende Buch den einen oder die andere dazu verleitet, einen Beitrag für ein künftig friedliches und selbstbestimmtes Baskenland zu leisten. Wir freuen uns auf jeden Fall sehr, das Buch nun auch in deutscher Übersetzung in Händen zu halten. Für die finanzielle Unterstützung des Projekts bedanken wir uns herzlich bei der Hans-Böckler-Stiftung. Ein besonderer Dank gilt den beiden Übersetzern Ralf Streck und Harry Stürmer. Sie haben die Persönlichkeit, die Argumentationsweise und auch den Humor Arnaldo Otegis sehr feinfühlig in die deutsche Ausgabe übertragen und in vielen Fußnoten den für das Verständnis nötigen Kontext ergänzt.

Es war außerdem eine Freude, mit Fermín Munarriz, dem baskischen Autor des Interviewbuches, zusammenzuarbeiten. Er half an vielen Stellen und ließ uns die Freiheit, die »Lichtblicke« in leicht gekürzter Form zu veröffentlichen. Wir hoffen, damit das Buch verständlich und übersichtlich gestaltet zu haben. Ein Dank geht auch an den Präsidenten der irischen Partei Sinn Féin, Gerry Adams, für die Zustimmung zur Übernahme seines Vorworts – mit einigen Aktualisierungen – in die deutsche Ausgabe.

Viele haben geholfen, dieses Projekt Wirklichkeit werden zu lassen. Speziell möchte ich mich bei Jonan Lekue, Daniel Canta, David Saez de Jauregi und Bine Hochhaus für ihre Hilfe und bei den Designern von Fhorma Internet für das grandiose Titelbild bedanken.

Uschi Grandel, Schierling (bei Regensburg)
Euskal Herriaren Lagunak – Freundinnen und Freunde des Baskenlands

VORWORT VON GERRY ADAMS

DIE CHANCE AUF FRIEDEN ERGREIFEN

Im Oktober 2011 nahm ich an einer Konferenz in Donostia / San Sebastián in Euskal Herria, dem Baskenland, teil. Die »Internationale Konferenz zur Konfliktlösung im Baskenland« wurde vom baskischen Bürgernetzwerk für Einigkeit und Versöhnung, Lokarri, der Internationalen Kontaktgruppe (ICG) unter Leitung des südafrikanischen Anwalts Brian Currin, sowie vier internationalen Stiftungen organisiert.

Fünf weitere international bekannte Persönlichkeiten trugen zum Gelingen der Konferenz bei: der frühere irische Taoiseach Bertie Ahern, Jonathan Powell, der ehemalige Büroleiter von Tony Blair, der einstige UN-Generalsekretär Kofi Annan, Pierre Joxe, ehemals französischer Verteidigungs- und Innenminister, sowie Gro Harland Bruntland, die frühere Ministerpräsidentin Norwegens. Gemeinsam sollten wir über Konfliktlösungsprozesse sprechen, über Schwierigkeiten und Hoffnungen, und eine Erklärung erarbeiten, in der wir die aus unserer Sicht notwendigen Schritte skizzieren, um den Friedensprozess im Baskenland weiterzuentwickeln. Die Erklärung lautete:

1. Wir fordern die ETA zu einer öffentlichen Erklärung auf, in der sie definitiv das Ende aller bewaffneten Aktionen bekannt gibt und in der sie die spanische und die französische Regierung zu Gesprächen auffordert, die ausschließlich die Konfliktfolgen betreffen.
2. Wir appellieren nachdrücklich an die Regierungen von Spanien und Frankreich, eine solche Erklärung zu begrüßen und Gesprächen zuzustimmen, die ausschließlich die Konfliktfolgen betreffen.
3. Wir mahnen große Schritte zur Versöhnung und zur Anerkennung aller Opfer an. Wir mahnen an, das Leid, das ihnen angetan wurde, anzuerkennen, sie zu entschädigen, ihnen zu helfen und alles dafür zu tun, dass persönliche und soziale Wunden heilen können.
4. Aus unserer Erfahrung mit Konfliktlösungen wissen wir, dass es oft weitere Aspekte sind, deren Einbeziehung helfen kann, das Ziel eines dauerhaften

Friedens zu erreichen. Wir schlagen vor, dass sich gewaltlose Akteure und politische Repräsentanten treffen und in Abstimmung mit der Bevölkerung politische und verwandte Themen diskutieren, die für eine neue Ära ohne bewaffneten Konflikt relevant sein können. Nach unserer Erfahrung ist die Anwesenheit Dritter in einem solchen Dialog hilfreich, ob als Beobachter oder als Moderatoren. Es könnte auch eine Unterstützung durch internationale Moderatoren bereitgestellt werden, wenn die Teilnehmer dies wünschen.

5. Wir sind bereit, ein Komitee zu gründen, das diese Empfehlungen weiterverfolgt.

Innerhalb weniger Tage nach der Veröffentlichung unserer Erklärung reagierte die ETA – Euskadi ta Askatasuna (Baskenland und Freiheit) – mit einer positiven Antwort und erklärte, die Konferenz sei »eine Initiative von enormer Bedeutung«. Die ETA erkannte an, dass nun eine »historische Chance für eine gerechte und demokratische Lösung des Jahrhunderte alten politischen Konflikts« bestehe. »Dialog und Übereinkünfte sollten diese neue Phase bestimmen, nicht Gewalt und Unterdrückung«. Und die Organisation erklärte »das unumkehrbare Ende ihres bewaffneten Kampfes ... Mit dieser historischen Entscheidung leistet die ETA ihren klaren, unerschütterlichen und unumstößlichen Beitrag.«

Die Konferenz von Donostia / San Sebastián und ihre Erklärung waren der Höhepunkt jahrelanger intensiver Bemühungen einer Reihe von Personen und Gruppen, die sich einem dauerhaften Frieden im Baskenland verpflichtet sehen.

Sinn Féin war tief in diesen Prozess involviert. Seit langem gibt es eine enge Beziehung zwischen Iren und den Menschen in Frankreich, Spanien und im Baskenland. Die Beiträge Sinn Féins reichen bis zum Karfreitagsabkommen[3] zurück. In den dazwischenliegenden Jahren gab es Zeiten großer Hoffnung, aber auch Verzweiflung, wenn das Engagement für Frieden Rückschläge zu verkraften hatte. Wir haben eng mit unseren baskischen Freunden von Batasuna zusammengearbeitet, unter ihnen Arnaldo Otegi. Es galt, dem festgefahrenen Friedensprozess zu neuem Schwung zu verhelfen. Ihr Beitrag war ausschlaggebend dafür, dass dies trotz andauernder Repression und einer Verhaftungswelle erreicht wurde.

Die abertzale Linke entwickelte in den letzten Jahren eine neue politische

---

3 Friedensabkommen im Nordirlandkonflikt. Es wurde am Karfreitag im April 1998 unterzeichnet, daher sein Name.

Strategie, um Erfolge im Friedensprozess zu erzielen. Die Verbindung zwischen dem irischen und dem baskischen Friedensprozess ist klar erkennbar. Die Strategie der abertzalen Linken lässt keinen Zweifel aufkommen und verpflichtet baskische Aktivisten auf »ausschließlich politische und demokratische Mittel« zur Verfolgung ihrer politischen Ziele, auf Veränderungen »in völliger Abwesenheit von Gewalt und ohne äußere Einflussnahme in Übereinstimmung mit den Mitchell-Kriterien[4]«. Ihr politisches Ziel ist »ein stabiler und dauerhafter Friede im Baskenland«.

Frieden zu erreichen ist eine unglaublich schwierige Herausforderung. Verfeindete Gruppen müssen dazu versuchen zu verstehen, was ihre Opponenten antreibt und inspiriert. Letztendlich, wie Madiba – Nelson Mandela – einst sagte, müssen wir Freundschaft mit unseren Feinden schließen.

Jeder Konflikt ist unterschiedlich, aber der Schlüssel zu allem ist der Dialog. Das ist der Beginn. Ohne Dialogbereitschaft gibt es wenig Hoffnung auf Erfolg. Das bedeutet aber auch, die demokratischen Rechte aller politischen Parteien anzuerkennen, zu respektieren und sie gleichberechtigt zu behandeln. Das heißt, die Rechte der Bürgerinnen und Bürger auf freie Wahl ihrer Vertreter zu respektieren und entsprechend zu handeln. Deshalb begrüße ich die Entscheidung des spanischen Verfassungsgerichts vom Juni 2012, das Verbot von Sortu aufzuheben. Das ist ein positiver Schritt. Aber die Paradoxie ist offensichtlich. Für den Versuch, die Programmatik dieser politischen Organisation festzulegen, wurden Arnaldo Otegi und seine Mitstreiter verhaftet. Das ist eine absurde Situation. Die andauernde Inhaftierung Arnaldo Otegis und seiner Mitstreiter, die sich aus meiner Sicht dem Frieden verpflichtet fühlen, ist zutiefst kontraproduktiv.

Das Gedicht »Heilung in Troja« des irischen Dichters und Nobelpreisträgers Seamus Heaney drückt die Verzweiflung des Konflikts und die Hoffnung auf Frieden und Gerechtigkeit aus. Für viele schien der Konflikt in Irland, der seinen Ursprung in Jahrhunderten von Kampf, Spaltung und Gewalt hatte, unlösbar. Jede Generation kannte den Krieg – und zwischen den Zyklen der Gewalt gab es Verzweiflung über Unterdrückung und Diskriminierung, über Instabilität und institutionelle Gewalt. Dieser Kreislauf schien sich auch in eine deprimierende Zukunft hinein auszudehnen.

---

4   Als Moderator im Nordirlandkonflikt hatte der US-Senator George Mitchell alle Verhandlungsparteien auf folgende Prinzipien verpflichtet: politische Ziele nur mit friedlichen und demokratischen Mitteln durchzusetzen, bewaffnete Gruppen unter internationaler Kontrolle zu entwaffnen, Gewalt weder auszuüben, noch zu befürworten oder mit ihr zu drohen.

Abb. 1: Gemeinsame Pressekonferenz von Sinn-Fein-Präsident Gerry Adams und Batasuna-Verhandlungsführer Arnaldo Otegi während der Friedensverhandlungen am 6.6.2006.

Seamus Heaney schrieb: »Menschen leiden / Sie foltern einander / Sie werden verletzt und werden hart...« Aber da waren welche, die wagten zu träumen und auf eine andere Entwicklung zu hoffen. Sie glaubten wie Heaney an eine Zukunft »jenseits der Rache« und daran, dass Frieden möglich wird.

Arnaldo Otegi und seine Mitstreiter gehören zu denen, die zu träumen wagten und die einen neuen friedlichen und demokratischen Weg in Richtung baskischer Freiheit und Unabhängigkeit vorschlugen. Sie sollten freigelassen werden.

Ich bitte die neuen Regierungen in Spanien und Frankreich dringend, die existierende historische Chance zu ergreifen und die Anstrengungen für Frieden im Baskenland zu verstärken. Vor allem möchte ich darauf drängen, die baskischen politischen Aktivisten und Gewerkschafter, die Mitglieder von Jugendorganisationen, von kulturellen Gruppen und Medien, die die spanische Regierung derzeit inhaftiert hat, zu entlassen.

Meine guten Wünsche und meine Solidarität gehören all denen, die sich einem friedlichen und demokratischen Prozess verpflichtet fühlen und die daran arbeiten, ein neues Verhältnis zwischen dem Baskenland und dem spanischen Staat aufzubauen, das auf Gleichberechtigung baut und das Recht zur Selbstbestimmung beinhaltet, ohne Unterdrückung und ohne Einmischung von außen.

Gerry Adams, Belfast

DER LANGE MARSCH

Entschuldigen Sie, wenn ich mich schriftlich an Sie wende, doch wir erleben hier außergewöhnliche Umstände im Europa des 21. Jahrhunderts... Sie sind einer der führenden Köpfe einer politischen Bewegung, Gesprächspartner der spanischen Regierung und von internationalen Vermittlern und Sie gehören zu denen, die die neue Friedensepoche in Gang gesetzt haben. Trotzdem sitzen Sie im Gefängnis. Was ist los im Baskenland?

Wir sind zwei Staaten unterworfen, deren Identität auch auf der Weigerung beruht, uns anzuerkennen, die uns ihrem Zwang und Repression (brutaler im spanischen Staat) unterwerfen. Das bestimmt ihre Beziehungen zum Baskenland. Dazu muss aber festgehalten werden, dass wir unsererseits niemals aufgegeben haben, uns zu organisieren und für unsere nationalen und sozialen Rechte einzutreten, zu streiten, was dann notwendigerweise zur Kollision zweier aufeinanderzurasender Züge führt. Egal wie hart und extrem die Bedingungen auch immer seien, nie werden wir zulassen, dass sie uns unser Lachen oder unsere Entschlossenheit zum Kampf rauben.

In den vergangenen 200 Jahren hat jede Generation im Baskenland unter den Konsequenzen politischer und gewalttätiger Konflikte zu leiden gehabt. Kann die neueste Entwicklung nun die entscheidende Chance für künftige Generationen sein?

Zweifellos ist das jetzt die entscheidende Gelegenheit. Genau deshalb erfordert der wirklich außerordentliche und unumkehrbare Charakter des Prozesses von uns ein Höchstmaß an Vorsicht, Geduld, Intelligenz und Verantwortlichkeit hinsichtlich all unserer eingegangenen Verpflichtungen und Initiativen. Auf unseren Schultern lastet ein großer Teil der Arbeit, um die Zukunft für spätere Generationen in unserem Land zu gestalten. Das ist unser historischer Auftrag.

Hat Spanien Angst?

Die, die in Spanien die aktuelle staatliche Ordnung verteidigen, haben zweifellos Angst. Meiner Meinung nach sollten wir dabei intelligenterweise zu verstehen versuchen (und uns gleichzeitig über Vorurteile oder Leidenschaften hinwegsetzen), dass sich hinter vielen ihrer arroganten und autoritären Gebärden zuallererst eigene Ängste und Schwächen verbergen. Angesichts der aktuellen Lage entsteht eine noch größere Panik, weil täglich klarer wird, dass der spanische Staat nicht nur politisch, sondern auch ökonomisch und finanziell nicht lebensfähig ist. In diesem Zusammenhang sehen sie ihre einzige Chance darin, uns weiter unsere Rechte als Nation abzusprechen. Ein wirklicher Demokratisierungsprozess des Staates (der notwendigerweise die Anerkennung des Rechts auf Selbstbestimmung mit sich bringen müsste) würde die tragischen Empfindungen wieder aufleben lassen, die Ende des 19. Jahrhunderts mit dem Desaster des Verlusts der Kolonien[5], dem nationalen Niedergang, der kulturellen Krise usw. aufwallten. Also die, die einer glanzvollen Geschichte nachtrauern – die niemals zurückkehren wird – erleben die derzeitige Situation wahrhaftig als nationale Tragödie.

Müssen wir als Basken Angst haben?

Statt Angst zu haben, dürfen wir Basken nicht aus dem Blick verlieren, dass der spanische Staat alle ihm zur Verfügungen stehenden Mittel einsetzen wird, um zu verhindern, dass unser Prozess der nationalen Befreiung zum Ziel führt. Der Versuch, den Zensus zu manipulieren, ist ein Beweis dafür. Dieser Vorgang sollte (neben anderen) unser Bewusstsein dafür schärfen, dass der von der abertzalen Linken[6] in Gang gesetzte Prozess zur Befreiung in eine entscheidende Phase eingetreten ist. Wir müssen deshalb begreifen, dass ein großer Teil der Zukunft unserer nationalen und sozialen Befreiung in den nächsten Jahren entschieden wird. Auf der anderen Seite haben wir Basken, wie alle übrigen Bewohner dieser Welt, ausreichend Gründe dafür, uns vor dem neoliberalen Angriff zu fürchten. Es soll uns ein soziales Modell aufgezwungen werden, das uns nötigt, mit mehr Angst und weniger Rechten zu leben.

---

5   Der 1895 ausgebrochene dritte Kubanische Unabhängigkeitskrieg mündet 1898 in den Spanisch-Amerikanischen Krieg, in dem Spanien die letzten prestigeträchtigen Kolonien in der Karibik und in Asien verlor. Von dem einst weltumspannenden Imperium blieben nur unbedeutende Kolonien an der westafrikanischen Küste, Spanisch-Guinea und Spanisch-Westafrika und das Protektorat Spanisch-Marokko.

6   Der baskische Begriff »abertzale« Linke bezeichnet die patriotische, linke, antifaschistische, feministische und internationalistische baskische Bewegung, die aus den historischen Erfahrungen für ein unabhängiges und sozialistisches Baskenland eintritt und in dieser Form im Kampf gegen die Franco-Diktatur entstanden ist, zu der die ETA einen entscheidenden Beitrag geleistet hat. Sie umfasst ein breites Spektrum baskischer Organisationen, darunter Parteien, Gewerkschaften und Kulturorganisationen.

Ist die spanische Gesellschaft darauf vorbereitet, zu verstehen und zu akzeptieren, dass die Basken sich abspalten wollen? Und die französische Gesellschaft?

Es immer schwierig zu verallgemeinern, aber im Fall der spanischen Gesellschaft würde ich sagen, dass sie vielleicht nicht darauf vorbereitet ist, wenngleich diese Möglichkeit immer stärker in Betracht gezogen wird. Und das passiert in der Bevölkerung viel natürlicher als in ihren politischen oder wirtschaftlichen Eliten oder auch in den Massenmedien. Im Fall der französischen Gesellschaft glaube ich ehrlich gesagt, dass wir noch nicht die notwendigen Bedingungen geschaffen haben, dass man das dort ernsthaft in Erwägung zieht, zumindest nicht im Sinne von bedeutsamen Strömungen. Wenn wir soweit sind, hoffe ich, dass es dort mit demokratischer Reife akzeptiert wird.

Alle Experten für Lösungen von politischen Konflikten stimmen darin überein, dass derartige Konflikte nur gelöst werden können, wenn die jeweiligen politischen Führer bereit sind, Risiken einzugehen. Ist die abertzale Linke Risiken eingegangen?

Ja, und wir werden das weiterhin tun. Ohne Risiken einzugehen, gibt es keine Bewegung. Jede einzelne unserer Entscheidungen birgt Risiken und Chancen. Es ist wichtig zu verstehen, dass es keinen geradlinigen Befreiungsprozess gibt. Er wird immer Fortschritte, Rückschritte und Widersprüche mit sich bringen. Das größte Risiko sind wir eingegangen, als wir eine Strategiedebatte (so notwendig wie heikel) eingeleitet haben, die viele der Überlegungen in Frage stellte, die für die abertzale Linke jahrzehntelang unantastbar schienen. Wir wussten, dass das zu großen internen Spannungen führen würde, deren Entwicklung niemand vorhersehen konnte. Ganz bewusst sind wir ein hohes politisches Risiko eingegangen, aber das Ergebnis könnte auch kaum zufriedenstellender sein.

Ist die spanische Seite Risiken eingegangen?

Ich möchte gerecht mit den geschichtlichen Vorgängen umgehen und erkenne an, dass die langjährigen spanischen Regierungschefs González[7] (1982 – 1996),

---

7   Gemeint ist der ehemalige Ministerpräsident Felipe González. Die spanischen Sozialisten (PSOE), die sich bald in eine sozialdemokratische Partei verwandelten, kamen nach dem Tod des Diktators Francos (1975) unter González erstmals 1982 an die Macht. Seine Regierung führte 1989 in Algerien Friedensverhandlungen mit der ETA, die im Januar dafür erstmals eine Waffenruhe verfügte.

Aznar[8] (1996–2004) als auch Zapatero[9] (2004–2011) – letzterer in größerem
Umfang – Risiken eingegangen sind, als sie Verhandlungen mit der ETA[10] erlaubt haben. Allerdings muss ich dabei aber auch anmerken, dass sie diese nie
in einem strategischen oder strukturellen Sinn eingegangen sind. Das heißt, sie
haben zu keinem Zeitpunkt des Konflikts ausreichende politische Anstrengungen gemacht, um eine demokratische Lösung des politischen Konflikts mit dem
Baskenland in Gang zu setzen.

**In seiner Rede auf der Friedenskonferenz von Aiete[11] erklärte der ehe-
malige UN-Generalsekretär Kofi Annan, dass »außerordentlicher Mut«
nötig sei, um »den letzten bewaffneten Konflikt in Europa« zu beenden.
Braucht man für den Frieden mehr Mut als für den Krieg?**
Für mich ist es ungeheuer mutig, die eigenen politischen Positionen zu verändern, ohne dabei seine Prinzipien zu verraten. Fähig zu sein, seine politischen
Positionen in Frage zu stellen, gehört zu den größten revolutionären Tugenden.
Ausgehend von dieser Überlegung möchte ich aus meiner Sicht anfügen, dass
für den Frieden die Arsenale der Überzeugung von entscheidender Bedeutung
sind. Im Krieg sind es dagegen die Arsenale zur Zerstörung. Und damit möchte ich abschließen: die sozialen, politischen oder kulturellen Veränderungen,
die sich als Folge der bewussten Entscheidung der Bevölkerung ergeben, sind

---

8   Gemeint ist der ehemalige Ministerpräsident José María Aznar. Auch seine rechte
     Volkspartei (PP) verhandelte 1999 mit der ETA, die 1998 erstmals eine unbefristete
     Waffenruhe ausrief hatte. Sie wurden nach einem ähnlichen Schema wie die in Al-
     gerien geführt. Statt einer Konfliktlösung wurde nur eine Lösung für die Gefange-
     nenfrage für die Aufgabe des bewaffneten Kampfes durch ETA angeboten. Die PP
     nutzte einen Kontakt in Zürich, um sich an die Fersen der ETA-Verhandler zu heften.
     Ein Bote und ein ETA-Delegationsmitglied wurden später verhaftet. Donostias Bischof
     Uriarte gab seine Tätigkeit als Vermittler auf, weil auch er beschattet wurde.

9   Gemeint ist der ehemalige Ministerpräsident José Luis Rodríguez Zapatero. Er kam
     für die Sozialisten (PSOE) 2004 an die Macht und ließ sich auf den von der abertzalen
     Linken angeschobenen Friedensprozess ein. Entgegen früherer Verhandlungsversuche
     ging Zapatero weitgehend offen vor und ließ sich im Mai 2005 vom Parlament die
     Verhandlungen genehmigen.

10   Euskadi ta Askatasuna (ETA). »Baskenland und Freiheit« wurde 1959 gegründete. Die
     politisch-militärische Organisation führt den bewaffneten Kampf für ein unabhängiges
     und sozialistisches Baskenland, in den Jahren bis 1975 noch gegen die Franco-Diktatur.

11   Die Friedenskonferenz fand fand im Oktober 2011 im Palast von Aiete im baskischen
     Donostia (span. San Sebastián) statt. Es nahmen nahezu alle baskischen Parteien, Ge-
     werkschaften und sozialen Organisationen teil. Die spanische PSOE verweigerte sich
     und die PP versuchte die internationale Vermittlung zu diskreditieren.

dauerhafter und schwerer umkehrbar als die, die durch bestimmte politisch-militärische Kräfteverhältnisse in einer bestimmten geschichtlichen Situation zustande kommen. Deshalb haben sie es trotz ihrer überwältigenden militärischen Überlegenheit niemals geschafft, uns Basken niederzuringen.

Jonathan Powell[12] **erklärte in Donostia, dass es »keinen Konflikt auf dieser Welt gibt, der nicht gelöst werden kann, wenn eine politische Führerschaft besteht, wenn Risiken eingegangen werden und wenn es Geduld und Entschlossenheit gibt«. Sind diese Bedingungen im Baskenland**[13] **erfüllt?**
Ich teile diesen Optimismus von Jonathan Powell nicht. Ich glaube nicht, dass allein über diese Bedingungen eine Lösung von Konflikten garantiert ist. Die Westsahara, Palästina etc. sind gute Gegenbeispiele dafür. Allerdings glaube ich schon, dass diese Voraussetzungen im Baskenland gegeben sind, wenn auch nicht bei den Regierungen in Spanien und Frankreich. Neben diesen Voraussetzungen ist es unerlässlich, eine Dynamik des Ungehorsams und der Mobilisierung der Bevölkerung zu schaffen, damit die Kostenrechnung negativ für die Seite wird, die sich einer wirklich demokratischen Lösung des Konflikts entgegenstellt.

Sie haben in einem Interview erklärt, »die konstruktive Unterstützung auch durch die PP[14] **sei absolut notwendig, um zur Endstufe einer Friedenslösung zu gelangen. (...) Ich bin inzwischen zu der Überzeugung gelangt, dass wir die Geste nicht entsprechend gewürdigt haben, als Aznar uns MLNV**[15] **nannte und 1998 Kontakte genehmigte«. Hätte ein anderes**

---

12 Ehemaliger Büroleiter Tony Blairs und Chefunterhändler der britischen Regierung für den Nordirland-Konflikt.

13 Otegi benutzt den baskischen Begriff Euskal Herria, die reale Bezeichnung für das Baskenland, womit alle sieben Provinzen gemeint sind. Siehe dazu den Anhang »Das Baskenland – eine Standortbestimmung«

14 Partido Popular. Die »Volkspartei« regiert seit November 2011 erneut. Die PP ging aus der Alianza Popular (Volksallianz/AP) hervor und änderte 1989 ihren Namen. Sie wurde 1976 von Francos letztem Innenminister Manuel Fraga Iribarne unter dem Stichwort »Kontinuität« gegründet. In der AP sammelten sich nach der Diktatur die Anhänger des Franco-Regimes, etwa Falangisten und Mitglieder des Opus Dei, neu. Mitglieder der AP stellten im letzten Kabinett Francos 12 der 19 Minister. Das spätere Ehrenmitglied der PP Fraga war bis 2005 Regierungschef in Galicien.

15 Mit dem »Movimiento para la Liberación Nacional Vasco« (MLNV) ist die linke baskische Unabhängigkeitsbewegung gemeint. Sie wird abertzale Linke genannt, weil sie neben der Unabhängigkeit auch für einen Sozialismus in einem freien und vereinigten Baskenland eintritt. Sprach Aznar zuvor stets von »Terroristen«, änderte er im Friedens-

Verhalten der abertzalen Linken in der Konfrontation mit der PP den Ablauf der Vorgänge geändert? Besteht die Möglichkeit, sich an bestimmten Punkten zu treffen?

Als ich diese Einschätzung abgab (die bisweilen fehlinterpretiert wurde), wollte ich in einer persönlichen Selbstkritik nur verdeutlichen, dass auch wir mitunter überhebliche oder sogar abschätzige Positionen gegenüber der Gegenseite eingenommen haben. Meiner Ansicht nach müssen wir das konsequent aus unserer politischen Praxis verbannen. Aber ich glaube nicht, dass ein anderes Verhalten die Position der am Konflikt beteiligten Staaten strukturell in irgendeiner Form verändert hätte.

Ich halte es zweifellos für möglich, sich an bestimmten Punkten treffen zu können. Doch mit der gleichen Bestimmtheit sage ich Ihnen, dass der spanische Staat derzeit weder ein Interesse daran hat, uns zu suchen, noch uns zu finden.

Glauben Sie daran, dass die PP letztlich diese Gelegenheit beim Schopf ergreifen wird, um zu einem dauerhaften Frieden zu kommen?

Die PP nimmt heute eine Position ein, die dem Frieden und einer demokratischen Friedenslösung im Baskenland entgegensteht. Sie baut dabei auf die treue Unterstützung der oppositionellen PSOE[16] und im Wesentlichen auch auf die Komplizenschaft der PNV.[17] Ich setze mein Vertrauen allein auf die Fähigkeit, den Kampf der linkspatriotischen Bevölkerung zu organisieren, um beim

---

prozess 1998 die Wortwahl plötzlich und sprach von der MLNV (http://www.cadenaser. com/actualidad/audios/presidente-jose-maria-aznar-senala-ha-autorizado-contactos- entorno-movimiento-liberacion-vasco-1998/csrcsrpor/20060221csrcsr_12/Aes/).

16   Partido Socialista del Obrero Español (PSOE). Die »Sozialistische Partei der Spanischen Arbeiter« wurde im Mai 1879 in der Klandestinität (im Geheimen / im Untergrund) gegründet. Zur Geschichte der PSOE siehe Fußnote im Kapitel »Vom Txillare nach Loiola«.

17   Euzko Alderdi Jeltzalea-Partido Nacionalista Vasco (EAJ-PNV). Die »Baskisch-Nationalistische Partei« ist die älteste und stärkste spanische Partei im Baskenland. Sie hat ihre Basis in der Provinz Bizkaia. In der Provinz Gipuzkoa ist sie hinter die neue Koalition der linken Unabhängigkeitsbewegung Bildu (Versammeln) zurückgefallen. Die PNV wurde offiziell am 31. Juli 1895 von Sabino Arana und einer Gruppe Nationalisten in Bizkaia gegründet. Sie vertritt eine bürgerliche, christdemokratische Linie. Ihre Sozialpolitik kann dagegen oft als sozialdemokratisch bezeichnet werden, weshalb sie die CAV (Zusammenschluss dreier Provinzen zur Autonomen Baskischen Gemeinschaft) auch schon mit der kommunistisch dominierten Vereinten Linken (IU) regiert hat. Nach dem Putsch gegen die Republik 1936 unter Franco geht die Parteiführung ins Exil. Nach dem Tod des Diktators macht sie schnell ihren Frieden mit Madrid und lässt sich mit dem Autonomiestatut für die CAV abspeisen. Die PNV arbeitete stets an der Isolierung der abertzalen Linken, um ihre eigene Vorherrschaft nicht zu gefährden.

spanischen Staat immer stärkere Verschleißerscheinungen zu erzeugen und ihn letztendlich dazu zu bringen, konstruktivere Positionen einzunehmen. Das ist der Schlüssel zur Lösung.

Den Konflikt zu entdramatisieren und das Szenario zu demokratisieren bringt Vorteile für das Unabhängigkeitsprojekt?
Ein solches Szenario bringt in dem Maße Gewinne für alle Projekte, wie deren Verwirklichung ermöglicht wird. Und es zwingt uns dazu, sie solide und attraktiv zu gestalten, um dafür eine demokratische Mehrheit in der Bevölkerung zu gewinnen. Von der Konfliktlösung mit demokratischen Mitteln profitiert die Gesamtheit der Bevölkerung im ganzen Staat, denn damit geht auch seine demokratische Erneuerung einher. Ein Szenario, das alle politischen Optionen ermöglicht, bringt Gewinne für die gesamte baskische Bevölkerung, denn es zwingt zur Verbesserung und Optimierung aller Projekte. Die Schlussfolgerung ist klar: von dem von uns vorgeschlagenen Szenario profitieren alle, deshalb wird es nur Gewinner geben.

Sie behaupten also, bei einer demokratischen Konfliktlösung gewinnen alle. Was gewinnt Spanien?
Etwas ganz Fundamentales: seine eigene Demokratisierung und den Zwang, den Staat in ein ausreichend attraktives und reizvolles Projekt (politisch, sozial, kulturell usw.) zu verwandeln, damit Basken, Katalanen u. a. in dem Maße weiter zu ihm gehören wollen, wie es der Staat uns erschwert, ausreichende Mehrheiten dafür zu gewinnen, eigenständige Staaten aufzubauen. In dieser Form würde die Phase, uns zu negieren und in den Staat zu zwingen, definitiv beendet. Eine Phase der demokratischen Verführung begänne, in der Basken, Katalanen, Galicier … und Spanier gewinnen würden.

Die Einsicht, dass die Unabhängigkeit eine umsetzbare und nicht nur emotionale Option in einem gewalttätigen Konflikt ist, wird die Zahl ihrer Anhänger anwachsen lassen?
Die historischen Erfahrungen zeigen, dass die Unterstützung in der Bevölkerung für eine Option, wie die der Unabhängigkeit, dann spürbar steigt, wenn sie umsetzbar wird. Das ist eine unumstößliche soziologische Erkenntnis. Aber ich möchte hinzufügen, dass für den Anstieg der Zahl der Anhänger das Sozialmodell entscheidend ist und sein wird, das die Unabhängigkeitsbewegung in ihrer Gesamtheit anbieten kann.

Kann die Unabhängigkeit als einseitiger Schritt erreicht werden?

Wir haben stets vertreten, dass vor der Unabhängigkeit ein Zwischenstadium liegen muss (Respekt vor der nationalen Identität sowie das Recht auf Selbstbestimmung). Unser Ziel muss aber sein, eine Mehrheit für die Unabhängigkeit hinter uns zu bringen, denn das ist gleichzeitig die Bedingung, um dieses Zwischenstadium zu erreichen. Falls der Staat sich weigert, dieses demokratische Szenarium zu respektieren und anzuerkennen, werden die einseitigen Schritte wirksamer, wenn wir eine ausreichende Unterstützung durch die Bevölkerung erreichen. Doch die muss in den verschiedenen Landesteilen ausgeglichen sein. Zusammengefasst würde ich sagen, dass unser Modell dem Modell Irland folgt. Aber wenn der Staat nicht zum Einverständnis in taktischen Fragen bereit ist, kann auch Schottland[18] eine machbare Option sein.

Siegen oder überzeugen?

Immer überzeugen. Es muss stets die freiwillige Beteiligung der Bevölkerung gesucht werden. Fortschritte und Siege (kleine und große), die auf diesem Weg erreicht werden, sind viel schwieriger umkehrbar. Fortschritte, die ohne die Akzeptanz der Bevölkerung erreicht werden, sind dagegen nur konjunkturell und umkehrbar. Als Revolutionäre sollten wir uns stets vergewissern, dass Fortschritte, so klein sie auch seien, praktisch unumkehrbar sind. Das ist etwas, das wir niemals vergessen sollten.

Für wen arbeitet die Zeit?

In dem Maße, in dem wir im Laufe der Zeit mehr werden, besser organisiert sind und die Potenziale besser nutzen, die unsere Strategie bietet, kann der Faktor Zeit für uns arbeiten, wenn wir die Sachen richtig machen. Aber gleichzeitig möchte ich hervorheben, dass die Regierung/der Staat sich dieses Umstands sehr bewusst ist und sich entschieden hat, den Faktor Zeit dort auszunutzen, wo er uns große Verschleißerscheinungen bescheren kann: insbesondere in den Knästen und bei den Exilierten.[19] Das ist das Terrain, auf dem der Staat versu-

---

18 Zum Zeitpunkt des Interviews gab es noch keine Übereinkunft zwischen Großbritannien und Schottland. Die Regierung unter Alex Salmond einigte sich im Herbst 2012 aber mit dem konservativen britischen Premier David Cameron, dass die Schotten 2014 verbindlich per Referendum über die Unabhängigkeit vom Königreich entscheiden können.

19 Etwa 700 Gefangene sitzen wegen des Konflikts meist in spanischen und seltener in französischen Gefängnissen ein. Einige tausend Menschen sind vor dem polizeilichen Zugriff ins Exil geflohen, andere wurden deportiert, oft in weit entfernte ehemalige Kolonien.

chen wird, den demokratischen Prozess zu bremsen oder ihn gar zum Scheitern zu bringen.

Die wirtschaftlichen Schwierigkeiten des spanischen Staates beschleunigen die Vorschläge für seine administrativ-territoriale Neugliederung. Ist das Autonomiemodell in Spanien am Ende? In welche Richtung geht die angekündigte staatliche Umstrukturierung?
Vor einiger Zeit habe ich vorhergesagt, dass der spanische Staat unerbittlich in Richtung auf das zustrebt, was man »zweite Transición«[20] nennt. In der derzeitigen Situation kommen zu den Problemen der politischen Lebensfähigkeit Spaniens als Staat die Probleme seiner wirtschaftlichen Überlebensfähigkeit hinzu. In einem Interview hatte ich für diesen Übergang drei Szenarien dargelegt: ein Make-up, also eine ästhetische Veränderung, einen regressiven Wandel, in dem der Staat übertragene Kompetenzen zurückgewinnt, oder eine wirklich demokratische Verwandlung, welche die schwerwiegenden Defizite beseitigt, die wir seit dem Übergang von der franquistischen Diktatur mit uns herumschleppen. Die PP setzt derzeit eindeutig auf eine regressive Veränderung, weil sie sich bewusst darüber ist, dass der Staat der Autonomien erschöpft ist. Heute ist die Wirtschaftskrise (der vom Finanzkapital angezettelte große Betrug) die große Ausrede, um einen Prozess zur Rezentralisierung des Staats in Gang zu setzen.

Welche Herausforderung bedeutet das für das Südliche Baskenland[21]? Und was bedeutet das für die abertzale Linke?
Angesichts der Herausforderung, der wir uns stellen, müssen wir uns stets darüber bewusst sein, dass der Prozess zur Befreiung eine entscheidende Phase erreicht hat. In ihr wird der Staat alle Energien mobilisieren und alle ihm zur Verfügung stehenden Mittel einsetzen, um zu verhindern, dass wir unsere Ziele erreichen. In diesem Kontext besteht die Herausforderung für das Baskenland und für die abertzale Linke darin, sich dem mit der nötigen Kraft und den Allianzen entgegen zu stellen, um ein Szenarium der realen Demokratisierung zu erreichen. Das schließt unausweichlich den Respekt vor unserer nationalen Identität und unser Recht zu entscheiden ein.

---

20 »Transición« wird der so genannte »Übergang« von der Diktatur zur Demokratie nach dem Tod des Diktators Franco 1975 bis zu den Wahlen 1977 bezeichnet.

21 Gemeint ist der baskische Begriff Hegoalde, womit neben den drei Provinzen der Autonomen Baskischen Gemeinschaft (CAV) auch die Bevölkerung in der Provinz Nafarroa (Navarra) eingeschlossen wird.

In diesen neuen Zeiten formuliert auch die PNV ein neues Ziel und setzt sogar einen zeitlichen Rahmen für diese Legislaturperiode: »Ein neuer Status für Euskadi[22]«. Wie weit kann der Vorschlag der PNV gehen?

»Ein neuer Status für Euskadi« ist derzeit nur ein Werbespruch ohne jeden konkreten Inhalt. Es wird weder der territoriale Rahmen benannt (auf welche Gebiete er sich bezieht) noch der politische Status in Bezug auf den spanischen Staat (Autonomie, Föderation, Konföderation o. ä.). Allerdings ist dieser Werbespruch der Notwendigkeit geschuldet, dass die PNV »irgendeinen« Vorschlag angesichts der zunehmenden Stärke der Unabhängigkeitsbewegung machen muss.

Ich möchte Ihnen zwei Überzeugungen unterbreiten: je stärker (sozial, ideologisch und wahlstimmenmäßig) die Unabhängigkeitsbestrebungen sind, desto umfassender wird die angestrebte Souveränität werden. Und zweitens werden wir sehen, wie die PNV die gesamte Palette der Einschnitte der PP im Sozialbereich unterstützen wird.

Die Gewerkschaftseinheit war einst einer der Motoren für das Abkommen von Lizarra-Garazi[23]: ELA[24] war sehr aktiv dabei. Derzeit scheint

---

22   Siehe Begriffsklärung im Anhang (Euskal Herria, Euskadi, CAV und Navarra). Die ETA benutzte bei ihrer Gründung in ihrem Namen »Euskadi ta Askatasuna« (ETA) den vom PNV-Gründer geprägten Begriff; in der linken Unabhängigkeitsbewegung wird der historische Begriff Euskal Herria für das Baskenland benutzt.

23   In der Stadt Lizarra (spanisch Estella) wurde im September 1998 ein Friedensplan unterzeichnet, der vom »Forum für den irischen Weg« ausgearbeitet worden war, hinter der neben den baskischen Gewerkschaften auch die später verbotene linksnationalistische Partei »Herri Batasuna« (HB/Volksunion) stand. Daraufhin erklärte die ETA erstmals in ihrer Geschichte eine unbefristete Waffenruhe. Die politische, gewerkschaftliche und soziale Mehrheit des Baskenlandes verpflichtet sich mit dem Plan zu einem gemeinsamen politischen Handeln, um auf Basis eines Dialogs den Frieden im Baskenland zu erreichen. Der Plan wird von allen baskischen politischen Parteien, auch der PNV, und der spanischen Vereinten Linken (IU) unterstützt. Die großen spanischen Parteien PP und PSOE sabotierten die Bemühungen von Anfang an, weil der Plan auch das Selbstbestimmungsrecht der Basken vorsah. Der Plan orientierte sich an der Konfliktlösung in Nordirland. Weil sich auf einem Treffen am 30. September in Garazi (Saint-Jean-Pied-de-Port) weitere Organisationen und Gewerkschaften, vor allem aus Iparralde (drei Provinzen auf französischer Seite der Grenze), anschließen, wird oft auch von Lizarra-Garazi gesprochen.

24   Eusko Langile Alkartasuna (ELA). Die »Baskische Arbeitersolidarität« ist die größte baskische Gewerkschaft. Sie stand einst der PNV nahe, hat sich aber inzwischen Positionen der kleineren und radikaleren LAB (Langile Abertzaleen Batzordeak – Kommissionen der Abertzalen ArbeiterInnen) angenähert, mit der sie eine Zeitlang die angesprochene Gewerkschaftseinheit gebildet hat.

ELA eine abwartende Haltung einzunehmen. **Zum Teil nimmt sie sogar bissige Positionen gegen einige politische Maßnahmen von Bildu**[25] **ein. Was trennt sie?**

Die Kritik von ELA, die Bildu mit den übrigen politischen Kräften gleichsetzt, kommt mir nicht nur völlig ungerecht vor, sie ist auch unverantwortlich und übertrieben. Wir stehen hier erneut vor einem der zahlreichen Versuche von ELA, sich im Namen der gewerkschaftlichen Autonomie außerhalb eines Bündnisses zum Aufbau eines historischen Blocks zu stellen, der auch in den Institutionen den politischen und sozialen Wandel anführt.

Dieses Problem muss schon aus dem einfachen Grund überwunden werden, dass die baskische Gewerkschaftsbewegung einen strategischen Beitrag zum Befreiungsprozess leisten muss. In dieser Hinsicht bin ich völlig überzeugt davon, dass die patriotische und klassenbewusste Gewerkschaftsbewegung eine strategische Debatte führen muss, bei der wenigstens drei große Bereiche definiert werden müssen: erstens wie eine Gegenmacht der arbeitenden Bevölkerung gegen den neoliberalen Angriff aufgebaut werden und zweitens wie ein autonomer Raum für die Gewerkschaftsbewegung abgesichert werden kann. Als dritter wesentlicher Punkt muss geklärt werden, wie diese notwendige Autonomie mit einer Verpflichtung in Einklang gebracht wird, einen historischen linken Block für die Souveränität aufzubauen, der den politischen und sozialen Wandel anführt.

Was schätzen Sie über das politische Leben hinaus besonders?

Die Wissenschaftler gehen davon aus, dass das Universum eine sehr feindselige Umgebung für die Entwicklung von Leben ist. Also gehören wir zu einer fast wundersamen Ausnahme. Wir sind die Augen und das Selbstverständnis dieses Universums. Uns darüber bewusst zu sein, hilft uns, jede Minute unseres Lebens wertzuschätzen. Das ist etwas, das von frühester Kindheit an gelehrt und gelernt werden sollte. Dank dieser Philosophie schätze ich kleine und große Sachen gleichermaßen; ein gutes Gespräch, die Familie, ein gutes Buch, Sport, die Natur, Musik etc. Und immer intensiver genieße ich die Stille – und die Leidenschaft, weiterhin zu lernen.

---

25 Bildu (Versammeln) ist ein sozialistisches baskisches Wahlbündnis der sozialdemokratischen Partei Eusko Alkartasuna (EA) und Alternatiba Eraikitzen, eine Abspaltung der baskischen Sektion der spanischen Vereinten Linken (IU), dazu kamen unabhängige Kandidaten der abertzalen Linken. Bildu trat zunächst zu den Regional- und Kommunalwahlen 2011 an und wurde auf Anhieb zweitstärkste Kraft.

Der Koordinator der Internationalen Kontaktgruppe[26] **(ICG) Brian Currin meint, es bedarf großer Führungspersönlichkeiten, um zu neuen Szenarien zu kommen, die zuvor unmöglich schienen. Dafür müssten sie einen »offenen Geist« haben. Finden Sie sich da wieder? Welche Qualitäten brauchen politische Führungspersönlichkeiten?**
Sie werden verstehen, wenn ich mich mit etwas Bescheidenheit über meine hypothetischen Qualitäten äußere. Aber ich kann Ihnen versichern, dass ich stets ein disziplinierter Abtrünniger war (manchmal provoziere ich in homöopathischen Dosen). Die permanente Infragestellung meiner eigenen Überzeugungen gehört zu meiner politischen Kultur. Deshalb versuche ich immer, meine Positionen mithilfe einer maximalen Anzahl von Freunden zu überprüfen.

Es gibt Personen, die Ihre Situation mit denen vergleichen, die auch Gerry Adams und Nelson Mandela erlebt haben. Welches ist die wichtigste Lektion, die Sie aus deren Biografie als Kämpfer und Intellektuelle gezogen haben?
Erlauben Sie mir zunächst die Anmerkung, dass es absolut aufgeblasen und arrogant von mir wäre, mich auf eine Stufe mit diesen beiden weltweit herausragenden Führungspersönlichkeiten zu stellen. Nach dieser Vorbemerkung würde ich sagen, dass mich bei Nelson Mandela beeindruckt hat, mit welcher Verantwortung und Würde er den langen Knastjahren ins Auge sah, seine Fähigkeit, weder Hass im Herzen zu tragen noch nachtragend zu sein. Und dann ist da sein intellektuell brillanter und risikofreudiger Einsatz, um ein politisches System in Südafrika für alle aufzubauen, auch wenn das Land unter ökonomischen Gesichtspunkten noch weit von einer Gleichberechtigung entfernt ist.

Von Gerry Adams habe ich vor allem durch seine persönliche und politische Erfahrung gelernt, die notwendigen Wege zu gehen, um Alternativen und Strategien zu schaffen, die bestimmte Trägheitstendenzen überwinden helfen, die in einigen Bewegungen zur nationalen und sozialen Befreiung vorherrschen.

---

26 Die International Contact Group (ICG) versucht im baskischen Friedensprozess zu vermitteln. Sie wurde am 14. Februar 2011 in Bilbao vorgestellt. Ihr gehören international bekannte Persönlichkeiten an, die Erfahrungen in Friedensprozessen haben: neben Currin, Pierre Hazan, Nuala O'Loan, Raymond Kendall, Silvia Casale und Alberto Spektorowski.

Auch Nelson Mandela wurde als »Terrorist« und »Staatsfeind Nummer Eins« inhaftiert, doch er endete als Präsident Südafrikas und erhielt sogar den Friedensnobelpreis. Sehen Sie sich in der Zukunft auch in Regierungsverantwortung?
Das ist derzeit keine Frage für mich. Ich kann Ihnen aber mit Gewissheit versichern, dass ich mich auch in Zukunft politisch betätigen werde. Allerdings werde ich immer nur die Verantwortlichkeiten übernehmen, die mir von unserer Basis übertragen werden. Wichtig ist mir dabei, dass unsere Generation (als Beispiel dienend) dafür sorgt, dass die, die sich in Zukunft der abertzalen Linken anschließen, niemals vergessen, woher wir kommen, wer wir sind und wohin wir gehen. Die Weitervermittlung unserer ethischen und politischen Grundsätze sowie unserer Kampfbereitschaft und der gesellschaftlichen Verpflichtung sind die Garantie dafür, uns nicht in eine konventionelle politische Kraft zu verwandeln.

Sinn Féin und die republikanische Bewegung Irlands allgemein gehören zu den internationalen Akteuren, die sich an der Suche nach einer demokratischen Lösung im Baskenland beteiligen. Handelt es sich dabei um Berater, Reisegefährten, Komplizen, neutrale Akteure…?
Ich kann der Sinn Féin nur danken, denn sie ist ein treuer Verbündeter und Reisegefährte der Basken auf der Suche nach einer dauerhaften demokratischen Lösung für unseren politischen Konflikt.

Hat Sinn Féin die abertzale Linke je für ihr Vorgehen kritisiert?
Das kam gelegentlich vor. Jedoch stets in revolutionärer Aufrichtigkeit. Und es wurde immer mit größtem Respekt kritisiert. Ich möchte diese Antwort für eine allgemeinere Überlegung zur Notwendigkeit von Kritik und Selbstkritik in revolutionären Organisationen nutzen. Wir als Revolutionäre können und dürfen nicht die Loyalität und die notwendige Disziplin mit einem unkritischen Gehorsam gegenüber allen Verantwortlichen und Leitungsorganen verwechseln. Wenn wir nicht stets ehrlich unsere Meinung sagen, geben wir bisweilen jemandem Recht, bei dem wir davon ausgehen, dass er falsch liegt. Damit werden wir aber nur erreichen, dass der Irrtum dann umso schwerer wiegt und manchmal unumkehrbar wird. Abschließend möchte ich aber festhalten: Ein großer Teil unserer Fehler hat seinen Ursprung in dem gerade Formulierten; nämlich zu glauben, dass Disziplin und Loyalität über einer ehrlichen, konstruktiven und revolutionären Kritik stehen.

Hat die abertzale Linke Anlass, sich bei den Akteuren aus Irland, Südafrika und aus anderen Teilen der Welt für ihren Einsatz zu bedanken?
Wir stehen tief in der Schuld dieser und vieler anderer Akteure, die über die ganze Welt verteilt ihre Solidarität und ihr Engagement mit der abertzalen Linken sowie mit dem Kampf der Basken gezeigt haben.

Verboten, aber nicht im Untergrund. Warum wurde in diesen zehn Verbotsjahren nicht in die Klandestinität[27] gewechselt?
Weil der Gang in die Klandestinität genau das war, was der spanische Staat uns aufzwingen wollte: die Konfrontation zwischen dem Baskenland und dem Staat auf einen polizeilichen Rahmen in einem globalen »Anti-Terror-Kampf« zu beschränken. Wir aber wollten zu einem Szenarium der politischen Konfrontation kommen und haben konsequent in diesem Sinn gehandelt.

Einige Beobachter behaupten, die abertzale Linke sei »pragmatisch« und »possibilistisch« geworden. Stimmt das? Was hat sich verändert?
Wir sind tatsächlich pragmatisch und possibilistisch, denn wir glauben, dass die Bedingungen für den Prozess zur nationalen und sozialen Befreiung reif genug sind, um von der Widerstandsphase in die Realisierungsphase überzugehen. Wir sind »possibilistisch«... Es ist möglich zu gewinnen! Und wir wollen gewinnen!

---

27   Als die PSOE 1996 die Wahlen verlor, kam die rechte PP unter Jose Maria Aznar an die Regierung. Der ehemalige Falangist und einst Gegner eines Übergangs des Franquismus zur Demokratie setzte auf massive Repression gegen die linke baskische Unabhängigkeitsbewegung. Das Ziel war die Zerschlagung ihrer Parteistrukturen, ihrer Medien und ihres Umfelds. Juristisch bemäntelt wurde das Vorgehen über den Ermittlungsrichter der Audiencia Nacional Baltasar Garzón. In einem Vorwort zu einem Buch macht er sich schon 1997 die These der PP zu eigen, dass die linke Unabhängigkeitsbewegung von der ETA gesteuert wird: »Heute ist klar, dass die MLNV strategisch in einen politisch-militärischen Zusammenhang integriert sind, der sich aus verschiedenen politischen Strukturen, legal, illegal und bewaffnet zusammen setzt und von einer illegalen Struktur mit dem Namen KAS geführt wird.« Er bereitet die Illegalisierung der Baskischschulen AEK vor. Dann wird 1998 die Tageszeitung Egin und das gleichnamige Radio geschlossen, illegal wie der Oberste Gerichtshof inzwischen entschieden hat. So wurden fast alle Parteien, Wählerlisten und Gruppen verboten, die zur linken Unabhängigkeitsbewegung gezählt werden. ALLE konnten und können im französischen Baskenland weiter legal agieren und an Wahlen teilnehmen.

Jesús Eguiguren, Präsident der PSE[28], hat in seinem Buch[29] folgende Worte benutzt: »Der eigentliche Konflikt wird nicht im Moment des Übergangs stattfinden, der sicherlich zum Frieden führen wird, das wirkliche Problem wird in der folgenden Legislaturperiode auftreten. (...) Früher oder später wird das eigentliche Problem über die baskische Zukunft aufgeworfen werden. Das wird sich schon in der folgenden Legislaturperiode zum Teil aufzuklären beginnen, wenn alle politischen Kräfte im Baskischen Parlament vertreten sind«. Wird es in Abhängigkeit der Zusammensetzung des Parlaments und der neuen baskischen Regierung der Moment sein, um sich definitiv für einen neuen politischen Rahmen einzusetzen?

Je nach Unterstützung, die die linke Unabhängigkeitsbewegung bei den Wahlen[30] erhält, kann sich ein wirklicher Wendepunkt im offenen Prozess im Baskenland ergeben. Es ist sicher, dass das neue Parlament in Gasteiz[31] eine günstige Zusammensetzung für die haben wird, die wie wir für die Schaffung eines wirklich demokratischen Rahmens im Baskenland eintreten. Damit wird ein umfassender Dialog zwischen allen politischen Kräften auf die Tagesordnung gesetzt, der sich nicht nur mit den Ursachen, sondern auch mit den Konfliktfolgen beschäftigt.

Auf der anderen Seite möchte ich aber anmerken, dass über die Parlamente in Gasteiz oder Iruñea[32] hinaus die Debatte über die Zukunft des Baskenlands (wirtschaftlich, institutionell, sozial etc.) in einer großen nationalen und demokratischen Debatte angegangen werden muss, an der alle Teile der Gesellschaft und alle Landesteile teilnehmen können.

---

28 Baskische Sektion der spanischen Sozialisten (PSOE). Eguiguren ist ein Sonderfall in seiner Partei. Er hat nie aufgehört, am Friedensprozess zu arbeiten, auch wenn er sich damit in der PSE und der PSOE nach dem Scheitern des Prozesses von 2005–2007 völlig isolierte. Nicht für seine Partei, sondern persönlich nahm er gegen alle Widerstände an der internationalen Friedenskonferenz im Oktober 2011 in Donostia teil. Er achtet Otegi, verteidigt ihn und besucht ihn auch im Gefängnis.

29 »ETA, las claves de la paz. Confesiones del negociador«, Aguilar, 2011

30 Die Linkskoalition Bildu erreichte am 21. Oktober 2012 ein Rekordwahlergebnis. Fast 25 % der Wähler gaben der Koalition ihre Stimme, weshalb sie nun mit 21 Sitzen im Parlament vertreten ist. Das zuvor beste Ergebnis lag bei 14 Sitzen. Die PNV ist mit 27 Sitzen stärkste Partei.

31 Spanisch Vitoria

32 Spanisch Pamplona, wo das Regionalparlament Navarras seinen Sitz hat und von den Basken als heimliche Hauptstadt angesehen wird.

Kann es aus den Institutionen heraus eine demokratische Revolution geben?

Nur aus den Institutionen heraus nicht, aber ohne ihre Unterstützung und Beteiligung auch nicht. Wir müssen sowohl von der Über- als auch der Unterbewertung der Institutionen im Befreiungsprozess wegkommen. Sie spielen zwar eine grundlegende Rolle, sie müssen aber durch den Kampf und die Organisierung der Bevölkerung ergänzt werden, um im Prozess der nationalen und sozialen Befreiung effizient zu sein.

Ist der Versuch, eine »Finale Geschichte« zu schreiben, eine Form, den Konflikt allein auf die ETA einzuschränken? Was wird mit diesem Diskurs verfolgt? Wie sollte das ihrer Meinung nach geschehen?

Es wird versucht, eine Geschichte zu schreiben, die nur einen Teil erfasst und die der baskischen Bevölkerung aufgezwungen werden soll. Diese Geschichtsschreibung basiert auf einer Lüge oder auf der Ausgrenzung eines Teils der Wahrheit (Schmutziger Krieg, Folter, die uns aufgezwungene Verfassung usw.). Denn eine ehrliche Annäherung an die Konfliktgeschichte würde zu einem sehr heiklen Szenarium für ihre Geschichtsschreibung führen. Sie müssten anerkennen, dass Gewalt von verschiedenen Seiten ausging und dass auch sie ihren Teil der Verantwortung übernehmen müssten. Eine gemeinsame Geschichtsschreibung kann es nur geben, wenn wir alle unsere jeweiligen Verantwortlichkeiten übernehmen. Das würde uns erlauben, uns gegenseitig anzuerkennen und uns gegenseitig zu respektieren.

Wohin führt dagegen die Verengung der Begriffe auf Sieger und Besiegte?

Diese Dynamik führt bei einigen (auf beiden Seiten) zum Glauben, dass sie besiegt wurden (im Fall einiger Opferorganisationen ist das offensichtlich und sehr anschaulich). Das gehört zum Arsenal derer, die den Prozess blockieren wollen, die einen Kollaps wünschen, um die neue politische Phase zu stoppen, die sie als eine große Bedrohung ihrer eigenen Interessen wahrnehmen.

Sind die baskische und spanische Gesellschaft bereit dafür, die gesamte Wahrheit zu erfahren?

Ich glaube ehrlich, dass die baskische Gesellschaft im Großen und Ganzen weiß oder ahnt, was vorgefallen ist. Deshalb ist der Versuch einer partiellen Geschichtsschreibung bei uns fruchtlos. Die spanische Gesellschaft war und ist dagegen einer enormen Manipulation und medialen Vergiftung ausgesetzt, was die Bereitschaft, die Wahrheit erfahren zu wollen, einschränkt.

**Welche Verantwortung tragen die Medien für das jahrelange Hinauszö-
gern und Einkapseln bzw. Verweben des politischen und gewalttätigen
Konflikts?**

Ohne Zweifel haben die Medien ihre eigene Verantwortung für die Einkapse-
lung des Konflikts zu tragen. In diesem Bereich liegen sehr schwerwiegende
Verantwortlichkeiten in der Vergangenheit und in der Gegenwart. Diese müssen zunächst akzeptiert werden und danach in einen konstruktiven Beitrag zu
einer gerechten Konfliktlösung in unserem Land verwandelt werden.

Haben Sie bisweilen auch Hass gespürt?

Ich wäre weder ehrlich noch aufrichtig, wenn ich sagen würde, dass ich niemals Hass gespürt hätte. Aber ich habe mir vor einiger Zeit eine permanente
mentale und intellektuelle Übung auferlegt, um ihn nicht wieder hochkommen
zu lassen. Und wenn ich ehrlich bin, muss ich sagen, dass das manchmal sehr
schwierig ist. Doch es lohnt sich, weil es einem erlaubt, als Mensch zu wachsen
und das Leben gelassener anzugehen.

Warum wurden Sie inhaftiert?

Weil die Feinde des Friedens fest daran glauben, dass ich und meine Freunde
und Freundinnen im Gefängnis für ihre Interessen weniger gefährlich sind als
in Freiheit.

**Erlauben Sie mir etwas Neugierde, bevor wir in die Details dieser letz-
ten Jahre eintreten. Wie verbringen Sie Ihren Tag im Gefängnis von
Logroño?**

Dem Rat Nelson Mandelas folgend, die Gefangenschaft für die Ausbildung
zu nutzen, widme ich einen guten Teil meiner Zeit dem Studium, dem inten-
siven Lesen und dem Sport, um das Gelernte in den Dienst des Befreiungsprozesses zu stellen, wenn ich freigelassen werde. Außerdem schaue ich natürlich Fernsehprogramme an oder höre Radio (Info7 [33] Irratia kann auch in
Logroño empfangen werden!) Und aus einer eher philosophischen Sichtweise:
Ich schaue jeden Morgen in den Spiegel und wiederhole in meinem Inneren als
eine Art »Mantra der abertzalen Linken« die Worte Gandhis, dass »unter einer
ungerechten Regierung das Gefängnis der angemessene Platz für alle gerech-

---

33   Ein freies Radio, das neben vielen Lokalradios in Städten und Dörfern von der baski-
      schen Linken aufgebaut wurde und über Internet und auch über verschiedene UKW-
      Frequenzen in weiten Teilen des Baskenlandes zu empfangen ist.

ten Menschen ist«. Doch ich will zur aktuellen Lage eine eigene Überlegung anfügen: im Rahmen des demokratischen Prozesses sollten alle baskischen Gefangenen rauskommen, um sich am Aufbau einer gerechten Regierung zu beteiligen.

Was sehen Sie, wenn Sie aus dem Fenster ihrer Zelle schauen?

Ich sehe einige Bäume und Häuser ... manchmal überfliegen den Gefängnishof auch Kampfhubschrauber, die sich zweifellos auf irgendeine »humanitäre Aktion« vorbereiten. Ich sehe auch Autos, die mit großer Geschwindigkeit über eine Straße rasen, die ich kaum noch wahrnehmen kann. Außerdem kann ich einige fantastische Sonnenuntergänge oder den Vollmond genießen ... und Vögel. Ich kenne Knäste mit einer viel schlechteren Aussicht. In dieser Hinsicht kann ich mich nicht beschweren.

VOM TXILLARRE NACH LOIOLA

2001 ist ein turbulentes Jahr. Nach dem Scheitern des in Lizarra-Garazi eingeleiteten Friedensprozesses wird das Baskenland in den alten Zustand einer
gewalttätigen Konfrontation zurückgeworfen. Arnaldo Otegi, Parteisprecher von
Batasuna, und Jesús Eguiguren, Generalsekretär der baskischen Sektion der
spanischen Sozialistischen Partei (PSOE)[34], lassen sich davon nicht entmutigen
und treten in einen persönlichen Dialog, um Möglichkeiten für neue Verhandlungen auszuloten. Erklärtes Ziel beider ist, »sich über die politischen Voraussetzungen zu einigen, die zu einem Lösungsszenario des politischen Konflikts
im Baskenland führen könnten«.

Das Bauernhaus Txillarre in Elgoibar, das einem gemeinsamen Freund gehört, ist der Ort, an dem die Treffen periodisch stattfinden. Diskretion gilt als
Maxime für die Treffen, an denen zeitweilig weitere Personen teilnehmen. Und
es soll vermieden werden, dass eine nicht beabsichtigte Öffentlichkeit die Anstrengungen scheitern lässt.

Otegi und Eguiguren treffen sich insgesamt fünfundzwanzig Mal in den vier
Jahren, die dem 2005 begonnenen Verhandlungsprozess vorausgehen, der 2007
in Genf definitiv scheitern sollte. Zwischenzeitlich verabschiedet die spanische
Regierung ein neues Parteiengesetz und Gerichte verbieten die Batasuna-Partei.
Die spanischen Parlamentswahlen von 2004, denen islamistische Anschläge am
11. März vorausgehen, kosten die PP die Regierung und bringen stattdessen den
Kandidaten der PSOE, José Luis Rodriguez Zapatero, an die Macht.

---

34   Partido Socialista Obrero Español (Spanische Sozialistische Arbeiterpartei). Im Jahre
     1935 bildete die Partei mit Linksliberalen und Kommunisten die Volksfront (Frente
     Popular), die die Wahlen 1936 gewann und die Regierung bildete. Im Spanischen
     Bürgerkrieg zwischen Volksfrontregierung und den putschenden Militärs unter Ge-
     neral Franco stellte die PSOE mit Francisco Largo Caballero (1936–1937) und Juan
     Negrín (1937–1939) den Ministerpräsidenten der Republik. Während der Franco-
     Diktatur war die Partei verboten. Nach der Wiederzulassung im Jahre 1976 wurde Fe-
     lipe González Vorsitzender. 1979 strich die PSOE die Selbstdefinition als »marxistisch«
     aus dem Programm. Sie war danach einer weitgehend liberalen Marktpolitik und der
     Verankerung Spaniens in der Europäischen Gemeinschaft verpflichtet. Sie regierte von
     1982 bis 1996 und erneut von 2004 bis 2011.

Die baskische Linke nutzt das, um mit neuen Vorschlägen die festgefahrene Situation zu lockern und Batasuna stellt am 14. November desselben Jahres in Donostia in der überfüllten Radsporthalle Anoeta mit »*Orain herria, orain bakea*« (Jetzt das Land – Jetzt der Frieden) einen Friedensvorschlag vor. Darin wird eine neue Methode zur Konfliktlösung mittels eines Dialog- und Verhandlungsprozesses vorgeschlagen. Sie soll auf zwei verschiedenen Bühnen stattfinden, die später als »Schienen« bekannt werden: auf der »politischen Schiene« soll zwischen den politischen und sozialen Akteuren des Baskenlands der Übergang zu einer neuen Phase geebnet werden, in dem die baskische Bevölkerung selbst über ihren politischen Status bestimmen kann. Auf der zweiten, der »technischen Schiene«, soll in Gesprächen zwischen der ETA sowie der spanischen und französischen Regierung über die Konfliktfolgen geredet werden: Gefangene, Exilierte, Opfer, Entmilitarisierung u.a.

Der Vorschlag wird generell, mit Ausnahme der PP, wohlwollend aufgenommen. Zwar fehlen noch Bedingungen, um einen Dialog zu starten, aber seit geraumer Zeit wird bereits daran gearbeitet, teilweise unter Einbeziehung relevanter internationaler Kreise. Einige Tage nach dem Anoeta-Vorschlag[35] schickt die ETA dem neuen spanischen Ministerpräsidenten einen Brief und bietet einen Dialog an. Seit mehr als einem Jahr hat die bewaffnete Organisation keinen Anschlag mit Todesopfern mehr verübt. Madrid nimmt die Offerte an und setzt im Frühling 2005 direkte Kontakte in Gang. Die Parteien einigen sich in der Zwischenzeit an einem Runden Tisch darauf, dass ein neues politisches Abkommen grundsätzlich notwendig ist.

Die Schwierigkeiten scheinen geringer zu werden. Am 17. Mai 2005 autorisiert das spanische Parlament die spanische Regierung, mit der ETA unter bestimmten Umständen in einen Dialog zu treten. Es mangelt allerdings auch nicht an Rückschlägen. Am 25. Mai, genau eine Woche nach dem Entschluss, wird Arnaldo Otegi, der Batasuna-Verhandlungsführer bei den Mehrparteiengesprächen, unter der Anklage der »Mitgliedschaft in einer bewaffneten Bande« im Rahmen eines Ermittlungsverfahrens gegen 36 bekannte Mitglieder der baskischen Linken im »Fall der herriko tabernas[36]« verhaftet. Nach Zahlung einer

---

35   Radsportstadion von Donostia (San Sebastián). Hier unterbreitete die schon verbotene Partei Batasuna vor 15.000 Anhängern im November 2004 der sozialistischen spanischen Regierung einen Vorschlag zur friedlichen Konfliktlösung. Er war der Grundstein für die Verhandlungen, die 2007 scheiterten.

36   Die Anklage (aus dem Jahr 2002) lautet, die »Volkskneipen« (Sozialzentren mit Kneipen) gehörten zur Struktur der ETA. Im Oktober 2013 begann der Prozess vor dem Madrider Sondergericht Audiencia Nacional gegen 36 Führungspersonen der baskischen Linken.

Kaution von 400.000 Euro wird Otegi aber zwei Tage später wieder auf freien Fuß gesetzt.

Einen Monat später kommt es zum ersten Treffen zwischen ETA-Vertretern und der Regierung. Jesús Eguiguren nimmt an beiden Verhandlungsschienen teil. Das Treffen findet unter dem Schutz des Henri-Dunant-Zentrums (einer internationalen Organisation für Mediation und Konfliktbewältigung) in Genf statt. Die geheimen Sitzungen ziehen sich vom 21. Juni bis zum 14. Juli hin. Vereinbart wird eine baldige Verlautbarung der Regierung, dass sie die Entscheidungsfreiheit der Bevölkerung im Baskenland respektieren wird, während die ETA ihrerseits eine Waffenruhe verkünden soll.

Man spricht vom »Nullpunkt« eines Prozesses, der die Grundzüge einer Verhandlung hat, bei der politische Abkommen in Händen der Parteien und anderer gesellschaftlicher Akteure liegen sollen. Technische Abkommen – die allerdings auch nicht frei von politischen Aspekten sind – sollen zwischen der Regierung und der ETA vereinbart werden. Gleichzeitig finden zwischen Vertretern von Batasuna und PSE-EE[37] einige formelle Treffen statt, um die Grundzüge für einen zukünftigen Verhandlungsrahmen abzustecken.

Ende 2005 bestätigt eine neue Kontaktrunde in Oslo vorherige Abkommen und präzisiert Einzelheiten zum Abbau von Spannungen und Fristen, um einen Verhandlungsprozess zu starten. Im Februar 2006 bestätigen die Vertreter von ETA und Regierung im Henri-Dunant-Zentrum in Genf die Vereinbarung von Oslo. Es gibt aber neue Versuche, den Zug entgleisen zu lassen. Der Oberste Gerichtshof verkündet das Urteil 197/2006 und etabliert die Basis für die so genannte »Parot-Doktrin[38]«. Das geschieht genau zu dem Zeitpunkt, als sich

---

37 Das EE im Namen der baskischen Sektion der spanischen Sozialisten stammt von Euskadiko Ezkerra, die aus der ETA-Abspaltung (ETA-pm) ausgeschlossen wurde: EMK. Sie nahm an den Wahlen 1977 teil, obwohl etliche Parteien nach der Diktatur noch verboten waren. In einem Vorgang der Fusion, genauer gesagt der Absorption, hat sie sich EE in die PSOE integriert. Diese ehemaligen Mitglieder von ETA-pm entwickelten sich in EE zu aggressiven Feinden der linken Unabhängigkeitsbewegung.

38 Sie ist nach dem ETA-Mitglied Henri Parot benannt. Demnach werden Vergünstigungen bei der Strafverbüßung (durch Studium, Arbeit o. ä.) nicht mehr auf die Höchststrafe angewandt, sondern auf die Einzelstrafen, die nicht selten mehrere hundert Jahre betragen. Die Doktrin wurde 2008 vom Verfassungsgericht in geringen Teilen abgeschwächt. Allerdings hat der Europäische Gerichtshof für Menschenrechte (EGMR) in Straßburg im Juli 2012 die Praxis im Fall des ETA-Mitglieds Inés del Río für illegal erklärt, die zu einer Haftstrafe von 3828 Jahren verurteilt worden war. Ihre sofortige Freilassung wurde angeordnet und ihr 31500 Euro Entschädigung zugesprochen. »Rechtliche Veränderungen nach der Begehung der Tat können nicht rückwirkend zum Nachteil des Verurteilten angewendet werden«, hieß es im Urteil, das »politische

der Friedensprozess zu konsolidieren scheint, der im Gegensatz zu früheren Versuchen nun unter Beteiligung von internationalen Mediatoren und hohen Vertretern europäischer Staaten abläuft.

Trotz der Widrigkeiten erklärt die ETA am 22. März 2006 eine »dauerhafte« Waffenruhe. Nur eine Woche später wird Otegi erneut verhaftet. Er soll während eines Generalstreiks am 9. März, der anlässlich des Todes von zwei politischen Gefangenen ausgerufen worden war, »108 gewalttätige Akte herbeigeführt« haben. Durch Zahlung einer neuen Kaution von 250.000 Euro kommt er erneut frei. Doch zwei Monate nach der Verkündung der Waffenruhe wird er zusammen mit sieben anderen Personen erneut verhaftet und beschuldigt, eine neue Batasuna-Führung mit aufgebaut zu haben.

Am 29. Juni gibt Ministerpräsident Zapatero im Parlament eine Erklärung ab, die aber weder in der Form noch in den Termini den Vereinbarungen entspricht. Dennoch werden danach die Kontakte zwischen Vertretern der Regierung und der ETA auf der einen, und PSOE und Batasuna auf der anderen Seite wieder aufgenommen.

Führungspersonen der abertzalen Linken stehen weiter unter ständigem polizeilichem und justiziellem Druck und sind bei den Verhandlungen eindeutig benachteiligt. Zwei Monate nach seinem Beginn ist der Prozess durch die »systematische Nichterfüllung« eingegangener Verpflichtungen durch die Regierung so gut wie blockiert. Trotzdem wird weiter mit neuen Vorschlägen versucht, den Friedensprozess zu »stabilisieren«.

2001 beginnen Ihre Treffen mit Jesús Eguiguren (damals Generalsekretär der PSE-EE in Gipuzkoa und seit 2002 Präsident der gesamten PSE-EE) im Bauernhof Txillarre in Elgoibar[39], um die Basis eines zukünftigen Prozesses zur Konfliktlösung auszuloten. Von wem ging die Initiative aus?

Die Zusammenkünfte mit Jesús muss man im Zusammenhang mit den Treffen sehen, die ich schon im Jahr 2000 im Txillarre mit Paco Egea hatte (er lebt in

---

Gründe« für die Vorgehensweise der spanischen Justiz sieht. Mit einem Widerspruch verhinderte Spanien die Freilassung, allerdings hat der Große Senat des EGMR am 21.10.2013 das Urteil bestätigt, worauf Del Río sofort freigelassen wurde. Dutzende Gefangene der ETA werden nun sukzessive freigelassen, weil Spanien jeden Einzelfall prüfen will, obwohl es sich um einen »Präzedenzfall« handelt.

39   Arnaldo Otegi stammt aus der baskischen Kleinstadt Elgoibar. Seine Kurzbiographie findet sich im Anhang.

Elgoibar, ist ein Freund von mir und war PSE-Vizeminister der baskischen Regionalregierung). Und es war Paco, der mir sagte, dass Jesús daran interessiert ist, sich an unseren informellen Treffen zu beteiligen. Das habe ich ohne Umschweife akzeptiert.

Die Kontakte fanden zu einem sehr turbulenten Zeitpunkt statt: Die ETA ging nach dem Ende der Waffenruhe im Rahmen des Friedensplans von Lizarra-Garazi wieder hart gegen Politiker vor, und die spanische Regierung trat eine enorme Repressionswelle los: Batasuna wird verboten, die Herrikos werden geschlossen, es gibt Verhaftungen, Folterungen… Hat diese Atmosphäre die Treffen erschwert oder sogar die Suche nach Lösungen stimuliert?
Wir haben über dieses Thema diskutiert und waren uns darin einig, dass die externen Faktoren den Kommunikationskanal nicht wieder blockieren dürfen, den wir aufgebaut hatten. Doch es ist ganz offensichtlich: der Raum des politischen Dialogs ist die eine Sache, die Gefühlslage eine andere. Es gab sehr harte Augenblicke (Tote, Polizeioperationen…) die, aus meiner Sicht auch zu einer Atmosphäre der Empathie unter uns geführt haben, also zum Verständnis des Leidens des »Anderen«. Dieses wachsende und gleichzeitig schmerzhafte Einfühlungsvermögen diente als Ansporn dafür, umso dringlicher an einer Konfliktlösung zu arbeiten.

Was wurde versucht? Hatten Sie Vertrauen, dass diese Beziehung Früchte tragen würde?
Unser erstes Ziel (wenigstens meins) war es, zunächst eine große Fähigkeit zurückzuerlangen: die Kunst zuzuhören. Über Jahrzehnte haben wir uns angeschrien und uns gegenseitig das Leben erschwert. So haben wir zunächst gelernt, uns zuzuhören und zu verstehen, dass niemand die ganze Wahrheit und das gesamte Leiden gepachtet hat. In diesem Kontext und unter diesen Parametern begannen wir einen Dialog, der das Ziel verfolgte, die baskische Geschichte auf den Weg der Suche nach Frieden und Freiheit zurückzubringen.

Es ist überraschend, dass diese Treffen so viele Jahre nicht öffentlich wurden. Wurden viele Vorsichtsmaßnahmen getroffen, um Diskretion zu garantieren?
Wir haben entsprechende Vorsichtsmaßnahmen ergriffen. Wir wussten, dass diese Treffen ein Klima der Ruhe benötigen, das wäre unmöglich gewesen,

wenn sie öffentlich geworden wären. Dabei wurde ich permanent vom Geheimdienst CNI, der Guardia Civil o. ä. verfolgt. Manchmal sagte ich im Scherz, dass sogar die kanadische Polizei hinter mir her ist. Jesús kam manchmal auch mit seinen Leibwächtern[40] (die sicherlich über die Vorgänge informiert haben). Trotz allem wurden die Gespräche erst entdeckt, als wir schon einige zuverlässige Vereinbarungen getroffen hatten.

Haben die Diskretion und die Geheimniskrämerei das Klima der Verständigung gefördert? Wären die Treffen unter den Augen von Medienvertretern ebenso erfolgreich verlaufen?
Mit dem gleichen Nachdruck, mit dem ich dargelegt habe, dass die Diskretion ein fundamentales Element zu Beginn eines politischen Dialogs zur Lösung eines Konfliktes ist, sage ich Ihnen, dass eine hohe Dosis an verantwortlicher Transparenz wesentlich ist, um ihn erfolgreich abzuschließen. Einige Medien sind schlicht Propagandaorgane derer, die sich gegen den Frieden stellen. Wenn Sie mir eine Anregung erlauben: arbeiten Sie einen Bericht über deren Wirken (Information, herausgeberische Linie usw.) sowohl im Baskenland als auch im spanischen Staat in Bezug auf den offenen Dialog- und Verhandlungsprozess nach dem Friedensvorschlag von Anoeta aus; damit wird unmissverständlich deutlich, wie kriegerisch sie sich gegenüber jedem vernünftigen Vorschlag zur Konfliktlösung verhalten und verhielten.

Waren es freundliche Treffen? Gab es Übereinstimmung unter den Teilnehmern? Gab es Momente der Spannung oder des Unbehagens wegen politischer Diskrepanzen?
Die Treffen fanden immer in einer freundlichen und respektvollen Atmosphäre statt. Ich glaube zudem, dass die Übereinstimmung und die Zuneigung untereinander wuchsen. Sie waren nicht idyllisch, es gab Momente ernsthaften Misstrauens … untereinander, aber ich habe meinerseits nie an der Ehrlichkeit der Positionen gezweifelt, die Jesús dargelegt hat. Ich kann Ihnen sogar sagen, dass wir uns ziemlich schnell (man muss in Betracht ziehen, dass wir uns zu Beginn wie Feinde und mit großem Misstrauen begegneten) von Persönlichkeiten in Menschen verwandelt haben, die als vorrangiges und gemeinsames Ziel den Frieden hatten. Aus Gegnern wurden Partner. Aus Konkurrenz wurde Zusammenarbeit.

---

40   Die Politiker der PSE verfügten wegen Anschlägen der ETA über Leibwächter, meist von der baskischen Polizei (Ertzaintza).

**Im Oktober 2003 veröffentlichte Eguiguren einen Epilog mit dem Titel
»Grundlagen für eine Vereinbarung«. Wurden darin Aspekte dargelegt,
die in Ihren Gesprächen behandelt wurden?**
Ich glaube nicht, dass diese Überlegungen die Konsequenz unserer Treffen
waren, aber sie wurden mit Sicherheit von ihnen beeinflusst. Ergänzt man
diesen Epilog um die Vorvereinbarung von Loiola[41], die Fortschritte, die es
in der Schweiz[42] gab, und um das, was im Vorwort des so genannten »Plan
Ibarretxe«[43] steht, dann sind alle notwendigen Zutaten beisammen, um zu
einem politischen Abkommen zur Konfliktlösung zu kommen.

**Nach dem Vorschlag von Anoeta und dem Verhandlungsangebot der
ETA an Zapatero gibt es in den Mehrparteiengesprächen einen Mini-
malkonsens. Die Zapatero-Regierung und die ETA einigen sich auf das,
was als »Nullpunkt« im Verhandlungsprozess bekannt wird: eine Waffenruhe der ETA und eine Erklärung der spanischen Regierung, mit
der sie sich verpflichtet »das zu respektieren, was die Bevölkerung im
Baskenland frei entscheidet«. Was bedeutet dieser »Nullpunkt«?**
Das Übereinkommen erlaubt es der ETA, sich der Suche nach einem definitiven Abkommen zur Konfliktlösung zwischen dem Baskenland und dem spanischen Staat über die Erklärung ihrer Waffenruhe anzuschließen. Der Prozess
geht damit qualitativ in eine neue Phase über. Die Regierung verpflichtete sich,
in Zukunft unsere Entscheidungen über unsere Zukunft zu respektieren. Das
war die Basis, die dem Prozess große Solidität verlieh. Wir waren in dieser Hinsicht allerdings nicht naiv, denn alle wissen, dass Papier geduldig ist. Deshalb

---

41   Im Jesuitenkolleg von Loiola fanden nahe der baskischen Kleinstadt Azpeitia Gesprä-
     che zwischen Batasuna und der PSE-EE statt, der sich schließlich auch die PNV an-
     schloss.

42   Gemeint sind die Verhandlungen der ETA und Batasuna an zwei voneinander ge-
     trennten Verhandlungstischen mit der spanischen Regierung.

43   Gemeint ist der frühere baskische Regierungschef Juan José Ibarretxe (PNV). Dessen
     Plan sah vor, die Basken in der CAV über einen »freien Anschluss« an Spanien ab-
     stimmen zu lassen, das Referendum wurde aber von Madrid verboten. Während PP
     und PSOE ihn als »Unabhängigkeitsplan« geißelten, lehnte die abertzale Linke und
     die ETA ihn ab. Unter anderem, weil er Navarra und die drei Provinzen in Frankreich
     ausschloss und damit keine Lösung für die Konfliktursachen bringen könne. Positiv
     wurde bewertet, dass die Bevölkerung per Referendum das letzte Wort in Ausübung
     des Selbstbestimmungsrechts erhalten sollte und dass im Vorwort von der territorialen
     Einheit gesprochen wurde, weshalb er im Parlament mit einem Teil der Stimmen der
     abertzalen Linken auf den Weg gebracht wurde.

bestehen wir damals wie heute darauf, dass die einzige effektive Garantie dafür, dass wir Basken frei über unsere Zukunft entscheiden können, nicht in einem Dokument, Abkommen oder einer Vorvereinbarung (ohne sie natürlich geringzuschätzen) liegt. Sie liegt in der Kapazität, ein ausreichendes Kräfteverhältnis aufzubauen, das es verhindert, dass uns die Ausübung dieses Rechts verweigert werden kann.

Jede Seite tritt mit einer unterschiedlichen Einschätzung über die Tragweite der Verhandlungen in den Prozess ein. Welches Ziel hat sich die linke Unabhängigkeitsbewegung gesetzt?
Die abertzale Linke hatte ein einziges Ziel: ein politisches Abkommen zu erzielen, das unser Land mit den notwendigen Instrumenten ausstattet, um über unsere politische, ökonomische oder institutionelle Zukunft frei und demokratisch entscheiden zu können.

Das Abkommen, das den Waffenstillstand ermöglichte, schien ein solides Fundament für den Beginn eines Lösungsprozesses zu sein. Was ging schief?
Ich will versuchen, so gerecht und aufrichtig wie möglich bei der Beantwortung dieser entscheidenden Frage zu sein. Dafür werde ich mich absichtlich und bewusst von der in der Politik so beliebten Tendenz absetzen (von der auch wir in einigen Fällen nicht frei waren, die ich persönlich allerdings verabscheue), die Verantwortung immer bei den anderen zu verorten, um von der eigenen abzulenken.

Die Fehler sind vor allem von uns gemacht worden. Denn wir waren es, die den Verhandlungsprozess in unseren Reihen mit zwei substanziell verschiedenen Ansichten eingeleitet haben. Auf der einen Seite standen die, die wir davon ausgingen, dass der Dialog selbst eine neue politische Phase einläutet, was notwendigerweise zum Verschwinden der bewaffneten Aktivitäten im Befreiungsprozess führen würde. Wir verstanden das benötigte Abkommen als demokratische Grundbedingung für einen neuen Ausgangspunkt. Das Ergebnis würde von unserer Kapazität bestimmt werden, ausreichende demokratische Mehrheiten zu gewinnen.

Auf der anderen Seite gab es die, die den Zykluswechsel nur in Verbindung mit einem verbindlichen Abkommen möglich hielten. Gemäß dieser Vision wurde erwartet, dass der »Tauschwert« des bewaffneten Kampfes in den Verhandlungen ausreichend dafür sein würde, um der Regierung ein Abkommen für einen taktischen Endpunkt abzuringen (Autonomie für die vier

Provinzen[44]/Selbstbestimmungsrecht). Diese zwei Sichtweisen lassen uns die verschiedenen Bewertungen verstehen, die es später in Bezug auf das Abkommen von Loiola gab (für uns war es ein möglicher Ausgangspunkt, für andere war er logischerweise nicht der angestrebte Endpunkt).

Das zu unserer Verantwortlichkeit für das Scheitern. Gleichzeitig muss ich aber auch sagen, dass es auf Seiten der Regierung ebenfalls keine homogene Vorstellung gab. Das und die konstante Nichteinhaltung der Vereinbarungen, sowie die Aufrechterhaltung der Repression, haben dazu geführt, dass sich das Klima des Misstrauens verstärkte. Zweifel über die Ehrlichkeit und den Willen der Regierung kamen auf, eingegangene Verpflichtungen wirklich einzuhalten. Zudem leistete sie keine politische Erziehungsarbeit gegenüber der spanischen Gesellschaft, die es erlaubt hätte, die Inhalte eines hypothetischen politischen Abkommens zu entdramatisieren. Denn ein Abkommen muss notwendigerweise das Baskenland als Nation mit einem Recht auf Selbstbestimmung respektieren.

Wenn wir zu diesem wesentlichen Punkt die kriegerische Haltung der PP und ihrer Vorfeldorganisationen, die Angriffe auf den Prozess von Seiten der Justiz und der Polizei und die ständige Einmischung der Mehrzahl der Medien mitdenken, war ein Kollaps absehbar.

Der Oberste Gerichtshof hat im Februar 2006 die so genannte »Parot-Doktrin« aufgestellt, gerade als der Friedensprozess auf den Weg gebracht wurde und die Waffenruhe der ETA kurz bevorstand. Welche Botschaft sandte die spanische Seite damit aus?
Kürzlich hat ein britischer Korrespondent die Sozialisten in Madrid folgendermaßen definiert: »Die spanischen Sozialisten gehen an den Strand, graben ein Loch, füllen es mit Wasser, setzen sich hinein und rufen aus: »In welche Brühe habe ich mich da gesetzt!«. Für mich ist das eine perfekte und präzise Definition.

Wir glauben bisweilen, eine Entscheidung der Regierung entspräche mit Schweizer Genauigkeit einer bestimmten Strategie. In Wahrheit aber ist sie manchmal das Ergebnis reiner Improvisation oder der Versuch, bestimmte Sektoren zu befriedigen, die öffentliche Meinung zu beruhigen etc. Deshalb ist es dieselbe Regierung, die sich in die Brühe der »Parot-Doktrin« setzt, die Monate danach mit der ETA übereinkommt, sie vor dem Verfassungsgericht wieder kippen zu wollen, weil sie verfassungswidrig ist.

---

44   Gemeint ist neben den drei Provinzen der Autonomen Gemeinschaft auch die »vierte« Provinz Nafarroa im spanischen Staat.

Zwischen der Regierung und der ETA wurden in Genf und Oslo bestimmte Garantien zur Waffenruhe, einem Ende polizeilicher Verfolgung etc. vereinbart, und Batasuna sollte ihr politisches Projekt frei vertreten können. Trotz allem stehen Sie unter Hausarrest, als die ETA am 22. März 2006 die Waffenruhe erklärt. Den Arrest hatte der Ermittlungsrichter Grande Marlaska angeordnet und Sie werden inhaftiert. War das ein schlechtes Vorzeichen für die Zukunft?

Das war wirklich ein schlechtes Vorzeichen, denn es wurde mit aller Klarheit deutlich, dass die Gegner des Prozesses die Regierung im Regen stehen ließen. Sie verschanzten sich in der Justiz, den Medien und den Polizeiapparaten ... und starten aus diesen Positionen ihre Angriffe.

Zwei Monate nach dem Beginn der Waffenruhe wurden Sie und sieben Parteifreunde dafür angeklagt, eine neue Batasuna-Führung vorgestellt zu haben. Zunächst überlegten Sie, den Termin zu boykottieren, doch letztlich sind alle vor Gericht erschienen. Warum?

Aus purer politischer Verantwortung – wir mussten zu einer Änderung der Dynamik kommen, um die PSOE direkt einzubeziehen, damit sie zur Konsolidierung des Prozesses beiträgt und uns nicht eine neue Chance verloren geht.

Angesichts der schwierigen Lage erklärte Patxi López[45] als höchste Autorität der PSOE im Baskenland, dass die abertzale Linke ein »notweniger Gesprächspartner« ist und kündigte ein Treffen mit ihren Vertretern an. Wie bewerten Sie diesen Einsatz in der Gesamtheit des Prozesses?

Wir hatten gegenüber der PSOE mit aller Deutlichkeit klargestellt, dass die konstanten polizeilich-juristischen Einmischungen (die nach der Erklärung der Waffenruhe stark zugenommen haben), den Friedensprozess tatsächlich zum Kollabieren bringen können. Für uns bedeutete das öffentliche Zusammentreffen mit der PSE aber nicht nur unsere Anerkennung als Gesprächspartner, sondern es sollte eine Art faktische Legalisierung darstellen. Damit sollten gleichzeitig diejenigen in die Schranken gewiesen werden, die die Audiencia Nacional (Nationaler Gerichtshof)[46] instrumentalisierten, um den Friedensprozess zu sabotieren.

---

45 PSE-Chef López wurde im Jahr 2009 baskischer Regierungschef (Lehendakari), weil die abertzale Linke bei den Wahlen zum Regionalparlament verboten war und für sie abgegebene Stimmen nicht zählten.

46 Die Audiencia Nacional (Nationaler Gerichtshof) ist ein Sondergericht, das 1976 nach dem Tod Francos, aber noch vor dem Übergang zur Demokratie in Nachfolge des »Gericht für Öffentliche Ordnung« (TOP) geschaffen wurde. Das Gericht ist zu-

Gab es Sektoren, die sehr daran interessiert waren, dass der Prozess nicht vorankommt? Und wenn ja, aus welchen Gründen?

Es gab sie und es gibt sie. Und sie sind sehr einflussreich. Sie benötigen ein bestimmtes Konfliktniveau mit einer entsprechenden politisch-militärischen Intensität für ihre politischen und manchmal auch ökonomischen Interessen. Auch wenn es sehr hart klingen mag, kann ich Ihnen versichern, dass es Teile gibt, die sich bequem im Konflikt (aus dem sie erheblichen politischen und wirtschaftlichen Profit ziehen) eingerichtet haben. Sie sind deshalb an keiner friedlichen und demokratischen Lösung interessiert.

Es gibt sie in der Judikative, in den Sicherheitskräften, im Geheimdienst, in vielen Leitungsgremien von Institutionen, in den Führungen bestimmter Parteien und in den Führungsetagen einiger Massenmedien. Diese Sektoren, um ein Beispiel zu geben, haben Polizeioperationen im französischen Staat (ausgeführt von der Guardia Civil) in dem Augenblick in Gang gesetzt, als es ein Abkommen zwischen der ETA und der Regierung gab, das u. a. eine Waffenruhe auf den Weg bringen sollte.

PSOE und PP lieferten sich in der Öffentlichkeit einen Wettstreit darüber, wer weniger gegenüber der ETA nachgegeben hatte. Das war nicht gerade ein ermutigendes Panorama. Ist ein Verhandlungsprozess vereinbar mit der Prahlerei, nichts für seinen Erfolg zu tun?

Als der Verhandlungsprozess öffentlich gemacht wurde, haben wir den Fehler begangen, unseren Anhängern gegenüber zu garantieren, dass er sich so entwickelt, wie wir es stets vertreten haben, transparent und über ständige öffentliche Erklärungen. Diese Dynamik führt dazu, dass stets wenigstens zwei sich widersprechende Versionen darüber existieren, was gerade geschieht. Öffentliche Erklärungen beider Seiten sorgen zudem immer für Probleme auf der jeweils anderen Seite. Ich will aber ehrlich sein: Es ist natürlich unmöglich, einen Verhandlungsprozess zu führen, wenn ein Teil damit prahlt, nichts dafür zu tun. Er ist aber auch nicht möglich, wenn eine Seite dauernd der anderen die Ziele, den Rhythmus und die Sätze vorgibt, die verwendet werden müssen, damit der Prozess vorankommt. Das kann man ebenfalls nicht tun und noch weniger öffentlich.

---

ständig für Terror-Delikte und Ausdruck der politisierten Justiz. Der UN-Beauftragte Martin Scheinin kritisiert die Audiencia Nacional als eine der spanischen »Institutionen, die keinen Platz in einer Demokratie haben«. http://www.info-baskenland. de/882-0-Berria-Interview+Bericht+ueber+die+Menschenrechtssituation+in+Spanien.html

Abb. 2 (oben): Am 14. Nov. 2004 präsentiert Arnaldo Otegi in der Radsporthalle Anoeta in Donostia vor tausenden Anhängern Batasunas Friedensvorschlag »Orain herria, orain bakea« (Jetzt das Land – Jetzt der Frieden). Dieser führt zum Friedensprozess von 2005 bis 2007.
Abb. 3 (unten): Historisches Treffen zwischen der Führung PSE und Batasuna am 6. Juli 2006 im Hotel Amara Plaza in Donostia. Seit 25 Jahren war dies der erste gemeinsame öffentliche Auftritt. Links: Generalsekretär der PSE Patxi López und Rodolfo Ares; rechts: Arnaldo Otegi, Olatz Dañobeitia und Rufi Etxeberria von Batasuna.

**Am 29. Juni 2006 gibt Zapatero vor dem Kongress die in Oslo verein-
barte Erklärung ab, modifiziert aber den Inhalt und legt neue Schranken fest. Die ETA spricht vom Vertragsbruch, doch Batasuna sieht auch
etwas Positives: Der Ministerpräsident will das respektieren, was die
Basken beschließen. Warum war Ihre Analyse optimistischer als die
der ETA?**

Mit dieser Erklärung stellte der spanische Regierungschef unzweifelhaft den
politischen Charakter des Konflikts klar. Noch bedeutsamer war, dass für eine
Konfliktlösung die Entscheidung der Bevölkerung im Baskenland respektiert
werden sollte. Nie zuvor ist ein Präsident so weit gegangen und so haben es
auch sofort ultrakonservative Kräfte interpretiert, die von einem unannehm-
baren Zugeständnis sprachen, wonach sich Zapatero verpflichtet habe, das
Selbstbestimmungsrecht der Basken anzuerkennen. Deshalb haben wir diese
Erklärung als positiv bewertet, weil wir ihren qualitativen Wert über andere
semantische Betrachtungen gestellt haben. Die ETA war nicht der gleichen
Meinung.

**Gab es auch verschiedene Positionen zur anderen Entwicklungen des
Prozesses?**

Klar, zweifellos gab es sehr unterschiedliche Positionen, da wir keine homogene Sicht auf diesen politischen Dialogprozess hatten. Ich würde aber nicht
von ETA oder Batasuna sprechen, sondern davon, dass es zwei grundsätzlich
verschiedene Arten der Wahrnehmung in der abertzalen Linken gab. Diese
Positionen waren nicht homogen. Sie existierten in allen Organisationen im
politischen Spektrum der abertzalen Linken und damit auch in der ETA.

**Hätte diese Erklärung der Regierung, auf die man sich in Genf und
Oslo geeinigt hatte, trotz der Veränderungen eine Art Downing-Street-
Erklärung[47] sein können?**

Ich habe immer die Position verteidigt, dass man in der Politik stets auf mögliche positive Entwicklungen vorbereitet sein muss. Lässt man diese Chancen
entwischen, kann es sein, dass es Ewigkeiten dauert bis sie sich wieder bieten
– falls überhaupt. In Bezug auf den Prozess zur nationalen und sozialen Befreiung, habe ich stets die These vertreten: Im Prozess von Lizarra-Garazi, mit

---

47 Im Dezember 1993 unterzeichnen die Regierungschefs Großbritanniens und Irlands,
John Major und Albert Reynolds, die »Downing-Street-Erklärung« mit der die Rahmenbedingungen einer Friedensregelung für Nordirland dargelegt wurden.

allen Einschränkungen und Fehlern, fanden wir die bisher besten Bedingungen für ein Bündnis mit der PNV vor, während sie von Ibarretxe geführt wurde. Denn er repräsentierte das wohl stärkste patriotische Profil, das wir in der PNV überhaupt finden können bzw. konnten.

Was die Konfliktlösung angeht, habe ich bekundet, dass Präsident Zapatero in einer ersten Phase die beste Option in der PSOE war, um zu einem Dialog- und Lösungsprozess zu kommen. Er traute sich sogar, völlig natürlich von Katalonien als Nation zu sprechen, ein außergewöhnlicher Vorgang in der spanischen Geschichte. Deshalb handelte es sich für mich zwar nicht um eine Downing-Street-Erklärung, aber sie kam ihr nahe. Es war aus meiner Sicht die größte Annäherung, die es jemals gegeben hat. Für mich war es nicht das Entscheidende, eine politisch-formale Analyse zu machen, sondern eine tief greifende politisch-inhaltliche Analyse.

Die Regierung hatte sich verpflichtet, für Normalisierung, also Akzeptanz der politischen Aktivitäten von Batasuna, zu sorgen. Doch das geschah nicht. Angeführt wurde, man könne die Justiz nicht kontrollieren und eine Legalisierung müsse über das neue Parteiengesetz laufen. Warum haben Sie eine solche Legalisierung damals abgelehnt?
Es gab dafür zwei besondere Gründe: an erster Stelle, weil es eine Bestätigung und Legitimation der staatlichen Position gewesen wäre, einseitig die vereinbarten Spielregeln und die Roadmap verändern zu können. Wird das erlaubt, wird der Weg zu immer neuen einseitigen Veränderungen frei gemacht. Der Prozess verliert seine Basis und zerrinnt unter den Fingern. Zudem hatten wir keinerlei Garantie, dass die Justiz nicht querschießt und inakzeptable Bedingungen formuliert, die wir wiederum hätten ablehnen müssen, womit der Prozess zweifelsohne kollabiert wäre.

Zapatero führt plötzlich in seinen Diskurs über den Friedensprozess einen neuen Leitsatz ein: »zuerst der Frieden und danach die Politik«, der danach von der PNV unter Josu Jon Imaz[48] aufgegriffen wird. Kommt man dem Frieden näher, ohne die politischen Fragen anzugehen, die hinter dem Konflikt stehen?
Oft setzte sich Jesús Eguiguren mit dem Punkt in der Form auseinander, die meiner Ansicht nach sehr richtig war: »Wir (als Sozialisten) müssen verstehen,

---

48   Imaz war von Januar 2004 bis September 2007 Vorsitzender der Baskisch-Nationalistischen Partei.

dass die Entwicklung auf politischer Ebene es euch erleichtert, auf der technisch-politischen Ebene voran zu kommen. Aber die abertzale Linke muss verstehen, dass die technischen Fortschritte es uns erleichtern, politisch vorwärts zu kommen«. Das ist für mich ein ausgeglichenes Schema, weil es alle zufriedenstellen kann.

Die Nichteinhaltung von Übereinkünften brachte den Prozess an den Rand des Scheiterns. Sollten über Erfolge in den politischen Gesprächen gleichzeitig Fortschritte in den Verhandlungen über technische Fragen zwischen der ETA und der spanischen Regierung erreicht werden?
Natürlich waren Fortschritte auf politischer Ebene eine Garantie dafür, dass der Prozess zu einem Abkommen über die Konfliktlösung führen würde. Doch die ETA hatte entschieden, jeden Fortschritt auf technischer Ebene von der Entwicklung auf politischer Ebene abhängig zu machen. Auch damit wurde vom Friedensplan abgewichen, wie wir ihn in Anoeta dargelegt hatten und es senkte sich der Schatten einer Bevormundung durch die Organisation über den Prozess. Ich glaube ehrlich, dass das ein großer Fehler war, weil es die Verhandlungen vom Anoeta-Schema zum Schema früherer Verhandlungen in Algerien zurückversetzte. Wenn in diesem Kontext die Regierung zudem schwerwiegend gegen Abmachungen verstößt, die Repression aufrechterhält etc., wird deutlich vom ursprünglich vorgesehenen Prozess abgewichen, um ihn definitiv zum Scheitern zu verurteilen.

Von wem ging die Initiative aus, die Gespräche auf politischer Seite auszuweiten und die PNV in den Prozess einzubeziehen, bevor die angestrebten Allparteiengespräche begannen?
Diese Initiative ging von uns aus. Wir gingen davon aus, dass eine umfassende Vorvereinbarung (noch kein definitives Abkommen zur Konfliktlösung), die von den drei wichtigsten politischen Strömungen im Baskenland getroffen wird, die Blockierung auflösen würde, um wieder zu einem Szenarium zu kommen, in dem sich der Prozess nachhaltig entwickeln kann.

War diese Vorvereinbarung der drei wichtigen Strömungen ein Versuch, der politischen Ebene wieder eine Priorität zu verleihen?
Ohne Zweifel. Es wurde ehrlich versucht, zu einem Basisabkommen zu kommen, das als notwendiges Fundament für den späteren politischen Dialog im Baskenland dienen würde, um politische und institutionelle Spielregeln zu bestimmen und das politische und soziale Zusammenleben zu regeln.

**Von Seiten der PNV haben das einige Führungsmitglieder so interpre-
tiert, dass die Sache nicht gut lief und eine dritte Stimme benötigt wurde, um Positionen anzunähern....**
Diese Interpretation stimmt mit der Realität nicht überein. Gleichzeitig sagt sie
viel über die Position der PNV in dem Verhandlungsprozess aus. Denn ist man
konsequent, dann bedeutet diese Auslegung, dass die PNV keinen eigenen
Vorschlag hatte. Demnach beschränkte sich ihr Wirken nur darauf, eine Synthese aus unserer Position (entschlossene Verteidigung der Rechte der Basken)
und der des Staates zu finden.

Und entsprechend hat sie gewirkt. Es ist gut, dass das bekannt wird. Ich
kann Ihnen deshalb auch schon vorwegnehmen, dass die PNV, bevor sie in
die Gespräche von Loiola einstieg, mit Herrn Rubalcaba[49] ausgehandelt hatte,
dass man darin den spanischen Staat nicht in eine »baskische Zange« nehmen
würde. Deshalb wurde die Bewegungsfreiheit der PNV im Rahmen dieser Gespräche nicht in der Parteiführung festgelegt, sondern im Büro von Rubalcaba
in der Moncloa[50] oder Ferraz.[51]

**Nachdem die ETA ihre Waffenruhe verkündet hatte, schlug der baski-
sche Regierungschef Ibarretxe vor, Allparteiengespräche zu führen, um
zu einem Abkommen zu kommen. Sie haben sich dieser Formel stets
widersetzt. Aus welchen Gründen?**
Es gibt einen einfachen Grund: ein runder Tisch, der vom Präsidenten der
Autonomen Gemeinschaft angeführt wird, beschränkt sich auf nur einen Teil
des Baskenlands. Für uns war es grundlegend, dass in den Dialog alle Gebiete einbezogen werden müssen. Wir haben aber klar gemacht, dass wir kein
Problem damit hätten, wenn der Präsident der CAV[52] oder der Präsident der
Foralgemeinschaft Navarra am Dialog und der Ausarbeitung eines Abkommens teilnehmen. Ich möchte in aller Deutlichkeit klarstellen, dass wir politische Gründe hatten und dass es sich um kein Veto gegen den Präsidenten der
baskischen Regionalregierung Iberretxe handelte.

---

49   Alfredo Pérez Rubalcaba war sozialistischer Superminister (Innenminister, Vizeminis-
       terpräsident und Regierungssprecher) und ist nach den verlorenen Wahlen 2011 nun
       auch in seiner Partei (schwer umstrittener) Oppositionsführer.

50   Spanischer Regierungssitz in Madrid.

51   Calle de Ferraz in Madrid, in dieser Straße befindet sich die PSOE-Zentrale.

52   »Autonome Baskische Gemeinschaft« (CAV) der drei Provinzen Bizkaia, Gipuzkoa
       und Araba, die auch »Euskadi« genannt wird, obwohl Sabino Arana mit dem Kunst-
       namen eigentlich das gesamte Baskenland meinte.

Nur zwei Wochen nach Verkündung der Waffenruhe entsteht im April 2006 Ahotsak.[53] Die Gruppe will sich aktiv in den Prozess einbringen und macht einen innovativen Vorschlag: »Das finden, was uns eint und nicht das, was uns trennt«. Bedeutete das, den Konflikt aus einem anderen Blickwinkel anzugehen?

Es gab entsprechende Erfahrungen in Südafrika oder Irland, dass die aktive Teilnahme von Feministinnen oder Frauen an der Konfliktlösung entscheidend sein kann. Doch mir scheint, der Konflikt wurde nicht aus einem anderen Blickwinkel angegangen, sondern in einer anderen Art.

Das Gründungsmanifest scheint eine Synthese eines politischen Abkommens für die Konfliktlösung zu sein (Entscheidung im Baskenland, Respekt vor den Entscheidungen, Gewaltlosigkeit, demokratisches Rahmenabkommen etc.) Hatte eine solche Bewegung noch Wirkungskraft?

Natürlich. Sie kann auch heute noch einen entscheidenden Beitrag zum Konfliktlösungsprozess leisten. Und ich möchte die Frauen von hier aus anregen, das zu tun. Wir können auf niemanden verzichten, wenn wir Frieden und Gerechtigkeit im Baskenland schaffen möchten. Das gilt besonders für die, die mehr als die Hälfte seiner Bevölkerung stellen.

---

53 In Ahotsak (Stimmen) schlossen sich Frauen aus verschiedenen politischen Richtungen zusammen. So waren darunter z. B. Gemma Zabaleta, Führungsmitglied der PSOE im Baskenland, das ehemalige Mitglied der Batasuna-Führung Jone Goirizelaia und Duñike Agirrezabalaga der baskischen Sektion der Vereinten Linken/Grüne.

LOIOLA

Im Sommer 2006 macht sich das Gefühl breit, dass die Verhandlungen sich in einer Sackgasse befinden. Die ETA wirft PNV und PSOE in einer Erklärung ihre »schäbige Haltung«[54] vor und beschuldigt sie des Versuchs, die Gespräche »ihres Inhalts zu entleeren«. Sie sieht den Friedensprozess »in einer offensichtlichen Krise« und droht, entsprechend zu antworten, wenn die »Angriffe aufs Baskenland« andauern.

In dieser angespannten Situation starten die Verhandlungsführer der abertzalen Linken einen neuen Versuch zur Überwindung der Krise. Ende August schlägt Batasuna PSE-EE und PNV Dreiparteiengespräche vor, um über ein Vorabkommen das Feld für einen Dialog unter allen Parteien im Baskenland zur Konfliktlösung vorzubereiten. Gleichzeitig verbinden sie damit die Hoffnung, dass auch auf der zweiten Schiene Bewegung in die Verhandlungen um Konfliktfolgen (Gefangene, Opfer und Entmilitarisierung) kommt.

Der Vorschlag wird angenommen und vom 20. September bis zum 15. November finden in Azpeitia in Nebenräumen der Basilika von Loiola insgesamt zwölf Treffen zwischen Vertretern der drei Parteien statt. Es kommt zu bisher nie gekannten Übereinstimmungen hinsichtlich der Definition des Begriffs einer baskischen Nation sowie der Anerkennung des Rechts ihrer Bürger, frei entscheiden zu können. Die Ergebnisse werden in zwei Entwürfen festgehalten. Die Batasuna-Vertreter versuchen am Ende, die Zusagen noch zu konkretisieren, was die PNV verweigert. Die PSE-EE versucht sogar, einige der vorher gemeinsam verfassten Erklärungen neu zu verhandeln. Die am weitesten gehende Verhandlungsphase wird so letztendlich ohne gemeinsamen Beschluss beendet.

Parallel dazu nehmen Ende September Vertreter von Regierung und ETA ihre Gespräche wieder auf. Die ETA wirft der Regierung vor, Zusagen nicht erfüllt zu haben. Regierungsvertreter kritisieren die ETA für das martialische und bewaffnete Auftreten einiger Mitglieder bei einer Versammlung und für einen Waffenraub in Frankreich.

---

54   http://elpais.com/diario/2006/08/18/espana/1155852019_850215.html

Ein kontroverses Thema an beiden Verhandlungstischen ist die Legalisierung von Batasuna. Die andauernde Illegalisierung widerspricht bisherigen Abkommen, weil keine Gleichheit der Bedingungen unter den Verhandlungspartnern herrscht. Die Regierungsseite nimmt nach und nach bisherige Zusagen zurück, stellt aber eine Abschaffung des Parteiengesetzes für die Zeit nach den Kommunalwahlen vom Juni 2007 in Aussicht.

Angesichts eines vorhersehbaren Zusammenbruchs der Verhandlungen ETA – Regierung schlagen die internationalen Vermittler eine Vertagung auf Dezember vor. Mitte Dezember sind die Diskrepanzen aber noch stärker spürbar. Im Beisein von Vermittlern werfen die ETA-Vertreter der Regierungsseite die »komplette Nichterfüllung« versprochener Garantien und vereinbarter Übereinkünfte vor, die die permanente Waffenruhe überhaupt erst ermöglicht hatten.

Warum wurde Loiola als Ort der Verhandlungen unter den drei Parteien gewählt? Wollte man die Kirche in irgendeiner Form in die Verhandlungen einbinden?

Wir sind stets davon ausgegangen, dass die katholische Kirche in die Suche nach Lösungen für den Konflikt eingebunden werden muss. Die Ortswahl hatte keinen besonderen Grund. Wir haben einfach einen Ort gesucht, der zugänglich ist, Diskretion gewährleistet und zudem über die notwendige Logistik für die Durchführung der Treffen verfügt. Es gab verschiedene Möglichkeiten und wir entschieden uns für Loiola. Ich erinnere mich, dass die PNV lieber einen anderen Ort in einer anderen Provinz vorgezogen hätte. Ich möchte den aber nicht öffentlich machen, denn ich bin davon überzeugt, dass wir eines Tages das Kapitel abschließen werden, das in Loiola offen geblieben ist.

Am 20. September 2006 beginnen dort im Arrupe-Zentrum die Gespräche, zur Tarnung wurde von einem Professoren-Treffen der Universität Deusto gesprochen. Wurden Maßnahmen ergriffen, um Diskretion und Sicherheit zu wahren?

Wir haben immer Sicherheitsmaßnahmen ergriffen, vor allem beim Betreten und Verlassen des Gebäudes. Ich glaube mich daran zu erinnern, dass wir bisweilen auch Funkstöranlagen eingesetzt haben, um ein Abhören zu verhindern. Wir haben einige Sicherheitsmaßnahmen ergriffen, ohne diese jedoch zu übertreiben.

Es handelte sich nach den Erfahrungen in Algerien und Lizarra-Garazi um eine neue Art der Verhandlungen. Haben Sie sich entsprechend vorbereitet? Hatten Sie auch externe Berater?
Wir haben uns stets mit größter Ernsthaftigkeit und maximaler Akribie auf diese Gespräche vorbereitet, weshalb wir auch externe Beratung hinzugezogen hatten. Konkret haben wir an einem Intensivkurs über Verhandlungstechniken teilgenommen, der von südafrikanischen Experten geleitet wurde. Es war eine außerordentlich wertvolle Erfahrung. Sie ermöglichte es, uns bestmöglich auf den anstehenden Dialog- und Verhandlungsprozess vorzubereiten.

Wer war in den Delegationen vertreten? Batasuna war die einzige mit jungen Teilnehmerinnen: Olatz Dañobeitia und Arantza Santesteban. Was war der Grund dafür?
Für die PSE nahmen Jesús Eguiguren und Rodolfo Ares teil (außer zu einem Anlass, an dem José Antonio Pastor anwesend war); von Seiten der PNV kamen Josu Jon Imaz und Iñigo Urkullu[55]; für uns nahmen stets Rufi Etxeberria und ich teil, am Anfang außerdem auch Olatz und danach Arantza. Wir verfolgten damit ein doppeltes Ziel: Auf der einen Seite wollten wir Mitglieder neuer Generationen in die Führungsaufgaben an der Verhandlungsfront einbinden. Auf der anderen Seite nutzten wir die Treffen, um sie auf spätere Aufgaben vorzubereiten, die in der Zukunft auf sie zukommen könnten.

Auf welche Aspekte haben sich die Gespräche konzentriert? Was waren für Sie die minimalen Punkte für ein Basisabkommen, um einen Prozess zur Konfliktlösung zu eröffnen?
Zunächst war es nötig, klarzustellen, dass das Ziel nicht war, ein Abkommen zur Konfliktlösung auszuhandeln. Es ging nur darum, zu einer Vorvereinbarung zu kommen, die den Inhalt eines künftigen Abkommens bestimmen sollte. Es ging also darum, die entscheidenden Themen zu definieren und zu beschließen, die in einem zukünftigen Rahmenabkommen gelöst werden müssten. Deshalb haben wir einen Vorschlag ausgearbeitet – ich habe ihn geschrieben, und er wurde einstimmig von der Parteiführung angenommen –, in dem die zu behandelnden entscheidenden Themen benannt wurden: Respekt vor der nationalen Identität der Basken, das Selbstbestimmungsrecht, die Beschreibung des Territoriums und eine allgemeine Regelung der Rechte, die in einem

---

55   Urkullu hat inzwischen Imaz als Parteichef abgelöst und ist nun Präsident der Autonomen Baskischen Gemeinschaft (CAV).

zukünftigen demokratischen Rahmen Beachtung finden müssen. Gleichzeitig haben wir einen Vorschlag zur Methodologie eingebracht, wie wir zu diesem Abkommen und zu einer Übereinkunft kommen und wie man schließlich damit umgeht.

Politische Grundlagen, Methodologie und deren Umsetzung in die Praxis ... Wo gab es die meisten Konflikte?
Obwohl es in allen Fragen Schwierigkeiten gab, waren sie bei den politischen Grundlagen am stärksten.

Wurde der Übergang von einem demokratischen Szenario (Bedingungen und Optionen) zu einem demokratischen Rahmen vorbereitet, in dem sich diese Rechte in die Praxis umsetzen lassen?
Unsere Arbeitsphilosophie kann folgendermaßen zusammengefasst werden: die Abkommen von heute müssen die Garantie für die Lösungen von morgen sein. Deshalb haben wir tatsächlich festgelegt, welches die demokratischen Regeln sein sollten. Zentral war der Respekt davor, was frei und demokratisch von der baskischen Bevölkerung beschlossen wird.

Das bedeutet, dass alle auf den Marathonsitzungen ihre Maximal- und Minimalanforderungen formuliert haben. Wie weit ist die abertzale Linke in Loiola gekommen?
In dem Vorschlag, den ich zuvor angesprochen habe, wurden von der Parteiführung nicht nur die zu behandelnden Themen bestimmt, sondern auch die Minimal- und Maximalforderungen. Dazu wurde ein Drehbuch mit Positionen ausgearbeitet, welche von den Gesprächspartnern voraussichtlich eingebracht würden, um diesen postwendend begegnen zu können. Wir haben nichts dem Zufall oder der Improvisation überlassen. Und ich kann Ihnen versichern, dass wir mit der erzielten Vorvereinbarung in jedem einzelnen Punkt unsere Maximalziele erreicht haben.

Das Problem war nur, dass in der Bewertung der Vorvereinbarung wieder die zwei Sichtweisen auftauchten, die uns von Beginn an zu schaffen machten: für uns war diese Vorvereinbarung ein mehr als akzeptabler Ausgangshafen, um sicheren Kurses und mit größtmöglicher Bestimmtheit weiter in die richtige Richtung zu segeln; andere hielten es aber für notwendig, die Vorvereinbarung schon in ein Abkommen zu gießen, dass alle dazu verpflichtet, gemeinsam in den Zielhafen zu segeln, den wir ansteuerten (gemeinsame Autonomie für die CAV und Navarra).

**In Oslo hatte sich die spanische Regierung verpflichtet, die freie Ent-
scheidung der baskischen Bevölkerung anzuerkennen. Ihnen kam die
Aufgabe zu, dem eine Form zu geben und einen Konsens für die Weiter-
entwicklung zu finden. Wie weit sind Sie gekommen? Ist das ein Meilenstein, hinter den in späteren Etappen nicht wieder zurückgegangen
werden wird?**

Auf diesem Terrain wurde viel Boden gut gemacht. Und das Wichtigste ist, dass
dies unter den Augen von enorm bedeutsamen internationalen Beobachtern
geschah. Ich glaube, niemand kann sich mehr eine Zukunft des Baskenlandes
vorstellen, die nicht vorsieht, dass wir frei über unsere Zukunft entscheiden
können. Daran führt schlicht kein Weg mehr vorbei.

**Territorium, Entscheidungskapazität, Respekt, Referendum… Was war
vorrangig für Sie und sollte in einem Abkommen niedergelegt werden?**

In der ersten Phase (Loiola/Vorvereinbarung) war es für uns vorrangig, klar das
Gebiet zu definieren, für das eine Lösung gesucht wird. Es war von essenzieller
Bedeutung, dass in einem Versuch, eine strukturelle Lösung für den Konflikt
zu finden, notwendigerweise von der Gesamtheit der baskischen Territorien
(Navarra eingeschlossen) gesprochen werden muss. Als das klargestellt war,
war entscheidend, ein alle zufriedenstellendes Abkommen über das Selbstbestimmungsrecht der Basken zu erreichen.

**Wie hat jede Delegation Entscheidungen getroffen? Haben Sie in der
Parteiführung im Vorfeld die Grenzen festgelegt? Hatten Sie die Autonomie, um in den Gesprächen direkt entscheiden zu können?**

Wir haben an den Treffen als Repräsentanten von Batasuna teilgenommen. Sie
wurden vorbereitet und danach in der Parteiführung besprochen, die also stets
über die Entwicklungen in diesen Gesprächen informiert war. Unsere Verhand-
ler hatten in den Treffen eine umfassende Autonomie und die Fähigkeit, unsere
Positionen zu verteidigen, um zu Vorvereinbarungen zu kommen. Natürlich
sollten die dann zunächst durch die Parteiführung und danach von der Gesamtheit der abertzalen Linken ratifiziert werden.

**Wie haben das die übrigen Delegationen gehalten? Wurde per Telefon
oder auf eine andere Art mit den Führungsgremien Rücksprache gehalten?**

Ich habe den Eindruck, dass die anderen Delegationen nur jeweils einige wenige Mitglieder ihrer jeweiligen Parteiführung informiert haben. Wer besonders

oft das Telefon benutzt hat, war der Sozialist Rodolfo Ares, um mit Innenminister Rubalcaba zu sprechen. Wir selbst hatten aus Sicherheitserwägungen heraus keine Handys dabei.

Urkullu hat bestätigt, dass auch die PNV-Vertreter sich in Pausen mit der PSOE-Führung in Madrid abgestimmt haben, um das ratifizieren zu lassen, was Eguiguren und Ares verabredeten. Sie wollten die Bestätigung erhalten, dass es sich lohnt, weiter zu machen. Gab es eine besondere Übereinstimmung zwischen diesen beiden Parteien während der Verhandlungen?

Eins war völlig klar: Die PSOE hätte nie dieses Dreiecks-Schema wie in Loiola akzeptiert, wenn sie nicht zuvor von der PNV die volle Garantie erhalten hätte, dass die sich unseren Vorschlägen nicht anschließen würde. Damit sollte verhindert werden, dass die Positionen der PSOE in die Zange genommen werden würden. Es existierte ein Pakt zwischen beiden Parteien. Die PNV verteidigte keine eigenen Positionen in diesem politischen Dialog, sondern sie suchte nach einer Synthese zwischen unseren Positionen und denen der PSOE. Sie neigte ständig dazu, die Positionen der PSOE gegen unsere zu unterstützen.

Gab es auch Streits der Vertreter einzelner Parteien untereinander?

Ich erinnere mich nur an Dispute zwischen Ares und Eguiguren in einigen Pausen. Weder auf Seiten der PNV noch bei uns kam es zu Streits dieser Art.

Welche Differenzen waren feststellbar?

Differenzen zwischen Eguiguren und Ares sind unvermeidbar, was die Wahrnehmung des eigentlichen Problems angeht. Jesús ist im baskischen Gipuzkoa geboren, er hat ein großes intellektuelles Interesse an unserer Geschichte, er spricht Baskisch… Für Ares ist die CAV nur eine Region, die sich z. B. von Murcia oder Kantabrien nicht unterscheidet. Er hat, wie ein großer Teil des PSE-Parteiapparats in Bizkaia, den Wunsch und den Anspruch, Karriere in Madrid zu machen. Das Baskenland ist für Ares nur eine Durchgangsstation. Imaz und Urkullu lagen auf einer Wellenlänge.

Wie war das Verhältnis unter den Delegationen? Gab es Momente der Spannung?

Schon aufgrund der unterschiedlichen menschlichen Profile würde ich nicht sagen, dass ein besonderer Einklang oder Empathie unter uns Abgesandten entstanden ist (außer mit Jesús vielleicht). Außer in einigen wenigen Fällen verliefen die Diskussionen jedoch respektvoll und höflich. Ich bin einige Male in Form und Inhalt sehr hart aufgetreten, weshalb ich diese Chance nutze (wenn auch verspätet), die Teilnehmer um Entschuldigung zu bitten.

Was ist das Angenehmste, an das Sie sich aus diesen Tagen auf der persönlichen Ebene erinnern?
Zu sehen, wie man auf politischer Ebene vorwärts kommen kann; und auf der persönlichen Ebene die Zuneigung und die Komplizenschaft, die uns die Nonnen aus Azpeitia zeigten, wenn sie uns das Essen brachten. Wenn ich aus dem Knast komme, werde ich ihnen einen Besuch abstatten, das ist eine meiner Prioritäten. Ich nutze die Gelegenheit, um ihnen ein *muxu* [Küsschen] mit all meiner Zuneigung zu schicken.

Während der Verhandlungen in Loiola durchsucht die Polizei auf Befehl des Obersten Gerichtshof mehr als 100 Batasuna-Kneipen, 36 Führungsmitglieder von Batasuna – darunter Rufi Etxeberria und Sie – werden angeklagt. Dazu werden Strafen von politischen Gefangenen nachträglich verlängert, Mitglieder der ETA schießen bei einer Versammlung in Aritxulegi[56] in die Luft und die ETA raubt 350 Waffen in Frankreich... Befürchteten Sie den Kollaps des Prozesses?
Sowohl die juristisch-polizeilichen Aktionen wie auch bestimmte Positionen und Aktionen der ETA haben den Dialog- und Verhandlungsprozess in einen permanenten Notfall- und Stresszustand versetzt. Statt seine Entwicklung zu fördern, wurde er so an den Rand des Abgrunds gebracht. Als Konsequenz dieser Vorgänge ging zudem immer mehr Vertrauen unter den an den Verhandlungen beteiligten Parteien verloren, weshalb wir auf eine Sackgasse zusteuerten.

Die Formel zweier getrennter Verhandlungstische wurde beibehalten. Eguiguren nahm dagegen an beiden teil.

---

56   Es handelte sich um den Gudari-Eguna (Tag des baskischen Kämpfers), an dem an die erinnert wird, die im Konflikt ihr Leben verloren. Drei maskierte ETA-Mitglieder traten vor gut 1500 Personen auf und drohten angesichts stockender Verhandlungen mit dem bewaffneten Kampf als »Gegenwart und Zukunft«. Seinen Ursprung hat der Tag im 27. September 1975, als die Franco-Diktatur, kurz vor dem Tod des Diktators, die letzten Todesurteile vollstrecken ließ. Ermordet wurden zwei Mitglieder der ETA und drei der spanischen Antikapitalistischen Revolutionären Patriotischen Front (FRAP).

Wir haben nur Batasuna und die abertzale Linke vertreten. Wir konnten nicht an beiden Verhandlungstischen sitzen, weil wir nicht Mitglieder der ETA waren oder sind. Es stimmt, dass Jesús an beiden Tischen verhandelt hat. Das war aus meiner Sicht ein Vorteil, denn es erlaubte ihm, einen umfassenden Überblick über den gesamten Prozess zu haben.

Während der Verhandlungen in Loiola tritt der Gefangene Iñaki de Juana in den Hungerstreik, um gegen die Verlängerung seiner Strafe zu protestieren, die er bereits abgesessen hatte.[57] Welchen Einfluss hatte das?
In einem ohnehin schon sehr verschlechterten Klima war Iñakis Hungerstreik eine weitere Zutat zu einer Situation, die gefährlich auf den Kollaps zusteuerte. Ohne weiter ins Detail gehen zu wollen, gestatten Sie mir die Anmerkung, dass diese Situation vom früheren Justizminister Fernando López Aguilar erst provoziert worden ist.[58] Sein Verhalten hat das Agieren einiger Sektoren des spanischen Staats in seiner ganzen Unverantwortlichkeit deutlich gemacht (ähnliches geschah in Zusammenhang mit der so genannten »Parot-Doktrin«). An Irrationaliät grenzende Provokationen sind eine schwere Hypothek für die Entwicklung eines jeden Dialogs. Derlei Situationen haben mich zu dem vielleicht etwas gewagten Schluss gebracht, dass die spanischen Sozialisten, wenn sie sich einem Problem ausgesetzt sehen, unvermeidlich dazu neigen, ein noch größeres zu schaffen.

Haben Sie befürchtet, dass dieser Vorgang zur Unterbrechung des Dialogs führen könnte?
Wir waren sehr besorgt, denn wir waren uns über die Willenskraft und die Bestimmtheit von Iñaki bewusst, den Hungerstreik bis zum Ende durchzuziehen. Wir wussten, dass ein fataler Ausgang dieses Hungerstreiks zu einer bewaffneten Antwort der ETA führen würde, was sie gegenüber der spanischen Regierung auch unmissverständlich klar gemacht hat. Deshalb war offensichtlich, dass der Prozess ernsthaft in Gefahr war.

---

57 Im Fall Iñaki de Juana wurde nicht die Parot-Doktrin mit nachträglicher Neuberechnung der Strafe angewendet. Er wurde nach nach Verbüßung von fast 19 Jahren im Gefängnis aufs Neue in Untersuchungshaft genommen, weil er mit Artikeln in der Tageszeitung GARA aus dem Gefängnis die ETA unterstützt haben soll.

58 Der Justizminister musste sich sogar von der konservativen britischen Tageszeitung Times seinen Satz vorhalten lassen, man werde »neue Anklagen zu konstruieren« wissen, um Freilassungen von Gefangenen »zu verhindern«. (http://www.timesonline.co.uk/tol/news/world/europe/article1329302.ece)

Wurden andere politische oder soziale Organisationen über die Fort-schritte am Verhandlungstisch informiert?

Ich erinnere mich daran, dass wir uns mit der notwendigen Vorsicht und Dis-kretion periodisch mit Vertretern von Gewerkschaften, Unternehmen, Kirchen, sozialen Organisationen etc. getroffen haben, um ihnen unsere Meinungen und Analysen zu vermitteln.

Ein Knackpunkt in der Debatte war die zukünftige Umsetzbarkeit al-ler politischen Projekte, einschließlich der Unabhängigkeit. Einen aus-drücklichen Bezug darauf gab es letztlich angesichts der unverrückba-ren Opposition der PSOE nicht. Was bedeutete es für Sie, auf diese ausdrückliche Bezugnahme zu verzichten?

Nach dem Abbruch des Prozesses wurde dem Thema eine Bedeutung zuge-messen, die sie aus unserem Blickwinkel nie wirklich hatte. Es ist klar, dass für uns die ausdrückliche Erwähnung dieses Begriffs den Text deutlich klarer gemacht hätte, und es hätte zudem einen klaren Willen der PSOE bezeugt. Ich erinnere mich aber auch daran, dass die Delegation der PSOE (konkret Ares) erklärte, dass bei der Rede von allen Projekten offensichtlich sei, dass keins ausgeschlossen ist. Diese Position erschien uns sehr einleuchtend. Deshalb er-zeugte es keinen besonderen Frust bei uns, dass die Unabhängigkeit nicht ex-plizit benannt wurde. Wir konnten daraus keine endgültigen Schlussfolgerun-gen über die Position der PSOE ziehen.

Warum kam das Thema aber in der Endphase erneut auf?

Weil wir unsererseits davon überzeugt waren, dass die Erwähnung es erlaubt hätte, einen Teil des Misstrauens (nicht das ganze) zu zerstreuen, das in Bezug auf die Ehrlichkeit der PSOE-Positionen in Teilen der abertzalen Linken auf-gekommen war.

Die PP hat stets klargestellt, sie würde kein Abkommen akzeptieren (ohne vom Dialog in Loiola zu wissen) und sie machte Propaganda da-mit, dass über die Zukunft Navarras verhandelt werde. Hat die Polizei die Oppositionspartei mit Informationen beliefert?

Natürlich, aber damals wie heute war unsere Position sehr klar: Navarra wird in keinen zukünftigen Rahmen einbezogen, wenn es nicht die Konsequenz aus einer demokratischen Mehrheitsentscheidung in Navarra selbst ist. Das Thema Navarra und sein »Verkauf« (ausgerechnet von denen vorgebracht, die Navarra auch nach 500 Jahren noch Spanien unterstellen) war ein weiteres Instrument der PP und der Sektoren, die sich gegen den Prozess stellten, um ihn abzuwürgen.

Am Verhandlungstisch saß kein Vertreter aus Navarra. War es ein Fehler, niemanden von Beginn an einzubinden?

Ja, denn es erlaubte PSOE und PNV darüber zu spekulieren, wie bestimmte Vorschläge wohl in Navarra aufgenommen würden. Angesichts dieser Situation wurde auf unseren Vorschlag hin eine Übereinkunft erzielt, dass nach den Wahlen in Navarra, die PSN[59] (Carlos Chivite war damals ihr Generalsekretär) am Dialog teilnehmen sollte. Wir machten den Vorschlag, denn wir gingen davon aus, dass die Sozialisten aus Navarra anwesend sein sollten, wenn über Themen gesprochen wird, die auch Navarra betreffen.

»Navarra darf nicht für einen Kuhhandel benutzt werden«, sagte einst Präsident Miguel Sanz[60] und »Navarra ist nicht der Schlüssel des Problems; es ist der Schlüssel der Lösung«, sagten Sie. In welchen Händen befand sich die Lösung?

Für uns ist Navarra kein Problem, sondern ein grundlegendes Element zur Konfliktlösung. Denn für uns kann es keine Lösung geben, die nicht alle baskischen Territorien einschließt. Damit das möglich wird, muss ein Prinzip genauestens respektiert werden: jede Lösung, die auch Navarra betrifft, muss von seiner Bevölkerung in einer demokratischen Abstimmung angenommen werden. Deshalb ist Navarra nicht Teil eines Kuhhandels, sondern die Garantie für einen Wandel.

Ist die Schaffung eines »Gemeinsamen Institutionellen Organs« für alle vier Provinzen im Süden des Baskenlandes ein Ausgangspunkt? Welche Kompetenzen müsste dieses Organ erhalten?

Die Schaffung dieser gemeinsamen Institution würde die Dynamik aufbrechen, die uns in den letzten Jahrzehnten zur Trennung und Teilung unseres Landes aufgezwungen wurde. Es wäre deshalb ein Schritt in die richtige Richtung. Die

---

59   Die Sozialistische Partei Navarras (PSN) ist eine lokale Sektion der spanischen Sozialisten (PSOE).

60   Miguel Sanz Sesma war von 1996 bis 2009 Regierungschef von Navarra für die rechte »Union des navarresischen Volkes« (UPN), eine Schwesterpartei der spanischen PP. Die UPN tritt aggressiv gegen alles Baskische auf. Wenn Gemeinden die baskische Fahne Ikurriña hissen, werden sie seit 2003 sogar mit Sanktionen belegt. Gehisst werden muss nach dem Gesetz die spanische Fahne.

Kompetenzen müssten in Verhandlungen festgelegt werden. Es ist offensichtlich, dass auch bei diesem Thema bestehende Kräfteverhältnisse (sowohl in den drei Provinzen der CAV als auch in Navarra) die Qualität und den Umfang der Kompetenzen festlegen. Je stärker die patriotischen Kräfte in beiden Gebieten sind, umso stärker würde diese Institution und umgekehrt.

Wurde in Loiola auch über die Beziehungen zu den drei Provinzen im französischen Staat verhandelt?
Das ist etwas, wozu bisher nichts nach außen gedrungen ist. Es gab im Txillarre auch ein Treffen zwischen mir, Eguiguren und François Maitia.[61] Bei diesem Treffen wurde nur Baskisch gesprochen! In Loiola, das kann ich Ihnen sagen, haben wir im ersten Punkt festgelegt, wie das Baskenland definiert wird und welche Territorien es umfasst. Zudem wurde der Respekt vor Institutionen bekräftigt, welche die gewählten Amtsträger auf nationaler Ebene, also für das gesamte Baskenland, bilden. In dieser Vorvereinbarung wurde von uns unter Rechtsschutz der europäischen Rechtsvorschriften festgelegt, dass Institutionen geschaffen werden, die alle sieben baskischen Provinzen umfassen.

Warum wurde dieses Übereinkommen bis nach den Gemeinderatswahlen und den Regionalwahlen in Navarra 2007 geheim gehalten?
Die Veröffentlichung hätte die PSOE vor enorme Probleme gestellt, denn sie hätte denen eine offene Flanke für Angriffe geboten, die sich gegen einen Dialog stellen. Aus diesem Grund wollten wir die Vereinbarung nicht in diesem Moment öffentlich machen.

Ein Staatspakt zwischen PSOE und PP hätte den Weg geebnet. Gab es dahingehend Versuche oder sollte die PP draußen gehalten werden?
Es gab zweifellos Versuche und mir ist bekannt, dass die ETA der Regierung die Notwendigkeit vermittelt hat, mit der PP einen Staatspakt im Rahmen des Verhandlungsprozesses zu schließen. Der Pakt sollte Übereinkünfte absichern, um sie unabhängig davon zu machen, wer gerade in Spanien regiert. Mir ist außerdem bekannt, dass Ministerpräsident Zapatero gegenüber dem dama-

---

61   François Maitia ist der Chef der französischen Sozialisten (PS) in Iparralde. In seinem schon angesprochen Buch hatte Eguiguren öffentlich gemacht, dass Maitia in den Vorgang eingebunden war, einen Kontakt zwischen den spanischen Sozialisten und der ETA aufzubauen. »Ich bin persönlich nach Frankreich gefahren«, schreibt Eguiguren, um von Maitia einen Brief in Empfang zu nehmen, den die ETA der spanischen Regierung geschrieben hatte.

ligen Oppositionsführer Mariano Rajoy bei einem Treffen im Regierungssitz über die Notwendigkeit des Pakts gesprochen hat. Doch Herr Rajoy lehnte das nicht nur ab, sondern ließ einen großen Teil des Gesprächsinhalts an die Tageszeitung »El Mundo« durchsickern. Mir ist auch bekannt, dass Zapatero danach erkannte, dass die PP den Dialogprozess im Wahlkampf missbrauchen würde, um der Regierung zu schaden. Ich weiß, dass in diesem Kontext auch König Juan Carlos auf einen Pakt hinwirkte, aber nichts erreichte.

Persönlich bin ich bei meinen Überlegungen aus unseren eigenen Erfahrungen zum Schluss gelangt, dass es im Fall Spaniens abenteuerlich ist, von einem Staat zu sprechen. Denn alle Sektoren, die ihn bilden, sind vollständig gespalten und dienen vor allem den beiden großen Parteien, die um die Regierungsmacht streiten, aber beide im Dienst des Finanzkapitals stehen.

In dieser Zeit wurde auch an einer Konferenz für den Frieden, Dialog und ein Abkommen gearbeitet. Neben Vertretern aus dem Baskenland sollten auch internationale Persönlichkeiten teilnehmen. Warum wurde auf eine internationale Konferenz zurückgegriffen, um das abzusegnen, was hier unter den wichtigsten politischen Kräften vereinbart worden ist?
Die internationale Teilnahme kann und darf nicht als Unterstützung einer Position verstanden werden. Das Gegenteil ist der Fall. Für uns war sie notwendig, weil sie die Positionen aller Seiten beeinflusst. Um aufrichtig zu sein, möchte ich Ihnen sagen, dass unsere Vorschläge so vernünftig und vorbildlich demokratisch sind, dass es unmöglich ist, sie uns angesichts internationaler Beobachter streitig zu machen. Ich möchte Ihnen ein Beispiel geben: Weder die Delegation der spanischen Regierung noch die Delegation der PSOE haben auf diesen Treffen jemals das Recht auf Selbstbestimmung bestritten oder es als eine nationalistische Erfindung bezeichnet.

Am 31. Oktober 2006 wird der Entwurf des Abkommens verabschiedet und es bleibt die Ratifizierung durch die Parteiführungen. Es fehlten nur noch die Unterschrift und der Beginn der Umsetzung. Sie hatten erklärt, dass nur noch technische Veränderungen, Nuancierungen vorgeschlagen werden dürften, es aber keine Änderungen an den Inhalten geben könne. Doch am 8. November war es Batasuna, die deutliche Ergänzungen einbrachte. Gefordert wurden Konkretisierungen und eine Garantie für ein Autonomiestatut für alle vier baskischen Provinzen im spanischen Staat innerhalb von zwei Jahren. Was geschah in der abertzalen Linken zwischen dem 31. Oktober und dem 8. November?

Wie ich schon in einer früheren Antwort erklärt habe, gab es in der abertzalen Linken zwei gegensätzliche Sichtweisen und damit gab es sie auch zu der Frage, ob das in den Verhandlungen erreichte Ergebnis ausreichend sei oder nicht. Diese entgegengesetzten Auffassungen gab es (unterschiedlich in Ausprägung und Intensität) in allen Organisationen der abertzalen Linken. Aus naheliegenden Gründen war innerhalb Batasunas die Homogenität höher. Deshalb war die Debatte weniger, ob das Abkommen ausreichend war oder nicht (für uns war es das), sondern ob es einen ausreichenden Zusammenhalt der abertzalen Linken garantieren könnte. Dazu fiel die Antwort klar negativ aus.

Im Rückblick sage ich Ihnen, dass diese Entscheidung unseren Willen bestärkte, schnell einen Diskussionsprozess in Gang zu setzen, der mit aller Klarheit und ohne Doppeldeutigkeiten auf einen politischen Richtungswechsel setzte. Es war der Zeitpunkt, als einige von uns zu dem Schluss kamen, dass die abertzale Linke nicht mehr länger einer Strategie folgen könne, die voller Doppeldeutigkeiten war, mit der zwei Sichtweisen kompatibel gemacht werden sollten, die einen hohen Grad offenkundiger Unvereinbarkeit erreicht hatten.

Dazu kamen die ständigen Verletzungen von Vereinbarungen durch die spanische Regierung, weshalb das Klima längst von zunehmendem Misstrauen über die Ehrlichkeit der Positionen in den Gesprächen geprägt war. Nun ein Abkommen mit einem definitiven Lösungsvorschlag verabschieden zu wollen, war ein Versuch, diese Schwierigkeiten zu überwinden. Das war aus meiner Sicht aber ein gravierender politischer Fehler.

Sie waren damit beauftragt, diesen neuen Vorschlag zu unterbreiten. Welche Momente waren das? Wurde er im Vorfeld den Beteiligten unterbreitet?

Es waren sehr schwierige Momente, denn wir waren uns als Delegationsmitglieder sehr bewusst, dass wir unser Wort nicht hielten, dass keine Strukturveränderungen am Text vorgenommen werden sollten, den wir schon vereinbart hatten. Wir waren zudem mit absoluter Gewissheit davon überzeugt, dass der neue Vorschlag sowohl von der PSOE als auch von der PNV abgelehnt werden würde. Deshalb entschied ich, mich am Vortag mit Eguiguren zu treffen, um zu versuchen, ihn davon zu überzeugen, dass wir so zu einem definitiven Abkommen kommen könnten.

Es ist wahr, dass der Entwurf nicht abgelehnt wurde, aber mit den Ergänzungen sieht es so aus, als wollten Sie aus einem Grundlagenabkom-

men ein Abkommen zur Konfliktlösung erreichen. **Warum wurde auf diese Konkretisierung für ein End-Szenario abgezielt?**
Das war das Problem. Wir wollten eine Vorvereinbarung in ein Abkommen zur Konfliktlösung umwandeln. Die Notwendigkeit, eine kohärente Position einzuhalten, brachte uns vom Anoeta-Verhandlungsschema zum Schema der Algerien-Verhandlungen zurück. Im Prozess wurde ein Niveau der Konkretisierung und Klarheit gefordert, das nicht mit der Debatte über eine Basis-Vorvereinbarung übereinstimmte. Ich glaube, es ist bewiesen, dass wir uns schwer geirrt haben. Das ist jedenfalls meine Meinung.

Die neuen Ergänzungen machten klar, dass es offene Fragen gab. Sie schlugen deshalb ein konstituierendes Organ für Hego Euskal Herria[62] vor.
Es gab keine offenen Fragen. Wir sprachen schließlich über eine Vorvereinbarung und nicht über ein Abkommen zur Konfliktlösung. Die Frage, die wir uns stellten, war folgende: garantiert diese Vorvereinbarung, zu einem Szenario mit demokratischen Minimalbedingungen zu kommen, wie wir es vorschlagen? Als Antwort gab es zwei Möglichkeiten: A) Es garantiert die minimalen demokratischen Instrumente, um über eine Bündelung der Kräfte das Kräfteverhältnis so zu verändern, dass wir dahin gelangen. B) Es garantiert es nicht, und ein späteres Abkommen zwischen PNV und PSOE kann sogar dazu führen, dass es unerreichbar wird. Deshalb brauchten wir eine Konkretisierung.
Die beiden in unseren Reihen existierenden Sichtweisen traten in diesen Überlegungen erneut zu Tage und damit die Frage, welche der beiden Möglichkeiten wir in Betracht ziehen sollten.

War es ein methodischer Fehler, Veränderungen dieser Tragweite vorzuschlagen, nachdem ein Grundlagenabkommen praktisch beschlossen war?
Diese Entscheidung zeitigte positive und negative Effekte. Positiv war für mich, dass deutlich wurde, dass die Strategiedebatte, die wir schließlich in den letzten Jahren geführt haben, nicht weiter aufgeschoben werden konnte. Die Entscheidung trug dazu bei, dass die Debatte unter Bedingungen, in einem Zeitraum und in einer Form geführt werden konnte, die im Rahmen einer Diskussion über ein konkretes Dokument, wie das aus Loiola, unmöglich gewesen wäre.

---

62 Hego Euskal Herria, auch Hegoalde genannt. Gemeint ist die CAV und Navarra.

Negativ war für mich, dass ein Prinzip gebrochen wurde, dass für jeden Revolutionär grundlegend ist: eingegangene Verpflichtungen müssen erfüllt werden. Die Einhaltung hängt nicht davon ab, was die andere Seite oder die anderen Seiten tun oder unterlassen. So wird konventionelle Politik gemacht (Abkommen, Wahlversprechen, die gebrochen werden...), deshalb ist für Revolutionäre die Einhaltung eingegangener Verpflichtungen eine Bedingung *sine qua non* für politisches Verhalten. Das dürfen wir niemals vergessen.

PSOE und PNV machten für den Schwenk in den Verhandlungen den Willen der ETA verantwortlich.
Die offizielle Position der ETA (jedenfalls die, die uns übermittelt wurde) stand einer Unterschrift unter das Vorabkommen entgegen. Doch war das nicht der wesentliche Grund für uns, es nicht zu unterzeichnen. Das grundlegende Problem war, sowohl für Batasuna (wenn auch weniger stark), wie auch für andere in der abertzalen Linken, dass es unterschiedliche Positionen zur Vorvereinbarung gab.

In diesem Kontext haben wir zwei Sachen beschlossen: erstens, die Vorvereinbarung nicht zu unterschreiben, um unseren internen Zusammenhalt nicht weiter zu gefährden und zweitens haben wir entschieden, dass jetzt die Strategiedebatte in unseren Reihen geführt werden müsse. Oder um es in einer einfacheren und klareren Form zu sagen: einige von uns gingen davon aus, dass es unverantwortlich wäre, die Disziplin und die ideologische Kohäsion vor eine ideologische Klärung der Positionen zu stellen.

Sie wurden auch beschuldigt, etwas Inakzeptables vorzuschlagen (vor allem von Seiten der PSOE), um eine Ausrede zu haben, den Dialog abzubrechen. War Batasuna wirklich bereit, den neuen Vorschlag zu verhandeln und zu nuancieren?
Klar waren wir bereit, über unseren Vorschlag zu diskutieren, ihn zu modifizieren oder zu verändern, Alternativen anzunehmen. Ich glaube, dass wir ein Abkommen erzielt hätten, wenn wir in diese Debatte eingestiegen wären. Davon bin ich überzeugt.

Und in Bezug auf unsere Absichten hat dieser Prozess offen gezeigt, dass Batasuna stets konstruktiv mit dem Prozess umgegangen ist. Wenn es einen Akteur gab, der gegen alle Hindernisse und gegen alle negativen Entwicklungen den Prozess aufrechterhielt, um diese Möglichkeit nicht zu verspielen, dann waren wir das vom Beginn bis zur letzten Minute.

War die abertzale Linke fähig, die baskische Gesellschaft zu aktivieren, in schwierigen Zeiten zu widerstehen, um den Prozess in die richtige Richtung zu schieben?

Das gewählte Modell der Verhandlungen erlaubte es uns nicht, die baskische Gesellschaft ausreichend zu aktivieren. Das Modell basierte auf der Suche nach einem politischen Abkommen zwischen den bedeutsamsten Kräften und verschiedenen existierenden Kulturen im Land. Und das führte zu einem wenig transparenten Prozess, der auch die direkte Kommunikation mit Sektoren der Zivilgesellschaft unmöglich machte, die für eine demokratische Konfliktlösung eintreten. Das ist eine der Variablen, die wir radikal im Rahmen unserer neuen Strategie verändert haben.

Spielten Vertreter der Kirche eine aktive Rolle in dem Prozess?

Wir haben immer einen diskreten aber ständigen Dialog mit der baskischen Kirche unterhalten und über sie auch mit dem Vatikan. Für uns ist sie bei der Suche nach einer Konfliktlösung und nach einem Rahmen für das friedliche Zusammenleben sowie für die Aufarbeitung des Schmerzes, den der Konflikt erzeugt hat, weiterhin unerlässlich.

Ist es wahr, dass das Abkommen von Loiola im Vatikan aufbewahrt werden sollte?

Ja. In den Gesprächen in Loiola haben wir entschieden, dass die Grundlagenvereinbarung in Anwesenheit eines sehr hohen Beauftragten der katholischen Kirche (mit dem wir im Vorfeld in Kontakt getreten waren) unterzeichnet werden sollte. Er hat sich persönlich verpflichtet, es im Vatikan aufzubewahren.

VOM FLUGHAFENPARKHAUS T4 BIS GENF

Der Verhandlungsprozess ist im Dezember 2006 in einer kritischen Phase. Am 30. Dezember explodiert nach telefonischen Vorwarnungen eine Autobombe im neuen Parkhaus der Abflughalle T4 des Madrider Flughafens Barajas und zerstört das Gebäude vollständig. In den Trümmern kommen Diego Armando Estacio und Carlos Alonso Palate ums Leben, zwei Migranten aus Ekuador, die in ihren Autos schliefen.

Noch am selben Tag treffen sich Otegi und Eguiguren, um die Situation zu analysieren und zu versuchen, den Prozess zu retten. Ministerpräsident Zapatero setzt unterdessen »sämtliche Initiativen für einen Dialog« außer Kraft. Drei Tage später erklärt Innenminister Rubalcaba den Friedensprozess für »gescheitert, zerstört und beendet«, wofür er ausschließlich die ETA verantwortlich macht.

Einige Tage später fordert Batasuna nun die ETA öffentlich auf, zur Waffenruhe zurückzukehren. Am Folgetag übernimmt die ETA die Verantwortung für den Anschlag. Sie erklärt, die Waffenruhe sei weiter in Kraft, aber sie werde reagieren, wenn Angriffe auf das Baskenland weitergingen. Einige Wochen später richtet sie sich in einem Brief an Zapatero. Darin erklärt sie ihre Bereitschaft, den Dialog wieder aufzunehmen und appelliert an seine »historische Verantwortung«, die Situation zu überwinden und die Kontakte wiederherzustellen.

Ende März 2007 trifft sich ein Unterhändler der Regierung erneut mit einer ETA-Delegation in der Schweiz. Die Atmosphäre ist extrem angespannt, da am Vortag ein ETA-Verhandlungsmitglied in Frankreich verhaftet wurde.

Madrid verlangt von der ETA eine unmissverständliche Erklärung, keine Anschläge mehr zu verüben, während die ETA auf Einhaltung der Vereinbarungen von 2005 besteht, insbesondere darauf, das ausstehende politische Abkommen zu fördern. Das Treffen dient jedoch auch dazu, Möglichkeiten zur Fortführung des unterbrochenen Prozesses auszuloten.

Anfang Mai werden Gespräche im Beisein internationaler Beobachter wieder aufgenommen. Die ETA überreicht dem Regierungsvertreter einen schriftlichen Vorschlag. Sie ist bereit »den bewaffneten Kampf einzustellen und ihre militärischen Strukturen aufzulösen«, wenn es zu einem globalen Kompromiss kommt und der Friedensprozess bis zu seiner endgültigen Lösung geführt wird. Der Unterhändler der Regierung weigert sich, das Papier anzunehmen und erklärt, dass der Prozess längst zerstört sei.

Dank der Anstrengungen der Beobachter werden die Treffen dennoch fortgesetzt. Aus Gründen einer besseren Effektivität wechseln sich beide Verhandlungstische (PSOE und Batasuna sowie ETA und Regierung) am gleichen Ort in der Schweiz ab.

Das ETA-Angebot kommt unter den Augen der internationalen Beobachter (Vertreter der norwegischen und englischen Regierung, Delegierte von Sinn Féin sowie Experten des Henri-Dunant-Zentrums) erneut auf den Tisch. Die spanische Regierung lehnt aber die von abertzaler Seite am politischen Tisch vorgeschlagene Vereinbarung ab, die zusammengefasst den Vorschlag einer Autonomie für die vier Provinzen im südlichen Baskenland mit Entscheidungsrecht der Bevölkerung umfasst, und macht auch keinen Gegenvorschlag.

PSOE-Vertreter skizzieren aber eine Marschroute, wie man ihrer Meinung nach zu einem neuen Rahmen für das Baskenland gelangen könnte. Die abertzale Linke hält diesen Plan für akzeptabel. Die Vermittler formulieren den Vorschlag schriftlich aus. Die Überraschung ist groß, als die PSOE ihn zurücknimmt, weil er die abertzalen Vorstellungen unterstützen würde. Die spanische Generalstaatsanwaltschaft arbeitet unterdessen daran, die Teilnahme der abertzalen Linken an den Kommunalwahlen zu verhindern.

Das nächste Treffen zwischen Regierung und ETA endet ohne Vereinbarungen. Die ETA-Delegation meint, die Regierung habe kein Interesse an einer Lösung für die festgefahrene Situation und erklärt, auf weitere Treffen zu verzichten, falls es in den politischen Verhandlungen keine Schritte nach vorn gäbe.

Am 21. Mai findet das letzte Treffen in einem Landhaus außerhalb Genfs statt. Die PSOE-Seite lehnt den Vorschlag der Basken ab und schlägt keine Alternative vor. Der Verhandlungsprozess kommt zum Ende. Die ETA erklärt allen Beteiligten, sich von den 2005 eingegangenen Verpflichtungen entbunden zu fühlen.

Am 1. Juni 2007 erklärt Otegi auf einer Pressekonferenz im Baskenland, der Verhandlungsprozess sei gescheitert, was die »Lage äußerst besorgniserregend« mache. Madrid, die PSOE und die PNV hätten »null Bereitschaft« gezeigt, diese Möglichkeit zur Konfliktlösung aufzugreifen. Für den Batasuna-Sprecher haben drei Faktoren zum Scheitern geführt: fehlender Mut, ungleiche Bedingungen für die Verhandlungspartner und das Fehlen einer politischen Marschroute auf Seiten der spanischen Regierung.

Am 5. Juni verkündet die ETA das Ende des Waffenstillstands.

Wie erreichte Sie die Nachricht vom Anschlag auf den Flughafen Barajas (Madrid) am 30. Dezember 2006?
Zu Hause, als mich ein Redakteur von Radio Euskadi anrief. Ich kann mich erinnern, dass ich sofort wissen wollte, ob es Verletzte gab. Es beruhigte mich zu diesem Zeitpunkt sehr, dass mir gesagt wurde, es habe anscheinend nur Sachschaden gegeben, weil der Flughafen evakuiert worden sei.

Hatten Sie in Erwägung gezogen, dass so etwas geschehen könnte?
Ich sage Ihnen ganz ehrlich, dass ich nicht damit gerechnet habe, dass die ETA militärisch zuschlagen würde, ohne zuvor öffentlich das Ende des Waffenstillstands erklärt zu haben. Und das, obwohl mir bewusst war, dass es bei den Verhandlungen zwischen Regierung und ETA schwerwiegende Probleme gab. Alle, die wir in der politischen Kultur der abertzalen Linken großgeworden sind, haben mit ziemlicher Verblüffung registrieren müssen, dass die ETA hier mit einer historischen Position gebrochen hat.

Ich glaube, dass die ETA damit ernsthaft ihrer eigenen Glaubwürdigkeit in der baskischen Gesellschaft geschadet hat. Zudem hat sie damit alle Chancen zerstört, dass ihre zukünftigen politischen Initiativen noch Glaubwürdigkeit haben könnten, es sei denn, es handele sich um Initiativen mit definitivem und irreversiblem Charakter.

Während der Verhandlungen in Loiola wurde damit gerechnet, dass ein Abkommen auf dieser Schiene eine Aufhebung der Blockade auf der anderen bewirken könnte. War das Scheitern der Parteiengespräche der berühmte Tropfen, der das Fass zum Überlaufen brachte?
Vom Scheitern in den Parteiengesprächen zu sprechen, obwohl der Prozess erst einige Monate währte, erscheint mir sehr übereilt. Der Kollaps des Prozesses war der Tatsache geschuldet, dass sowohl die spanische Regierung als auch die ETA bei ihren Verhandlungen von einer falschen Prämisse ausgingen. Es war der Glaube, dass der Einsatz von bewaffneter Gewalt oder die Drohung damit, der Einsatz von Repression oder die Drohung damit, die Probleme knacken könnte, die üblicherweise in allen Verhandlungsprozessen auftauchen. Und dieses Schema, wie wir intern schon festgestellt hatten, ist weit davon entfernt, die Probleme zu lösen, sondern sie werden damit nur eingekapselt und somit chronisch.

Die Verhandlungen zwischen Regierung und ETA standen kurz vor dem Abbruch. Trotz allem kam es zu zwei Treffen Mitte Dezember. Trotz gra-

vierender Probleme erklärte Zapatero am 29. Dezember, einen Tag vor dem Anschlag, »in einem Jahr wird die Lage besser sein als heute«. Was war passiert?

Mir fällt nur eine plausible Erklärung für diese Worte von Ministerpräsident Zapatero ein: jemand bzw. einige Personen haben ihn darüber informiert, dass beim Treffen im Dezember in Oslo von beiden Seiten vereinbart wurde, sich im Januar erneut zu treffen, was darauf hinweisen würde, dass der Dialogprozess in eine positive Richtung zurückgeführt werden könnte.

Verfügten Sie über Informationen, die Sie darauf vertrauen ließen, dass der Prozess nicht platzen würde?

Da es für uns zum Verhandlungsprozess keine strategische Alternative gab, haben wir uns niemals den Luxus erlaubt, ihn als verloren anzusehen. Heute gehe ich noch weiter und behaupte: allein aufgrund dieser Ausdauer waren wir fähig, ihn mehrfach zu retten, auch wenn er letztendlich doch scheiterte. In unserer Delegation und innerhalb Batasunas waren wir uns sehr bewusst darüber, dass das Scheitern gravierende politische Konsequenzen sowohl für unsere Glaubwürdigkeit als auch für unser politisches Projekt haben würde.

In Ihren ersten Erklärungen sagten Sie, der Anschlag bedeute nicht den Abbruch der Waffenruhe, sondern es handele sich um eine Form, um Druck auf einen blockierten Prozess auszuüben. Hatten Sie tatsächlich noch Hoffnungen, der Dialog könnte wieder aufgenommen werden?

Wenn ich ehrlich bin, muss ich sagen, dass der Tod von zwei Menschen in dem Parkhaus und die Aktion, die ausgeführt wurde, ohne offiziell die Waffenruhe aufgegeben zu haben, uns nicht an den Rand des Abgrunds brachte, sondern uns schon hinabstürzen ließ. Ich war damals überzeugt davon, dass meine Erklärungen eine Übung reines politischen Voluntarismus waren. Aber unser Wunsch, den Basken ein klein wenig Hoffnung zu geben, brachte uns dazu, auch den kleinsten Schimmer, so winzig er auch sein möge, zu nutzen, um zum Dialog und zu Verhandlungen zurückzukehren.

Dass die ETA mit drei Anrufen vor der Bombe telefonisch warnte, lässt darauf schließen, dass sie keine Absicht hatte, jemanden zu töten. Wurde dies wahrgenommen?

Ich habe keinerlei Zweifel daran, dass die ETA Opfer verhindern wollte. Aber in der Politik zählen die Tatsachen und nicht die Wünsche. Tatsache war, dass es zwei Todesopfer gab. Und wir alle wissen, dass der Einsatz von hunderten

Kilogramm Sprengstoff in einer von vielen Menschen besuchten Anlage enorme Risiken birgt.

Doch das Problem wäre ohne Todesopfer nur kleiner gewesen, denn es lag – ich wiederhole mich – woanders: nämlich zu denken, dass der Einsatz von Gewalt zu substanziellen Veränderungen der politischen Positionen der Regierung führen könnte. Es ist ein Schema, das aus offenkundigen Gründen kein Staat akzeptieren kann.

Welche Nachricht wollte die ETA Ihrer Meinung nach mit dem Anschlag vermitteln?

Dass sie nicht bereit ist, einen Prozess zu akzeptieren, in dem ständig Übereinkünfte gebrochen werden und der auf die Regierung zugeschnitten ist. Und wenn die ihre Verpflichtungen nicht einhält, würde die ETA ihre auch nicht einhalten. Das ist aus ihrer Sicht eine kohärente Denkweise. Deshalb bin ich überzeugt, dass die ETA, wenn auch in einer irrigen Art und Weise, nicht den Prozess zerstören wollte, sondern ihn damit zu retten versuchte. Ich wiederhole, dass sie dies aus meiner Sicht aus einer völlig falschen Perspektive heraus versucht hat.

Es gab einige Leute, die große Ähnlichkeiten zwischen dieser Aktion und dem Anschlag der IRA mit einer Bombe von großer Zerstörungskraft in der Londoner City 1996 sahen.

Die Parallelen kann man ziehen und sie wurden gezogen. Doch diese Parallelen können uns zu Fehleinschätzungen bringen. Außerdem glaube ich, dass dieser Anschlag der IRA, auch wenn er bedeutsam war, keinesfalls entscheidend in diesem Prozess war.

Haben Sie noch am gleichen Tag des Anschlags mit Vertretern anderer Parteien gesprochen? Haben Sie sich mit ihnen getroffen?

Ich habe mich noch am gleichen Morgen mit Eguiguren getroffen. Die Stimmung war niederschmetternd. Wir waren am gleichen Ort, an dem unsere Gespräche begonnen hatten, um jetzt – nach all den Jahren der Arbeit von so vielen Leuten – zu sehen, wie das alles buchstäblich in die Luft zu fliegen droht. Jesús bat mich, alles in meiner Macht Stehende zu unternehmen. Und ich habe mich dazu verpflichtet, das auch zu versuchen. Am Tag darauf forderten wir erstmals in unserer Geschichte von der ETA, zur Waffenruhe zurückzukehren. Wir erklärten, dass ein Dialog zur Konfliktlösung nicht vereinbar mit Gewalt oder Einmischung ist.

Die Regierung ließ den Prozess durch Innenminister Rubalcaba als »zerstört, liquidiert und beendet« erklären. Was dachten Sie? War es das definitive Ende?

Ich würde zuerst einmal sagen, dass Herr Rubalcaba sich von Beginn an dafür stark gemacht hat, den Prozess zu beenden und zu liquidieren. Der Anschlag auf das T4 stärkte meiner Ansicht nach seine Positionen. Jedenfalls war der Regierungschef und sein Image durch den Anschlag mit Todesopfern diskreditiert und in diesem Kontext war der Prozess für mich praktisch beendet.

Die Parteien forderten Gesten von Ihnen. Erstmals wurde öffentlich breit von der Notwendigkeit von »Abwesenheit jeglicher Gewalt« in einem Konfliktlösungsprozess gesprochen. Die ETA bestätigte zwar die Waffenruhe, sie behielt sich aber die Möglichkeit vor, auf Verstöße der Vereinbarungen zu »antworten«. Ging dabei etwas irreparabel zu Bruch?

Zweifellos haben diese Vorkommnisse die verschiedenen Sichtweisen deutlich gemacht, die innerhalb des Prozesses existierten. Für uns hat dieses Szenario die Gewissheiten in Unsicherheiten und das Vertrauen in Misstrauen verwandelt. Für uns war die Lage extrem unbehaglich. Sie stürzte uns in eine Phase der Ratlosigkeit und in eine gewisse Lethargie.

Führten der Anschlag und seine Konsequenzen zu Streitigkeiten innerhalb der abertzalen Linken?

Zuallererst möchte ich diese Streitigkeiten entdramatisieren. Widersprüche gibt es in revolutionären Organisationen immer, sofern sie wirklich welche sind. Das Problem ist nicht der Streit als solcher, sondern die Weise wie mit ihm umgegangen wird. Nach dem Anschlag auf das T4 traten tatsächlich erneut die entgegengesetzten Auffassungen und Widersprüche in der abertzalen Linke an die Oberfläche.

Der Zwist stellte sich grob gesagt so dar: Es gab einige, die davon ausgingen, dass der Druck von bewaffneten Aktionen effizient wäre, um die Positionen der Regierung am Verhandlungstisch in Bewegung zu bringen. Und andere, wie wir, glaubten, dass genau das Gegenteil der Fall sein würde. Und für Letzteres gibt es einen ganz einfachen Grund: Wenn diese Aktion die Position der Regierung beeinflussen würde, würde sich dieser Vorgang erneut wiederholen, wenn es zu Problemen am Verhandlungstisch kommen würde. Es gibt keinen Staat und keine Regierung, die sich darauf einlassen würde, außer im Fall einer klaren politisch-militärischen Niederlage. Wenn wir noch hinzunehmen, dass der bewaffnete Kampf am Ende war, ist es offensichtlich, dass bestimmte Widersprüche immer antagonistischer wurden.

Die Regierung schlug nach dem Anschlag einen neuen Ton an: »Ohne ein endgültiges Ende der Gewalt gibt es keinen Dialog«. Trotz allem nehmen Regierung und ETA im März den Kontakt in der Schweiz wieder auf. Gab es doch noch Hoffnung?
Ich glaube, beide Seiten nahmen die Kontakte wegen des Drucks der internationalen Gemeinschaft wieder auf. Allerdings gehe ich davon aus, dass zu diesem Zeitpunkt das Misstrauen auf beiden Seiten schon so groß war, dass die Hoffnungen darauf, wieder zu einem Dialogprozess zurückzukehren, wirklich sehr klein waren.

Wurde mit dem Anschlag endgültig das Vertrauen zerstört? Und die Glaubwürdigkeit?
Das Vertrauen war schon schwer beschädigt, vor allem wegen der nicht eingehaltenen Verpflichtungen der Regierung. Diese bewaffnete Aktion, samt ihrer dramatischen Folgen, trug es zu Grabe. Und es schmerzte besonders, dass ein Vertrauen, das wir über Jahre aufgebaut hatten, in wenigen Monaten zerstört wurde.

Ich glaube, dass unsere Glaubwürdigkeit schwer in Mitleidenschaft gezogen wurde (ob mehr oder weniger stark als das der Regierung, ist eine Debatte, die mich nicht interessiert). Denn es war der dritte Verhandlungsprozess, der scheiterte (Algerien, Lizarra-Garazi und dieser letzte). In diesem Kontext zu glauben, den Verlust unserer Glaubwürdigkeit innerhalb der baskischen Gesellschaft dadurch überspielen zu können, dass wir die anderen als Schuldige herausstellen, wäre ein Fehler gewesen, den wir nicht begangen haben.

Hat diese Aktion später einen politischen Preis gekostet?
In der Politik müssen Fehler stets bezahlt werden, und es ist offensichtlich, dass wir ihn bezahlt haben. Doch wir waren fähig, die Fehler tiefgreifend selbstkritisch zu reflektieren und eine neue Strategie in Gang zu setzen. Doch um zu den Fehlern zurückzukommen: Im diesem Fall hat die ETA mit dem Anschlag und mit dem Anspruch, sich das Recht herauszunehmen, auf Aggressionen zu antworten, definitiv die partielle Waffenruhe wieder neutralisiert. Und darauf konnte kein neuer Prozess aufgebaut werden. Diese Fehler haben ein bestimmtes Schema und ein strategisches Modell der Konfliktlösung zu einem Ende gebracht.

Ging ein Riss durch die abertzale Linke?
Ja, denn die von der ETA offiziell vertretenen Positionen unterschieden sich fundamental von unseren. Diese Widersprüche führten ein strategisches Modell zur Konfliktlösung endgültig in die Krise, das für uns ohnehin längst am Ende war. Und das war der Kontext, der das nötige Klima geschaffen hat, in dem die selbstkritische Überprüfung unserer Strategie und ihre radikale Neuausrichtung nicht mehr aufzuschieben war.

Bevor die Treffen in Genf wieder aufgenommen wurden, legte die Verhandlungskommission von Batasuna am 8. Februar 2007 öffentlich einen Vorschlag für eine Autonomie für alle vier baskischen Provinzen im spanischen Staat vor, ausgehend von den derzeitigen Institutionen in beiden Regionen. PNV und PSOE haben das so interpretiert, dass damit der Verfassungsrahmen anerkannt wird. Was war das Ziel?
Das Ziel war, unsere Vorschläge in der gesamten Bevölkerung in der Autonomen Baskischen Gemeinschaft und Navarra bekannt zu machen. Wir wollten den strikt demokratischen und einleuchtenden Charakter unserer Vorschläge deutlich machen, die wir am Verhandlungstisch vertraten, um den politischen Konflikt endgültig zu überwinden.

Ein Vertreter der ETA, Jon Iurrebaso, wurde in Frankreich verhaftet, als er sich auf dem Weg zum Treffen in Genf befand. Führte das zu Problemen?
Es war eine der vielen nicht eingehaltenen Versprechungen. Denn die Mitglieder der Verhandlungskommission hatten eine Garantie erhalten, nicht verhaftet zu werden und falls dies doch geschehe, sollten sie umgehend wieder freigelassen werden. Zu dieser Verhaftung kam es allerdings nach dem Anschlag auf das T4 und in diesem Kontext war die Forderung nach Garantien schon fruchtlos. Allerdings verstieß diese Verhaftung gegen die Vereinbarungen zwischen der ETA und der Regierung.

Anfang Mai macht die ETA einen umfassenden Vorschlag, mit Garantien für eine Entspannung auf beiden Seiten, der einen politischen und rechtlichen Rahmen für die vier Provinzen im spanischen Staat und das Selbstbestimmungsrecht vorsieht. Glauben Sie, dass es einen aufrichtigen Willen gab, zu einem Abkommen zu kommen?
Die offizielle Position der Regierung war: nach dem Anschlag auf das T4 existierte kein Prozess mehr. Er hätte nur wieder aufgenommen werden können,

wenn die ETA eine Erklärung für die Vorkommnisse gegeben und garantiert hätte, dass Ähnliches in der Zukunft nicht wieder vorkommen würde. Dass die Regierung das Dokument nicht annahm, bedeutete in der diplomatischen Sprache, die Unabänderlichkeit der Position zu verdeutlichen. Das muss so verstanden werden. Aber sicher hat die Regierung das Dokument inoffiziell gelesen, weil die internationalen Vermittler es ihr zur Verfügung stellten.

Gab die Regierung nun Garantien in Hinsicht auf Verhaftungen, Verbote, Gefängnispolitik etc.? Verpflichtete sie sich wenigstens, die Bedingungen einzuhalten, die sie vor der Waffenruhe eingegangen war?
Die Regierung wollte oder konnte (was praktisch das Gleiche bedeutet) die Verpflichtungen nicht einhalten, die sie vor der Waffenruhe mit der ETA vereinbart hatte. Zu diesem Zeitpunkt hätte jede Garantie von ihrer Seite auch nicht die geringste Glaubwürdigkeit gehabt.

Mitte Mai werden in Genf die Gespräche an den beiden Verhandlungstischen wieder aufgenommen: Regierung–ETA und PSOE–Batasuna. Wer hat die Treffen veranlasst? Waren die internationalen Beobachter anwesend? Welche? Welche Rolle spielten sie?
Die Treffen kamen auf Veranlassung der Staatengemeinschaft zustande. Als Beobachter nahmen Vertreter verschiedener europäischer Regierungen teil und verschiedene Regierungen und Staaten wurden über die Entwicklungen unterrichtet. Ihre Rolle bestand darin, ein Abkommen zu ermöglichen und zu helfen, es zu erreichen. Wer konkret dabei war, möchte ich wegen der notwenigen Diskretion nicht sagen.

In welcher Gemütsverfassung nahmen Sie an diesen Treffen teil? Waren sie optimistisch?
Ich war realistisch und mir sehr bewusst, in welcher Lage sich der Prozess befand. Gleichzeitig dachte ich, dass in einem Dialog mit Zeugen der internationalen Gemeinschaft die Anstrengungen aller verstärkt und eine Vereinbarung begünstigt werden könnte.

Welchen Vorschlag brachte die abertzale Linke in diese Verhandlungen ein?
In diesem Rahmen und unter Anwesenheit qualifizierter Zeugen der Staatengemeinschaft sowie der Kenntnis der Wendungen, die der Prozess bis dahin genommen hatte, setzten wir darauf, ein Abkommen zur definitiven Konflikt-

lösung vorzulegen, das mit – bei aller notwendigen Flexibilität – einen demokratischen Rahmen für das Baskenland bestimmte. Das heißt, wir versuchten,
den Verhandlungsprozess zu sichern, indem wir eine demokratische Grundlage
bestimmten, die ausreichend für alle bestehenden politischen Orientierungen
im Land war.

**Welche Vorschläge machten die Vertreter der PSOE und der Regie-
rung? Gab es eine Bereitschaft, über das Territorium und die Entschei-
dungsebenen zu sprechen?**
Die Regierung wiederholte vor allem ihre Position. Sie erklärte den Verhandlungsprozess nach dem Anschlag auf das T4 für beendet. Eine Wiederaufnahme sei nur möglich, wenn die ETA die Geschehnisse erklärt und Garantien
dafür gibt, dass sich derlei nicht wiederholt. Sie müsse also zum Beispiel den
Vorbehalt zurücknehmen, während der Waffenruhe auf Angriffe antworten zu
wollen. Trotz allem gab es Treffen zwischen der PSOE und Batasuna, in denen
die von Ihnen angesprochenen Themen behandelt wurden.

**Sahen Sie in irgendeinem Moment die Möglichkeit, mit den Dialog-
partnern der PSOE zu einer Übereinkunft zu kommen? Wurde in die
Richtung eines möglichen Endszenarios gedacht?**
Ja. In einem der Treffen mit der PSOE malte Jesús Eguiguren die Skizze eines
Lösungsvorschlags an die Tafel, von dem er glaubte, dass er die territoriale
Frage und das Selbstbestimmungsrecht lösen könnte. Nach dieser Vorstellung
wurde eine Pause angesetzt, vielleicht weil der Moderator des Treffens die Bedeutung erkannte. Ein Mitglied der internationalen Vermittler kam daraufhin
zu mir, um meine Meinung in Bezug auf den Vorschlag von Jesús zu erfahren.
»Wenn das der definitive Vorschlag der PSOE ist – sagte ich ihm –, dann kann
ich Ihnen versichern, dass wir zu einer Übereinkunft kommen«.

**Ist es wahr, dass sich die ETA gegenüber der Regierung und den Be-
obachtern verpflichtete, im Rahmen eines Prozesses zur Konfliktlösung
»den bewaffneten Kampf aufzugeben und ihre militärischen Strukturen
aufzulösen«?**
Ja, das war so. Und ich füge Ihnen ein bisher unbekanntes Detail hinzu: Sie
hat das auf unser Ersuchen hin getan. Bei einem diskreten Treffen, als wir im
Rahmen der Gespräche mit der ETA-Delegation zusammenkamen, haben wir
ihr klargemacht, dass sie über frühere Angebote hinausgehen, das Recht auf
militärische Antworten während der Waffenruhe zurücknehmen und ein An-

gebot zur Auflösung der militärischen Strukturen machen müsse. Nach einer harten und langen Debatte stellten wir zu unserer Befriedigung fest, dass die ETA beide Forderungen in ihr Angebot aufnahm.

Hat eine der Delegationen in einem bestimmten Augenblick den Rückwärtsgang eingelegt?

Als die spanische Delegation aus Madrid zurückkam, war ihre Position in Bezug auf ein politisches Abkommen völlig verändert. Es war Ares, der sie gegenüber unserer Delegation vertrat. Aus unserer Sicht handelte es sich wahrhaftig um eine Provokation. Sie fiel sogar noch hinter die Vorvereinbarung von Loiola zurück. Als Delegationsführer habe ich den Inhalt sehr hart kritisiert, auch wenn ich stets respektvoll blieb. Gegenüber der internationalen Gemeinschaft stellte ich heraus, dass dieser Vorschlag nur als klare Provokation gegenüber unserer Delegation interpretiert werden kann. So wurde er auch von der internationalen Gemeinschaft aufgefasst, die die Sitzung aussetzte. Deren Vertreter ließen uns wissen, dass sie bereit seien, einen letzten Vorschlag zu unterbreiten, wenn das für uns angemessen wäre. Wir stimmten zu.

Was geschah?

Sie haben über Stunden an einem Dokument gefeilt und haben es zunächst uns vorgestellt. Nach der Lektüre erklärten wir, dass wir es mit der Änderung eines Wortes unterschreiben könnten. Das überraschte die internationalen Vertreter und sorgte für große Zufriedenheit bei ihnen. Uns überraschte dagegen, dass die spanische Delegation sich weigerte, den Vorschlag zu unterzeichnen, den die Vertreter der Völkergemeinschaft ausgearbeitet hatten. Die Lage stellte sich also in aller Klarheit so dar: Die spanische PSOE-Regierung bricht die Verhandlungen ab und weigert sich, einen von der internationalen Gemeinschaft ausgearbeiteten Vorschlag zu unterschreiben, denn es war keiner, der von Batasuna oder der ETA kam.

Am 21. Mai 2007 findet die letzte Verhandlungssitzung in Genf statt. Wie verlief dieses Treffen?

Angespannt und frustrierend. Letztendlich waren wir uns alle des Ernstes der Lage bewusst. Die Spannungen waren so intensiv, dass die Vertreter der internationalen Gemeinschaft zu mir kamen und mich fragten, ob ich ins Baskenland zurückfahren würde. Denn Rubalcaba hatte ihnen gegenüber versichert, dass ich und andere verhaftet und zu zehn Jahren Gefängnisstrafe verurteilt würden. Das wird Ihnen vielleicht bekannt vorkommen, oder? Wir entgegneten aber, dass wir zurück ins Baskenland gehen und die Konsequenzen tragen würden, die sich daraus ergeben. Deshalb haben wir uns mit allen internationalen Vertretern in einem großen Park getroffen, ihnen für ihren Einsatz gedankt und sie gebeten, nicht vom Ziel abzulassen, einen stabilen und gerechten Frieden für das Baskenland zu suchen, den wir früher oder später erreichen würden.

Als Anekdote möchte ich anfügen, dass mich einer der internationalen Vertreter fest umarmte und mehrfach einen Satz wiederholte: »*Good luck, Arnaldo, good luck* [viel Glück Arnaldo, viel Glück]«... Das sage ich, weil ich mit schwarzem Humor (ohne den man hier nicht leben kann) meinen Freunden aus der Verhandlungsdelegation sagte, dass dies alles mir sowieso nur noch wenige Tage oder Wochen in Freiheit bescheren würde... Wie recht ich hatte!

Wie verlief die Verabschiedung von den anderen Delegationen? Wurden noch Worte und Grüße ausgetauscht?

Ich erinnere mich, dass sich die Vertreter der ETA per Händedruck von den spanischen Delegierten verabschiedeten. Wir haben uns dazu entschieden, das nicht zu tun. Ich habe mich widersetzt und ich erinnere mich, dass ich sagte, dieser Händedruck bliebe aufgeschoben für den Tag, an dem es zu einem Abkommen kommt, in dem das Baskenland definitiv als Nation anerkannt wird.

Wie wurde das Verhalten der Vermittler bewertet?

Wir haben ihre Arbeit sehr positiv bewertet. Das gilt für die Teilnahme, wie für das Engagement und die Unterstützung bei der Suche nach gerechten und demokratischen Lösungen für alle Seiten. Ich habe sie deshalb im Namen unserer Delegation dazu aufgefordert, egal was passiert und wie zugespitzt auch immer die Konfrontation im Baskenland sein würde, niemals die Suche nach einer Verhandlungslösung für den Konflikt aufzugeben. Nie, auch nicht im Knast, ist die Kommunikation mit ihnen abgerissen.

Ist man jemals in einem vorhergegangenen Verhandlungsprozess einer Lösung so nahe gekommen?

Nein. Weder was die Dialog-Agenda angeht noch was die Beteiligung von bedeutsamen Mitgliedern der Staatengemeinschaft angeht. Dieser Prozess wurde auf einem qualitativ höheren Niveau als alle vorherigen geführt. Ein Fakt scheint mir relevant: ein Vertreter der internationalen Gemeinschaft nahm erst mit einem Tag Verspätung an den Verhandlungen in der Schweiz teil, weil er am Vortag noch zu einem offiziellen Besuch im Weißen Haus war und dort mit dem damaligen US-Präsidenten George W. Bush zum Gespräch zusammenkam.

Regierungen verschiedener Länder (auf höchstem Niveau) waren stets perfekt darüber informiert, wie die Gespräche verliefen. Erlauben Sie mir etwas Unbescheidenheit, aber über die Souveränität des Baskenlands wurde vor den Augen der Welt diskutiert.

Noch an diesem Tag, noch in Genf, soll es zu telefonischen Kontakten mit europäischen Staatschefs gekommen sein, die ETA habe darum gebeten, direkt mit Ministerpräsident Zapatero zu sprechen... Waren das Versuche, den Prozess *in extremis* zu retten?
Genau. Die Versuche verliefen bedauerlicherweise erfolglos und das zeigte den Ernst der Lage und den aufrichtigen Versuch wichtiger Staaten und Regierungszentralen in Europa – und nicht allein in Europa –, das Dialog- und Verhandlungsszenario zu bewahren. Beim Versuch, das Ruder noch einmal herumzureißen, hatten wir unsererseits die Möglichkeit, direkt mit sehr bedeutsamen Repräsentanten der internationalen Gemeinschaft zu sprechen.

Das zeigte allerdings, dass unsere jahrelange und in absoluter Diskretion geleistete Arbeit in der Tat Erfolge gezeitigt hat. Allein die Betrachtung des Fotos, das die Teilnehmer der Friedenskonferenz in Aiete zeigt, machen die Bedeutung und den Einfluss der beteiligten Akteure und damit die Effektivität unserer Arbeit deutlich.

Ich vermute, Sie haben auch daran gedacht, dass der Basis und der Bevölkerung die Vorgänge vermittelt werden müssen. Was empfanden Sie, als Ihnen bewusst wurde, dass alles zu Ende war?
Mir ging erneut ein Gedanke durch den Kopf, der mir in sehr schwierigen Situationen öfters kommt: Es ist manchmal ein Privileg, über qualifizierte Informationen zu verfügen, und bisweilen ist es eine extrem schwere Last. Unsere Delegation fuhr ausgelaugt und sehr betrübt zurück. Wir wussten, welche Frustration der Abbruch des dritten Dialogprozesses erzeugen würde. Wir waren untröstlich, denn wir konnten in uns selbst die Frustration spüren, die diese Nachricht in der Bevölkerung, in den Knästen oder auch unter den Angehörigen der Gefangenen erzeugen würde. Wir waren wirklich sehr niedergeschlagen.

Doch auch in einem solchen Kontext gibt es erhellende Gedanken, wie den, den Rufi Etxeberria auf der Rückreise mit der für ihn üblichen Entschiedenheit ausgesprochen hat: »Das alte Verhandlungsmodell und die alte Strategie sind am Ende«. Dieser Satz bildete die Grundlage für unseren späteren Strategiewechsel.

In dem Moment, in dem Rufi dies aussprach, sahen wir aus den Zugfenstern auf Paris. Ich denke bisweilen daran, dass genau dieser Satz die Strategiedebatte der abertzalen Linken eingeläutet hat – ein Lichtblick, genau in dem Moment als wir durch die Stadt der Revolution und des Lichts fuhren.

Mit der Perspektive, die man mit einem zeitlichen Abstand und späteren Vorkommnissen erhält, bewerten Sie den Prozess als Fehlschlag?
Es ist klar, dass wir in dem Maße von einem Fehlschlag sprechen können, in dem wir nicht fähig waren, den Prozess zu einem Abschluss mittels einer Konfliktlösung zu bringen. Und so müssen wir das akzeptieren.

Aber ich möchte auch anfügen, dass erstmals eine Skizze der Inhalte eines Abkommens, das eine tatsächliche Lösung für das Baskenland darstellen würde, entworfen wurde. Wir hatten alle Puzzleteile für eine Lösung auf dem Tisch. Es blieb nur noch die Aufgabe, sie zusammenzufügen. Ein guter Teil der Arbeit ist schon geleistet.

Und in diesem Prozess wurde auch die Einbeziehung der internationalen Gemeinschaft konsolidiert, wie wir gesehen haben. Und die dritte positive Konsequenz dieses fehlgeschlagenen Prozesses ist, dass aus ihm die Strategiedebatte in der abertzalen Linken hervorging. Deshalb hat alles, was wir in den letzten Jahren beobachten konnten, seinen Ursprung in diesem fehlgeschlagenen Dialog- und Verhandlungsprozess.

Welche Faktoren haben zum Kollaps dieses Prozesses geführt?
Es liegt in der Struktur des spanischen Staates, dessen politische Kultur im Kern autoritär und undemokratisch ist, begründet. Das ist ein Problem, das seine Wurzeln in der Geschichte hat, genauer wie sich Spanien als Staat zusammensetzt. Da ist das erdrückende Gewicht der katholischen Kirche, die Unfähigkeit, auch nur eine liberale Revolution durchzuführen, die Vetternwirtschaft in der Verwaltung, der Umstand, dass Betrug und windige Geschäfte zur kulturellen spanischen Identität wurden, die Komplexe und Ängste, die aus dem verlorenen Unabhängigkeitskrieg 1898 mit den USA rühren etc. Das alles führt in letzter Konsequenz dazu, dass sich der Glauben konsolidiert hat, dass Spanien zusammenbricht, wenn sein plurinationaler Charakter nicht radikal geleugnet wird.

Diese politische Kultur, die aus der Nicht-Lösung von Problemen eine »Lösung« macht, zwingt deren Verfechter notwendigerweise dazu (egal ob von rechts oder links) zu vertreten, dass eine demokratische Lösung der Probleme mit den Nationen im Staat (Baskenland, Katalonien…) Spanien als staatliches Projekt undurchführbar macht. Deshalb erschüttert schon die Erwähnung einer demokratischen Lösung die Fundamente des alten Spaniens und lässt die Tragödie von 1898 aufleben. In diesem Kontext aus Kultur und Leidenschaft wissen die Parteien, die den Anspruch auf die Regierungsmacht erheben, dass eine wirkliche (und ausstehende) Modernisierung und Demokratisierung des Staats unweigerlich über die Anerkennung seines plurinationalen Charakters führt, was aber zu enormen internen Spannungen und auch zu Verlusten an Wählerstimmen führt.

Unter diesen Bedingungen einen Prozess für eine demokratische Lösung durchzuführen, ist praktisch unmöglich, bis sich im Staat eine ausreichende Weitsicht und intellektuelle Solidität etabliert, aus der die Erkenntnis erwächst, den Staat im Interesse aller demokratisieren und modernisieren zu müssen.

Statt eine Lösung zu befürworten und die nötige demokratische Arbeit zu leisten, wird der bequeme Weg über den »Anti-Terror-Diskurs« von »Gut und Böse« gegangen, was so weit geht, dass sogar der Konflikt selbst bestritten wird.

Was kann der abertzalen Linken vorgeworfen werden?
Wir tragen zweifellos auch unsere Verantwortung für den Kollaps des Prozesses. Doch im Unterschied zum Staat sind die Faktoren, die der abertzalen Linken vorzuwerfen sind, eher konjunkturell und nicht strukturell. Unsere Verantwortung für sein Scheitern war die Konsequenz aus zwei divergierenden Sichtweisen.

Auf der einen Seite, gemäß der Vision die wir vertreten haben (die später in »Zutik Euskal Herria« niedergelegt wurde), musste dieser Dialogprozess im Rahmen eines Übergangs verstanden werden, der die politisch-militärische Strategie für überwunden erklärte und auf ein Minimalabkommen zielte, das über ausschließlich demokratische Mittel und Kampfformen erreicht werden sollte. Die Bündelung der Kräfte erlaubt uns zunächst, unsere taktischen Ziele zu erreichen und danach unsere langfristigen Ziele.

Es gab aber auch die andere Sichtweise, die meiner Meinung nach auf das Verhandlungsschema aus Algerien zurückgriff, wonach im bewaffneten Kampf weiterhin ein fundamentales Element auf dem Weg zu einem demokratischen Abkommen gesehen wurde. Dazu passte unter keinen Umständen dessen Überwindung oder Verschwinden, solange der Staat nicht den Rahmen garantierte, in dem Fristen und Inhalte festgelegt sind: Autonomiestatut für die vier Provinzen im spanischen Staat und das Recht auf Selbstbestimmung.

In diesem Kontext war offensichtlich, dass alle Faktoren, die den Prozess belasteten (Repression, Waffenraub durch die ETA, Vorvereinbarung etc.) stets völlig unterschiedlich aufgenommen wurden, je nachdem, welche Sichtweise vertreten wurde. Die große Verantwortung unsererseits liegt darin, nicht längst die Strategiedebatte geführt zu haben, die wir nach dem Kollaps des Prozesses eingeleitet haben. Ich denke, der Prozess wäre womöglich nicht gescheitert, wenn wir die Debatte früher geführt hätten.

15 MONATE IN HAFT

Die erste institutionelle Reaktion nach dem Abbruch der Verhandlungen ist ein Urteil des Obersten Gerichtshofs. Am 24. Mai 2007 – drei Tage nach dem letzten Treffen in Genf –, beginnt er seine Beratung über die Berufung gegen ein Urteil der Audiencia Nacional. Das Sondergericht hatte Arnaldo Otegi wegen »Terrorismusverherrlichung« zu 15 Monaten Haft sowie zu sieben Jahren und drei Monaten Entzug sämtlicher Ehrenrechte[63] verurteilt. Er hatte an einer Gedenkfeier für das frühere ETA-Führungsmitglied »Argala«[64] teilgenommen.

Am 8. Juni bestätigt der Oberste Gerichtshof das Urteil und ordnet die Inhaftierung von Otegi an. Er wird in dem Moment verhaftet, als er in Donostia an einer öffentlichen Pressekonferenz und einem anschließenden Interview mit der britischen Zeitung »The Times« teilnehmen will. 18 Tage nach dem Ende der Verhandlungen in Genf wird er ins Gefängnis von Martutene[65] gebracht.

Dort wird er von Verantwortlichen aus Politik und Gewerkschaften sowie von Vertretern ausländischer Gruppierungen besucht. In der Haft gelingt es dem Unterhändler der abertzalen Linken, die Kommunikationskanäle mit den internationalen Vermittlern – und sogar mit Regierungsvertretern – auf indirekten Wegen offen zu halten.

Otegi integriert sich in das Kollektiv der baskischen politischen Gefangenen. Neben Studium, Lektüre und Sport widmet er seine Zeit der Auswertung der Erfahrungen des Verhandlungsprozesses der letzten beiden Jahre. Für ihn ist ein

---

63 Das bedeutet automatisch, dass er bei Wahlen nicht als Kandidat aufgestellt werden kann.

64 Jose Miguel Bañaran Ordeñana (Argala) war 1973 am Attentat auf den designierten Nachfolger Francos Luis Carrero Blanco in Madrid beteiligt. Otegi hatte 2003 an der Gedenkveranstaltung zum 25. Jahrestag seiner Ermordung auf dem »Argala-Platz« in Arrigorriaga teilgenommen, woher Argala stammte. Der wichtige Theoretiker der linken Unabhängigkeitsbewegung fiel am 21. Dezember 1978 im französisch-baskischen Anglet einem Bombenattentat zum Opfer, die vom neofaschistischen spanischen »Batallón Vasco Español« gelegt wurde, in das allem Anschein nach staatliche Sicherheitskräfte verstrickt waren. Das Urteil gegen Otegi war auch deshalb umstritten, da Verbrechen aus der Zeit der Diktatur amnestiert worden waren.

65 Gefängnis im Stadtteil Martutene im baskischen Donostia (San Sebastián)

Strategiewechsel notwendig, um eine neue Etappe einzuleiten. Voraussetzung dafür ist eine umfassende Debatte ohne jegliche Tabus.

Seine Thesen werden von anderen Genossen außerhalb der Gefängnismauern geteilt. Sie zielen auf eine neue »effiziente Strategie«, die auf dem ausschließlichen Gebrauch friedlicher und demokratischer Mittel und dem Zusammenschluss aller linken und nach Unabhängigkeit strebenden Kräfte fußt.

Am 4. Oktober 2007 ordnet der Ermittlungsrichter Garzón[66] in Segura und anliegenden Ortschaften eine polizeiliche Razzia an, die mit der Verhaftung von 22 mutmaßlichen Mitgliedern der Batasuna-Führung endet. Nach 15 Monaten Haft kommt Arnaldo Otegi am 30. August 2008 frei. Am Gefängnistor wird er unter großer Medienbeteiligung von Freunden und Familienangehörigen empfangen.

Im Frühjahr 2007 schwebte über Ihnen die Verurteilung zu einer Haftstrafe wegen »Terrorismusverherrlichung«. War zu erwarten, dass die erste Antwort auf das Ende des Dialogs ausgerechnet aus dem Gerichtssaal kommen würde?

Mir wurde ja schon in Genf gesteckt, Rubalcaba habe gedroht, uns nach dem Scheitern des Prozesses zu inhaftieren. Mit seinem Urteil bewies der Oberste Gerichtshof erneut seine »Unabhängigkeit« gegenüber der Regierung. In einer Rekordzeit wurde mein Widerspruch abgewiesen und die 15-monatige Haftstrafe bestätigt, zu der ich von der Audiencia Nacional verurteilt worden war. Ich kann Ihnen nun aber etwas verraten, das bislang unbekannt war: eine gute Quelle in Madrid (die auch früher schon sehr nützlich war), hat mich wissen lassen, dass der Richter Alfonso Guevara umgehend einen Haftbefehl ausstellen und die Verhaftung anordnen würde, wenn das Urteil bestätigt würde. Dabei hätte er auch die Aussetzung verfügen können, bis das Verfassungsgericht eine endgültige Entscheidung trifft, weil die Strafe geringer als 24 Monate war.

---

66 Nachdem der Ermittlungsrichter in Korruptionsaffären der PP und Kriegsverbrechen der Franquisten ermitteln wollte, wurde er vorläufig vom Amt suspendiert. In Deutschland erhielt Baltasar Garzón 2009 den Hermann-Kesten-Preis des PEN-Zentrums, was aber wiederum von einigen PEN-Gruppen kritisiert wurde, da Garzón für die Inhaftierung von baskischen Journalisten verantwortlich sei und er das System der Kontaktsperre im Prinzip stütze, die Folter und Misshandlungen ermöglicht. Vgl. Ralf Streck: Wirbel um Menschenrechtspreis www.heise.de/tp/r4/artikel/31/31477/1.html.

Welche Rolle spielten die spanischen Gerichte in dem gesamten Prozess?

Wir sollten bei der Betrachtung nicht aus den Augen verlieren, dass die PP, als sie völlig unerwartet die Wahlen 2004 verlor, es trotzdem geschafft hat, weiter ihre Stellungen im Staatsapparat (die Justiz inbegriffen) zu halten. Gemäß ihren Möglichkeiten (das waren und sind viele), instrumentalisiert sie die Justiz, um sie wie einen Rammbock gegen jeden Dialog- und Verhandlungsprozess zu nutzen. Aus diesem Blickwinkel wird verständlich, warum ich zu Beginn und unmittelbar am Ende des Prozesses inhaftiert wurde und warum Dutzende Männer und Frauen, die für die Unabhängigkeit eintreten, auch während der Verhandlungen weiterhin verurteilt und inhaftiert wurden.

Waren Sie auf die Verhaftung im Vorfeld eines Pressegesprächs vorbereitet? Wie haben Sie persönlich das erlebt?

Als Mitglieder der abertzalen Linken müssen wir leider seit Jahrzehnten versuchen, auf derlei extrem harte Situationen auf persönlicher, menschlicher und politischer Ebene vorbereitet zu sein. Während der Verhaftungen versuche ich stets gelassen und stabil zu bleiben und gehe keine Konzessionen ein, denn auch unter diesen Umständen repräsentiere ich weiter tausende Männer und Frauen und ein politisches Projekt.

Auf der persönlichen Ebene macht man sich natürlich Gedanken über das Leid, das damit erneut den Angehörigen zugefügt wird. Ich wurde damals zum vierten Mal inhaftiert. Ich habe deshalb auch bisweilen Schuldgefühle, die aber durch die beispielhafte Charakterfestigkeit und Würde der Angehörigen überwunden werden können. Die wirklichen Helden in unserem Befreiungsprozess sind unsere Angehörigen. Ihre Aufopferung und ihr Verzicht liegen für mich qualitativ auf einem höheren Niveau als die unsere.

Welche Botschaft wollte die Regierung damit verbreiten, einen Verhandlungsvertreter praktisch direkt ins Gefängnis zu überstellen?

Auch wenn ich Agnostiker bin, der den religiösen Glauben von Menschen uneingeschränkt respektiert, bin ich mir darüber bewusst, dass der Katholizismus (in seiner reaktionärsten Ausprägung) ernsthafte Konsequenzen für die spanische Kultur oder Denkweise hatte und hat, sowohl in einigen Eliten wie auch in der Gesellschaft selbst.

Eine dieser Konsequenzen ist, dass man angesichts jedweden Problems dazu neigt, nach einem Schuldigen statt nach einer Lösung zu suchen. Ein Teil dieser Strafkultur ist auch der öffentliche Spott und die Erniedrigung. Dazu kommen zudem die Anstiftung und die Förderung niedrigster Leidenschaften.

Wenn wir verstehen, dass dieses Verhalten tief in dieser reaktionären spanischen politischen Kultur eingeprägt ist, verstehen wir auch die Logik der staatlichen Repression besser.

Ich möchte nicht, dass diese Gedanken als Geringschätzung oder Respektlosigkeit gegenüber Spanien missverstanden werden. Ich versuche lediglich, einen konstruktiven Beitrag zum besseren Verständnis des derzeitigen staatlichen Handelns zu liefern. Mein Ziel ist, dieses ideologisch-kulturelle Erbe ein für alle Mal als Bedingung für einen Prozess der politischen und sozialen Demokratisierung zu überwinden.

Es war die dritte Inhaftierung in weniger als zwei Jahren: eine vor, eine während und eine nach dem Ende der Waffenruhe. Niemandem entgeht die Verbindung zur jeweiligen politischen Lage. Ist die spanische Regierung symbolisch gegen Sie vorgegangen?
Aus meiner Sicht gibt es zwei Gründe für diese spezielle Sturheit im Vorgehen gegen mich: Auf der einen Seite symbolisiere ich für sie – wie von Ihnen angesprochen – die abertzale Linke. Auf der anderen Seite ist aber auch eine Botschaft der psychologischen Kriegsführung enthalten: wenn wir den »wichtigsten Verhandlungspartner« der abertzalen Linken verhaften können, der sogar internationale Anerkennung der Staatengemeinschaft genießt, können wir jederzeit problemlos die Repression gegen jede andere Person einsetzen. Mit einer gewissen Dosis schwarzen Humors sage ich manchmal im Scherz zu meinen Freunden, dass ich wohl irgendetwas sehr gut machen muss, wenn der Staat mit mir so viel Aufwand betreibt.

Man erinnert sich in diesen Tagen noch daran, dass sogar Präsident Zapatero Sie als »Mann des Friedens« und notwendigen Gesprächspartner bezeichnet hatte. Ist die Entscheidung für Ihre Inhaftierung vielleicht schon während des Prozesses gefallen?
Es war ein Teil des Plans von Rubalcaba für den Fall, dass der Prozess scheitern würde. Tatsächlich war meine Inhaftierung – wie die Repression, die während der Verhandlungen und nach ihrem Scheitern ausgeübt wurde, insgesamt – für die Regierung von Anfang an Teil eines Plan B.

Sie werden von Ihren Kollegen und der politischen Aktivität in einem entscheidenden Augenblick getrennt. War es hart, sich darauf einzustellen, »neutralisiert« worden zu sein? Behindert das Gefängnis die Kapazität, politische Beiträge zu leisten?

Ich habe mich niemals neutralisiert gefühlt, auch wenn es das Ziel der Inhaftierung war und ist. Es ist klar, dass man im Gefängnis eingeschränkt ist. Doch es verhindert nicht, dass man Beiträge leisten kann. Dieses Buch ist ein guter und bescheidener Beweis dafür.

Welche Rolle kann eine inhaftierte politische Führungsperson spielen?

Zunächst muss man sich klar machen, dass die Leitung immer außerhalb der Gefängnismauern sein muss. Zweitens muss man sich bewusst darüber sein, dass auch das Gefängnis in einer besonderen Art und Weise die abertzale Linke repräsentiert. In diesem Sinne versuche ich, mit meinem Verhalten dieser Verantwortlichkeit gerecht zu werden. Zuletzt möchte ich anfügen, dass es für mich als Mitglied der abertzalen Linken eine Pflicht ist, meine Freunde politisch zu unterstützen.

Inwieweit gehören Sie dem Kollektiv der politischen Gefangenen an?

Ich bin Teil seiner alltäglichen Dynamik und versuche dabei einer unter vielen zu sein.

Welchen Aufgaben widmeten Sie sich bei diesem Gefängnisaufenthalt direkt nach Ende der Waffenruhe?

Politisch bedeutete diese Periode für mich den Prozess der endgültigen Reifung in Bezug auf frühere Überlegungen und die Notwendigkeit, den Befreiungsprozess auf eine neue Stufe zu heben, womit als Konsequenz der unvermeidliche Strategiewechsel in der abertzalen Linken einherging. Diese Überlegungen wurden in einem Dokument zusammengefasst, dass ich den entsprechenden Leuten außerhalb des Gefängnisses zukommen ließ. In diesen Überlegungen sind praktisch schon alle Thesen enthalten, die später in »Argitzen« und »Zutik Euskal Herria« auftauchen.

Mein Gefängnisaufenthalt erlaubte mir auch, mit der notwendigen Vorsicht natürlich, derer ein solch heikles Thema bedarf, die Meinung von einigen wichtigen Gefangenen der ETA oder von denen einzuholen, denen Aktionen der *kale borroka*[67] vorgeworfen werden. Meine Überlegungen und mein Eintreten

---

67   »Straßenkampf« von baskischen Jugendlichen gegen Repression und Ausbeutung. Zunächst wurde dafür Herri Batasuna bzw. Batasuna verantwortlich gemacht. Doch für Angriffe auf Banken, Parteibüros oder Autobusse konnten vor Gerichten weder die Partei noch Jugendorganisationen verantwortlich gemacht werden. Behauptet wird jedoch, alle Organisationen der baskischen Linken seien von der ETA gesteuert und wären ihr untergeordnet. Otegi unterscheidet zwischen Gefangenen der ETA, der kale borroka oder Gefangenen wie ihm, die schlicht wegen politischer Tätigkeit inhaftiert, aber als angebliche ETA-Mitglieder verurteilt wurden.

für eine neue Zukunft der abertzalen Linke wurden praktisch einstimmig gebilligt. Das bestätigte die These, die sich längst diskret in meinem Kopf herausgebildet hatte und die ich mit einer begrenzten Anzahl an Freunden außerhalb der Knäste teilte, dass die Notwendigkeit eines Strategiewechsels nicht nur von weiten Teilen unserer Basis geteilt, sondern auch mehrheitlich von der militanten Basis unterstützt wird. Über diese Ansicht im Knast mit anderen zu diskutieren, bestätigte mich definitiv in all meinen Thesen.

Haben Sie lange über die Erfahrungen des vorhergehenden Prozesses und dessen Konsequenzen nachgedacht?

Ich kann die Zeit nicht quantifizieren, die ich dafür aufgewendet habe, aber es waren viele Stunden, um meinen Vorschlag vor allem in Gesprächen mit Freunden reifen zu lassen. Das war nicht nur sehr bereichernd für mich, sondern zudem entscheidend.

Hatte der Umstand, dass Sie sich außerhalb des alltäglichen Trubels befanden, Einfluss auf diesen neuen Blickwinkel für die Analyse und die Reflexion des Prozesses?

Wenn etwas positiv an einem Gefängnisaufenthalt ist, dann ist es die Tatsache, dass man dem Strudel des Alltags entrissen wird, der Diktatur der Eile und der Unmittelbarkeit. Ich befand mich in einem Prozess, in dem ein Vorschlag reifte, der eine wirkliche mentale Revolution für die abertzale Linke darstellen sollte.

Ich erinnere mich daran – als Anekdote zur Illustration dieses Moments –, dass von draußen meine Meinung zur Abstimmung über den »Plan Ibarretxe« im Parlament von Gasteiz eingeholt wurde. Ich glaube, meine Antwort machte meine Gesprächspartnerin sprachlos: »Was für euch derzeit das große Problem ist, ist aus meiner Sicht das kleinste, das wir haben. Aber ich kann mir vorstellen, dass ihr draußen gerade besessen und überlastet in endlosen Sitzungen an einem Standpunkt feilt. Bevor entschieden wird, was getan wird, müssen wir uns klar darüber sein, zu welcher Strategie unsere Entscheidung gehört, in welche Richtung sie geht und welche Ziele sie verfolgt. Für mich ist also vorrangig, eine tiefgreifende Debatte über die Strategie einzuleiten, die wir unserer Bevölkerung vorschlagen. In Bezug auf den Plan Ibarretxe halte ich es für sinnvoll, für seine Annahme zu stimmen, damit es in jedem Fall der spanische Staat sein muss, der ihm den weiteren Weg versperrt. Ich insistiere darauf, dass die Zukunft der Basken nicht von dieser Abstimmung abhängt, sondern vom Strategiewechsel, den wir dringend angehen müssen.«

Kann man im Hinblick auf frühere Erfahrungen sagen, dass im Prozess 2005 bis 2007 erstmals ernsthaft Politik gemacht wurde?

Ich glaube, dass in allen Verhandlungsprozessen ernsthaft über Politik gesprochen wurde. Auch bei der einzigen Zusammenkunft mit einer Delegation von Präsident Aznar haben wir über das Baskenland, Navarra und andere Themen offen und ehrlich gesprochen. Der wichtigste Beitrag des letzten Prozesses war, dass es eine schriftlich dargelegte Annäherung an ein Abkommen unter internationaler Beobachtung gab.

In Algerien wurde die ETA als Gesprächspartner und als politischer Vertreter anerkannt, in Lizarra-Garazi wurde festgelegt, dass die letzte Entscheidung die Bevölkerung zu treffen hat. Und in Loiola?

In Loiola haben die drei wichtigsten politischen Strömungen im Baskenland eine Debatte über einen politischen und demokratischen Rahmen für das Baskenland begonnen, die es bis dahin nie gegeben hatte. Damit sollten die legitimen demokratischen Forderungen der baskischen Bevölkerung erfüllt werden, um gemeinsam den Boden für eine Zukunft in Frieden und Freiheit für alle zu bestellen. In Loiola kamen alle Puzzleteile für eine Lösung auf den Tisch. Es blieb nur noch die Aufgabe, sie zu ordnen. Alle Debatten sind praktisch schon geführt.

Es fehlt noch, zu einem Abkommen zu kommen und für die Annahme den Sektor einzubinden, den das konservative Tandem PP/UPN repräsentiert. Wenn das geschafft ist, dann ist der Moment für diesen Händedruck gekommen, der in der Schweiz vertagt wurde.

Waren die Erfahrungen von Lizarra und Loiola nicht kompatibel oder haben sie sich ergänzt?

Der Vorschlag, den wir in Anoeta unterbreitet haben, war für mich eine Synthese aller vorhergehenden Verhandlungsprozesse. Die Erfahrung von Algerien wurde aufgegriffen und eine Verhandlungsschiene ETA – Staat eingerichtet, inhaltlich allerdings klar eingeschränkt (z. B. auf die Komplexe Gefangene und Demilitarisierung). Zudem wurde ein Dialog zur Konfliktlösung zwischen den politischen, sozialen und gewerkschaftlichen Formationen etabliert, der es der abertzalen Linke ergänzend erlaubt, einen konkreten demokratischen Rahmen zu verteidigen. Unsere derzeitige Strategie interpretiert diese Modelle neu.

Einige herausragende politische Persönlichkeiten haben sie im Gefängnis besucht. Können Sie uns sagen, mit wem Sie dabei über die Gegensprechanlage durch die Trennscheibe gesprochen haben?

Ich erinnere mich, dass mich Xabier Arzalluz[68], Unai Ziarreta[69], der deutsche Europaparlamentarier Helmuth Markov[70], der grüne italienische Europaparlamentarier Mauro Bulgarelli, die Europaparlamentarierin der irischen Sinn Féin Bairbre de Brún, der Parlamentarier aus Flandern Jaan Loones u.a. besucht haben. Ich habe mich mehrfach mit Vertretern von ELA, mit José Elorrieta[71], »Txiki« Muñoz[72] und dem Verantwortlichen für Knastpolitik dieser Gewerkschaft ausgetauscht.

Was haben die Ihnen bei diesen Besuchen übermittelt?
Alle haben mir stets ihre Sorge über die schwerwiegende Lage vermittelt, die unser Land durchmacht. Sie haben alle einen Beitrag der abertzalen Linken gefordert, die die Leitung für einen politischen und sozialen Wandel im Baskenland übernehmen solle. Alle ihre Überlegungen, Anregungen und Forderungen haben mich – ebenso wie der stetige Austausch über den Vorschlag mit meinen Freunden im Knast von Martutene und mit denen draußen – in meinen Überlegungen bestärkt. Seit Jahren hatte ich immer wieder betont, dass längst eine noch verborgene soziale Strömung im Baskenland existiert, die für eine große Alternative eintrete und nicht nur in Bezug auf das nationale Modell, sondern auch auf das soziale Modell und die Verwaltung.

Ich habe immer vertreten, dass diese soziale Strömung weiter auf die abertzale Linke »wartet«, weil sie davon ausgeht, dass wir die einzigen sein würden, die fähig wären, in Zusammenarbeit mit anderen diese Alternative anzuführen. Und für mich (und andere) war offensichtlich, dass diese Alternative nur auf Basis einer Strategie aufgebaut werden kann, die ausschließlich auf demokratische Mittel setzt. Heute kann ich mit Befriedigung sagen, dass die Wahlergebnisse von Bildu und Amaiur oder die reale Möglichkeit, die Wahlen in der CAV zu gewinnen, mich von der Existenz dieser sozialen Strömung überzeugt haben.

---

68 Ehemaliger PNV-Vorsitzender.

69 Ehemaliger Vorsitzender der sozialdemokratischen Eusko Alkartasuna (Baskische Solidaritätspartei/EA), die inzwischen mehrheitlich mit der linken Unabhängigkeitsbewegung in Bildu und Amaiur gemeinsam bei Wahlen antritt.

70 Dr. Helmuth Markov (Die LINKE) war damals Ko-Präsident des baskischen Freundeskreises im Europaparlament. Seit 2009 ist er stellvertretender Ministerpräsident – und wurde zugleich Finanzminister – des Landes Brandenburg. Im Dezember 2013 wechselte Markov das Ressort und ist seitdem Justizminister des Landes Brandenburg.

71 Ehemaliger Chef der größten baskischen Gewerkschaft ELA.

72 Adolfo Muñoz Sanz (Txiki) ist der Nachfolger von Elorrieta an der ELA-Spitze.

Wie bewerten Sie auf persönlicher Ebene diese Besuche?
Ich war dafür persönlich und politisch sehr dankbar. In extremen Situationen (im Gefängnis zu sein, ist zweifellos eine) wird auf die Probe gestellt, ob die menschlichen Beziehungen solide sind, und man schätzt mit voller Intensität den Wert des Wortes Solidarität. Besonders dankbar war ich dafür, wie z. B. Germán Kortabarria sich mit meiner Familie in Verbindung setzte und im Namen der Gewerkschaft (ELA) jede mögliche Unterstützung anbot. Derlei Gesten vergisst man nicht. Auch hat mich die ideologische Pluralität der Besucher in der Meinung bestätigt, dass man Freundschaft, ideologische Konfrontation und Politik voneinander trennen muss. Diese Philosophie hat mir immer erlaubt, freundschaftliche Beziehungen mit Vertretern des gesamten politischen Spektrums im baskischen Parlament zu unterhalten. Mit allen.

Haben Sie trotz ihrer Haftsituation weiter direkt oder indirekt Nachrichten anderer politischer Formationen erhalten? Auch aus der PSOE oder der Regierung?
Ich habe stets alle Kommunikationskanäle offen gehalten, ohne Ausnahme. Darin inbegriffen waren die Vertreter der internationalen Gemeinschaft oder der Kontakt zur Regierung über indirekte Kanäle.

Als Sie sich in Martutene befanden, wurden mehr als 20 Parteifreunde der Batasuna-Führung in Segura[73] verhaftet. Erinnern Sie sich, wie Sie die Nachricht erhielten? Hatten Sie befürchtet, dass so etwas geschehen könnte?
Ich erinnere mich daran, dass ich damals die Zelle mit Ismael Fakhri aus Tolosa teilte, der eine Haftstrafe wegen der Vorgänge im Anschluss an die Ehrung von Hodei Galarraga[74] absaß. Er hörte Radio mit Kopfhörern und berichtete mir von einer Polizeioperation gegen Batasuna in Segura, woraus ich schloss, dass es sich um eine Operation gegen die Kollegen der Parteiführung handelte.

---

73   Segura ist ein kleines Dorf im Hochland in der Provinz Gipuzkoa. Mit der Verhaftung des Auslandskoordinators von Batasuna, Joseba Alvarez, und von Oihana Agirre kündigte sich 2. Oktober 2007 eine Repressionswelle an. Drei Tage später wurde dort praktisch die gesamte Batasuna-Führung während eines Treffens verhaftet. http://www.heise.de/tp/artikel/26/26343/1.html

74   ETA-Mitglied. Der 22-jährige aus Zaldibia starb am 24.09.2002 gemeinsam mit dem 28-jährigen Egoitz Gurrutxaga aus Renteria, als eine Bombe explodierte, die sie im Auto in Basurto (Bilbao) transportierten.

Ich habe nicht damit gerechnet, dass sie so unmittelbar bevorstehen würde, aber es war klar, dass die Drohung von Rubalcaba früher oder später umgesetzt werden würde, weshalb mich das eigentlich keineswegs überrascht hat.

Am 30. August 2008, nachdem sie diese 15-monatige Haftstrafe bis zum letzten Tag abgesessen hatten, verließen Sie den Knast um 7 Uhr 20 und wurden von Pressevertretern und Dutzenden Freunden, Kollegen und Familienmitgliedern erwartet. Ihre ersten Worte wieder in Freiheit widmeten Sie der Unterstützung der Gefangenen, ihren Familien und Freunden. Danach führten Sie aus, dass es einen politischen Konflikt gibt, dessen »Lösung nur mittels Dialog und Verhandlungen« möglich sei, was Sie als Ihre Aufgabe bezeichneten. Konnten Sie sich damals vorstellen, dass Sie ein Jahr später ausgerechnet dafür erneut inhaftiert werden würden?
Die Gefangenen, die mit mir im Knast von Martutene waren, können bestätigen, dass ich mir sehr bewusst darüber war, dass ich nur über eine begrenzte Zeitspanne verfügen würde, um mein Ziel zu erreichen: eine strategische Debatte in der abertzalen Linken anzustoßen, die zu einem Wandel im Befreiungsprozess führen würde. Und innerlich setzte ich mir eine Frist: Ich brauchte ein Jahr ohne neue Verhaftung als Zeitfenster, um dieses Ziel zu erreichen. Tatsächlich hatte ich knapp 14 Monate. Denn dann verhafteten sie uns erneut, um genau diesen Strategiewechsel in der abertzalen Linken zu unterbinden. Sie kamen aber glücklicherweise zu spät.

Ihre Gefängniserfahrung war bei dieser Freilassung schon umfangreich. In wie vielen Gefängnissen haben sie wie lange gesessen?
Nun gut, die Liste der Gefängnisse ist lange: Carabanchel, Alcalá-Meco, Herrera de la Mancha, Huelva, Almería, Huesca, Martutene, Ciudad Real, Soto del Real, Estremera, Navalcarnero und Logroño – insgesamt habe ich schon zehn Jahre hinter Gefängnismauern verbracht.

Wie beurteilen Sie das Gefängnissystem, das Sie kennengelernt haben?
Es ist nicht gerade originell, wenn ich Ihnen sage, dass in den Knästen keine Reichen sitzen. Sie sind voll von einfachen Männern und Frauen, Arbeitern und in vielen Fällen Einwanderern. In den letzten Jahrzehnten hat sich die Zusammensetzung der Gefangenen stark verändert. Heutzutage sind 90 Prozent im Knast, weil sie straffällig wurden, um sich Drogen zu beschaffen. Das ist die eindeutige Mehrheit.

In Bezug auf das System habe ich sehr klar vor Augen, wie eine Gefängnispolitik in einem zukünftigen baskischen Staat aussehen sollte. Und Sie können
mir glauben, dass sie sich radikal von dem unterscheidet, was wir aus dem
spanischen Staat kennen.

**Welchen Eindruck haben Sie vom Kollektiv der baskischen politischen
Gefangenen?**

Ich habe einen enormen Respekt vor ihm. Allein die Existenz, die Aufopferung
(und die der Angehörigen) und die Beiträge aus dem Kollektiv haben einen
noch höheren Wert in einem historischen Kontext, in dem Individualität und
unsolidarisches Handeln vorherrschen. Es ist dieser Kontext, in dem hunderte
Männer und Frauen sich regelrecht aufgeopfert haben und ihr Leben nicht nur
für eine gerechte Lösung des Konflikts opfern, sondern auch dafür, eine gerechtere Gesellschaft für alle aufzubauen. Diesem Verhalten gebührt mein größter
Respekt, unabhängig davon, ob man die Gründe teilt, aus denen die einzelnen
jeweils ins Gefängnis gesteckt wurden.

Heute, im Rahmen eines Prozesses, der im Respekt für alle Opfer des Konflikts sowie der Anerkennung des angerichteten Leids, eine Lösung für unser
Land sucht, müssen alle diese Männer und Frauen die Gefängnisse verlassen
und so schnell wie möglich in ihr Zuhause im Baskenland zurückkehren können.

KREUZZUG GEGEN DIE BASKISCHE LINKE

Am 30. August 2008 wird Otegi nach 15 Monaten Haft freigelassen. Er war sich schon zu diesem Zeitpunkt darüber bewusst, dass seine Tage auf freiem Fuß gezählt sein würden. Trotzdem verbringt er die ersten Monate in Freiheit damit, mit Aktivisten der linken Unabhängigkeitsbewegung zu sprechen und ihre Meinungen mit seiner Analyse zu kontrastieren, die seit Ende des Verhandlungsprozesses 2007 langsam in ihm heranreift.

Während seiner Zeit im Gefängnis vertritt die baskische Linke aber gegenüber ihrer Basis die Einschätzung, dass kurzfristig weder Bedingungen für neue Verhandlungen noch für eine Änderung der Verhältnisse gegeben sind. Der Verhandlungsprozess von 2005–2007, seine Konsequenzen und schließlich sein Scheitern hatten gegensätzliche Positionen innerhalb der baskischen Linken deutlich werden lassen und gewisse Spannungen und Desorientierung hervorgerufen. Mehrheitlich geht man von einem langen Zyklus der Konfrontation aus. Daneben existieren aber auch andere Thesen – scheinbar minoritäre –, die durchaus politische und soziale Bedingungen ausmachen, die zu einem Wandel führen könnten, der die Interessen der Unabhängigkeitsbewegung begünstigt.

Im ersten Interview, das Otegi nach seiner Haftentlassung am 30.11.2008 der Tageszeitung GARA gibt, führt er die Gedankengänge dieser zweiten Position aus. Die Linke müsse einen grundlegenden Kurswechsel einleiten, der die Konfrontation mit dem spanischen und französischen Staat allein auf politische und friedliche Mittel beschränkt. Dazu sollen Bündnisse mit linken Formationen kommen, die ebenfalls für die Unabhängigkeit eintreten, um das politische Kräfteverhältnis zu verändern.

Die These vom »Beginn eines neuen Zyklus« verbreitet sich mit rasender Geschwindigkeit. Die abertzale Linke beginnt in der Debatte, drei verschiedene Szenarien zu umreißen: die Grundzüge einer politischen Alternative, die ausgehend von Positionen der linken Unabhängigkeitsbewegung den Wandel einleiten soll. Otegi hält es für möglich, »durch breite demokratische Mehrheiten zur Unabhängigkeit und zu einem eigenen Staat zu kommen«.[75]

---

75   http://www.rebelion.org/noticia.php?id=76763

Am 16. März 2009 gibt es in Donostia ein bislang unbekanntes Bild: Otegi erscheint zum ersten Mal seit seiner Haftentlassung im August 2008 öffentlich auf einer Pressekonferenz, wo er eine breite Delegation verschiedener baskischer linker Gruppierungen anführt und von der Notwendigkeit spricht, »eine effiziente Strategie für die Unabhängigkeit«[76] unter Einbeziehung aller Kräfte aufzubauen, um einen demokratischen Prozess in Gang zu setzen. Otegi berichtet dabei von den Kontakten, die mit anderen politischen Formationen, Gewerkschaften und sozialen Gruppen geknüpft wurden.

Für Otegi und diejenigen, die seine Analyse teilen, besteht die Herausforderung darin, adäquat auf die politischen und sozialen Bedingungen zu reagieren, um einen neuen Zyklus einzuleiten. Und das umso mehr in dem Moment, in dem die Repression gegen die Unabhängigkeitsbewegung verstärkt wird und zum Ziel hat, den Wandel abzuwürgen. Augenscheinlich besteht innerhalb der baskischen Linken eine Mehrheit, die sich hinter dem Vorschlag eines neuen Vorgehens sammelt. Bei der Konkretisierung von Strategie und politischer Linie tauchen aber erneut unterschiedliche Vorstellungen über die Ausgestaltung auf, die in der praktischen Arbeit und täglichen Dynamik frontal aufeinanderprallen. Im Sommer 2009 wird beschlossen, eine tiefgreifende Debatte zu führen und die Basis entscheiden zu lassen.

Welches Baskenland finden Sie vor, als sie das Gefängnis verlassen?
Da ich in Martutene inhaftiert war und alle Kommunikationskanäle nach außen offen gehalten habe, näherte sich meine Wahrnehmung stark der Realität an.

Auf welche Gemütsverfassung stießen sie? In welchem Zustand befand sich die abertzale Linke?
Am Tag meiner Freilassung selbst und noch stärker am Tag des *ongietorri*[77] kamen Dutzende, die für mich sehr bedeutsam sind, auf mich zu, um mir ihre Ängste und Sorgen über die kritische Situation zu vermitteln, in der sich die abertzale Linke ihrer Ansicht nach befand. Alle haben mir zudem ihr Vertrauen ausgesprochen und Unterstützung zugesagt, um mit ihren Kräften dazu beizutragen, die abertzale Linke aus dieser Situation herauszuholen. Deshalb habe ich mich entschlossen, mir zunächst einige Monate Zeit zu nehmen, um

---

76   http://www.lahaine.org/index.php?p=36727

77   »Begrüßung/Empfang« der baskischen Gefangenen nach ihrer Freilassung in ihrem Dorf oder Stadtteil durch die Bevölkerung.

mit einer größtmöglichen Anzahl von Personen im gesamten Baskenland mit dem Ziel zu sprechen, zu einer Einschätzung über die Lage im Land und in der abertzalen Linken zu kommen.

Meine Analyse fiel folgendermaßen aus: im Land waren weiterhin alle Bedingungen für einen politischen und sozialen Wandel gegeben, aber der Motor dafür (die abertzale Linke) befand sich auf politischer, sozialer, ideologischer und organisatorischer Ebene in einem degenerativen Prozess. Das war meine Einschätzung Diagnose und das habe ich die entsprechenden Leute aus reiner Verantwortlichkeit und revolutionärer Aufrichtigkeit wissen lassen.

Nach dem Ende des Verhandlungsprozesses verschloss sich die Regierung allen Optionen für eine Wiederaufnahme und ging besonders repressiv gegen jeden politischen und organisatorischen Ausdruck vor. War die abertzale Linke darauf vorbereitet?

Wir haben die Repression über Jahrzehnte ausgehalten – wie die alten spanischen Kommunisten sagen: »Sie haben uns niemals in die Knie gezwungen«. »Und sie werden uns niemals in die Knie zwingen«, möchte ich dem hinzufügen. Das war also nicht unser Problem. Das reale Problem war, dass wir einen Prozess beendet hatten und ohne strategische Alternative dastanden, ohne klare politische Linie und mit entgegengesetzten Auffassungen über das, was vorgefallen war und was in der Zukunft getan werden muss.

Im Oktober 2007 werden 22 Führungsmitglieder von Batasuna in Segura verhaftet. Der PSOE-Sprecher im spanischen Parlament Diego López Garrido rechtfertigt die Operation und sagt: »Man muss die Suppe auslöffeln, die man sich eingebrockt hat«. Welche Suppe hat sich die linke Unabhängigkeitsbewegung eingebrockt?

Herr López Garrido, wie auch die Gesamtheit der spanischen Linken, hat eine große historische Chance verpasst, diese Maxime zu Beginn des Übergangs von Franco zur monarchistischen Demokratie[78] auf alle Sektoren anzuwenden, welche die Franco-Diktatur getragen haben. Oder später auf jene, die die Todesschwadronen der GAL organisiert haben und deren Mitglieder später über Begnadigungen geschützt wurden, auf Folterer … Solche Aussagen sagen mehr über die aus, die sie machen.

Was bedeuteten diese Razzia und spätere Razzien?

---

78   Wird in Spanien mit dem Begriff »Transición« bezeichnet.

Auf der einen Seite konnte darüber festgestellt werden, dass der spanische Staat weiter davon ausging, die Repression sei ein nützliches Instrument, um unsere politischen Positionen zu beeinflussen oder wenigstens darüber Vorteile bei Wahlen zu erlangen. Für die abertzale Linke bedeutet das nicht nur einen enormen Verlust von politischen Aktivisten, sondern auch die Unmöglichkeit, zu einem Minimum an Stabilität unserer sowieso schon eingeschränkten politischen Aktivität zu kommen.

Nach der Klärung der Verantwortlichkeiten für den Abbruch der Verhandlungen schien die abertzale Linke in Ungewissheit oder Verwirrung zu stecken und über keine klare politische Linie zu verfügen. Was geschah?
Was passierte, war folgendes: Während wir auf der einen Seite damit beschäftigt waren, gegen die Repression anzukämpfen, wurde auf der anderen Seite von einigen eine Politik der totalen Konfrontation mit dem Staat in einer Art Flucht nach vorne vorgeschlagen, womit man sich nicht nur von unseren Wählern und von der Basis entfernte, sondern auch von den eigenen Aktivisten. Das erzeugte eine Stimmung der Ungewissheit und machte die fehlende ideologische und strategische Klarheit deutlich.

Tauchten die Differenzen im Verhandlungsprozess nach dessen Kollaps in der Strategiedebatte wieder auf?
Uns hat die Entwicklung (Repression, Entfernung von unserer Basis, Schwäche im Massenkampf, zunehmende politische Marginalisierung) ohne Zweifel in der Position bestätigt, dass es zum Dialog keine Alternative gibt, so wie ich und andere es stets vertreten haben. Unter diesen Umständen haben die Differenzen nicht nur die Analysen vergangener Geschehnisse beeinflusst, sondern auch die Debatte über das, was wir in der Zukunft tun sollten.

Die scheinbar vorherrschende Analyse in der abertzalen Linken war, dass der Staat alle Verhandlungsoptionen verschlossen und eine »Kriegsstrategie« begonnen habe, weshalb keine Bedingungen für einen Szenariowechsel gegeben seien. Wurde ein neuer langer Konfrontationszyklus begonnen?
Sagen wir, dass die »offizielle« Analyse davon ausging, dass es nach dem Ende des Verhandlungsprozesses zu einem neuen »langen Konfrontationszyklus« auf politisch-militärischer Ebene kommen würde, der den Staat an den Verhandlungstisch zurückbringen und ihn im Gegenzug für ein Ende des bewaffneten

Kampfes verpflichten würde, einen demokratischen Rahmen für das Baskenland zu respektieren. Für uns war diese Position (die wir als eine Flucht nach vorne und einen politischen Selbstmord definiert haben), weit entfernt von einer realistischen Analyse der Lage, und das sowohl in Bezug auf das Baskenland wie auf die internationale Ebene.

Nur einen Monat nach der Razzia in Segura begann Batasuna damit, an der Basis die Einschätzung der aktuellen Situation zu verbreiten und definierte den Vorschlag für einen demokratischen Rahmen als Aufgabe für die Zukunft. Vergleiche zur Alternative KAS[79] der 1970er und der 1990er Jahre wurden angestellt und von einer Formel gesprochen, »die eine gesamte Generation zeichnen muss«. Wurde ausdrücklich auf das verzichtet, was im Verhandlungsprozess erreicht wurde?
In einer gewissen Weise wurde versucht, das Kapitel des Dialogprozesses abzuschließen und eine gewisse Kohärenz für die Strategie zu erreichen, welche die abertzale Linke in diesem Moment noch aufrechterhielt. Ich erlebte diesen Vorgang im Gefängnis und von Beginn an erschien mir, dass dem Vorgehen keine lange Zukunft beschieden sein würde.

Neben diesen Positionen existierten gleichzeitig aber auch andere, die sehr wohl die Bedingungen wahrnahmen, um zu einem neuen politischen und sozialen Zyklus zu kommen. Waren das kompatible Vorstellungen? Sich ergänzende?
Aus unserem Blickwinkel waren diese Vorstellungen weder kompatibel noch sich ergänzend. In dem Dokument, das ich in Martutene ausgearbeitet habe und von dem wir schon gesprochen haben, analysierte ich den vergangenen Verhandlungsprozess, die internationale Situation, die Lage in den am Konflikt beteiligten Staaten und die des Baskenlands. Ich schloss (wir sprechen hier von 2007) mit drei für mich möglichen Szenarien ab: Das erste war, dass die Trägheit dazu führen würde, die Sachen so zu belassen, wie sie waren. Das war für mich eine Option, die mit Sicherheit den politischen und strategischen Selbstmord der abertzalen Linken bedeutet hätte.

---

79 KAS: Koordinadora Abertzale Sozialista. Die »Sozialistische Patriotische Koordination« für die Unabhängigkeit entsteht 1976 kurz nach dem Tod von Franco. KAS wird am 30.8.1976 offiziell in Iruñea (Pamplona) vorgestellt. Die Koordination stimmt ein Minimalprogramm zwischen den linken Organisationen der baskischen Unabhängigkeitsbewegung ab. Obwohl KAS schon 1994 aufgelöst wurde, wird sie 1998 von Baltasar Garzón vorläufig verboten.

Das zweite Szenario war, weiter eine politisch-militärische Strategie zu verfechten, die den Staat an den Verhandlungstisch bringt. Im Tausch für die Aufgabe des bewaffneten Kampfes würde er dabei einen demokratischen Rahmen im Baskenland zulassen. Aus meiner Sicht war das eine falsche und verfehlte Option.

Und das dritte Szenario war, eine Strategie zu entwerfen, um über die Zusammenballung der Kräfte, den Massenkampf, zivilen Ungehorsam u. ä. die Kräfteverhältnisse in Bezug auf die am Konflikt beteiligten Staaten zu verändern, um nach und nach alle unsere Ziele zu erreichen. Die Voraussetzung für dieses Szenario war das endgültige Ende des bewaffneten Kampfes von Seiten der ETA. Das war das Szenario, das wir verteidigt haben. Zudem haben wir verfochten, dass dieser Wechsel des Zyklus und der Strategie einseitig angegangen werden müsse, ohne auf die Erfüllung von Vorbedingungen der Regierungen oder von sonst wem zu warten.

Gingen die Differenzen bis zu dem Punkt, dass von einer Krise oder einem Bruch gesprochen werden kann?

Da es zwei konträre Sichtweisen gab, ist es offensichtlich, dass es eine Krise in der abertzalen Linken gab. Einen möglichen Bruch innerhalb der Linken haben wir schlicht nicht in Betracht gezogen, denn wir waren davon überzeugt, dass es keine andere mögliche politische Strategie gab als die, die wir verteidigten. Aber ich kann Ihnen bestätigen, dass der Tod von Inaxio Uria[80], die Bombe in der Universität des Opus Dei[81] oder zuvor der Tod von Isaías Carrasco[82] für große Spannungen in unseren Reihen sorgten.

Im Sommer 2008 erhielt [der Koordinator der Internationalen Kontaktgruppe] Brian Currin in seiner Wohnung in Pretoria angeblich einen Brief der ETA, wonach er seine Vermittlung im baskischen Konflikt abbrechen solle. Im Laufe der Zeit wurde festgestellt, dass nicht die ETA

---

80   Uria war mit seinen Brüdern Besitzer der Baufirma »Altuna y Uría«. Er wurde von der ETA am 3. Dezember 2008 in Azpeitia erschossen. Seine Baufirma war am Bau der Hochgeschwindigkeitszugstrecke beteiligt, gegen welche sich die abertzale Linke wendet. Die ETA hatte mehrfach Anschläge auf Baufirmen verübt.

81   Anschlag der ETA auf die Universität von Navarra in Iruña (Pamplona) am 30. Dezember 2008. Die private Universität päpstlichen Rechts wurde vom Gründer der Vatikansekte Opus Dei, Escrivá de Balaguer, gegründet.

82   Am 7. März 2008, zwei Tage vor den spanischen Parlamentswahlen, erschoss die ETA in Arrasate (Mondragón) den ehemaligen sozialistischen Stadtrat Isaías Carrasco. Der Anschlag sorgte für eine hohe Wahlbeteiligung und die PSOE gewann sie erneut.

diesen Brief geschickt hatte. Vielmehr wies alles auf spanische Geheimdienste hin. Versuchte die Regierung, Überlegungen der abertzalen Linken zu beeinflussen oder zu sabotieren?

Zu diesem Zeitpunkt hatte die Regierung schon monatelang Geheimdienstoperationen in Gang gesetzt, um unsere strategischen Überlegungen zu sabotieren. Auf der einen Seite sowie auf internationaler Ebene (der von Ihnen erwähnte Brief ist ein guter Beweis dafür), wurde die Ansicht verbreitet, dass alle unsere Statements unbeachtet bleiben sollten, weil die ETA niemals eine Entwicklung der abertzalen Linken im Sinn der Positionen erlauben würde, die wir verteidigten.

Diese Operation wurde zeitgleich auch mit den politischen Akteuren im Baskenland (mit der PNV, Aralar[83] u. a.) durchgeführt, um auch ihnen zu erklären, dass alles von uns nur heiße Luft und Teil eines Betrugs sei. Zudem hatte man zu diesem Zeitpunkt schon beschlossen, uns zu verhaften, um uns damit aus dem Verkehr zu ziehen. Ich kann noch anfügen, dass wenigstens zwei Operationen in Gang gesetzt wurden, um uns zu verhaften. Das Ziel wurde in beiden Fällen nicht erreicht, weil wir die notwendigen Maßnahmen ergriffen hatten, um das zu verhindern. Aber wir waren uns bewusst darüber, dass unsere Verhaftung nur eine Frage der Zeit sein würde.

Mit den Verhaftungen wurde ein doppeltes Ziel verfolgt: Auf der einen Seite glaubte man im Staatsapparat, dass die Entscheidung einiger Gefangener, sich vom Gefangenenkollektiv zu entfernen, einen Dominoeffekt in den Knästen haben könnte, der die gesamte abertzale Linke aufbrechen würde. Als wir damit begannen, unsere Positionen für die Notwendigkeit eines Strategiewechsels darzulegen, konnte Spanien aber feststellen, dass die Möglichkeiten zu einem massiven Bruch im Kollektiv sich sehr schnell verringerten. Wir haben ihrer Strategie den Weg versperrt.

Auf der anderen Seite konnte festgestellt werden, dass unsere Glaubwürdigkeit in der internationalen Gemeinschaft erneut Früchte trug (etwa bei Besuchen, Treffen und Verpflichtungen). Und die hätten sie zudem neutralisieren müssen, um ihr großes Ziel zu erreichen: zu verhindern, dass die abertzale Linke ihre Strategie ändert.

---

83 Aralar ist eigentlich ein Berg in Gipuzkoa, bezeichnet aber eine Strömung innerhalb von Herri Batasuna. Als sich Anfang des Jahrtausends die verschiedenen Organisationen in allen baskischen Provinzen zu nationalen Organisationen zusammenschlossen, ging Batasuna daraus statt gestärkt sogar geschwächt hervor. Aralar stieg aus und gründete im spanischen Teil des Baskenlands eine eigene Partei – im Gegensatz zu Abertzalen Batasuna (AB) im französischen Teil des Baskenlandes.

Nachdem Sie das Gefängnis im August 2008 verlassen hatten, gingen sie zunächst sehr diskret vor. Welchen Aufgaben widmeten Sie sich in dieser Zeit?

Ich nutzte diese drei Monate dafür, um mich mit dutzenden Aktivisten im Baskenland auszutauschen. Ich musste wissen, ob meine Sorgen, Eindrücke und Alternativen von denen getragen wurden oder nicht, die ich in der abertzalen Linken für bedeutsam hielt. Diese Monate haben mir definitiv bestätigt, dass unsere Vorschläge von der übergroßen Masse unserer Basis und unserer Wähler geteilt wurden.

Im November traten Sie wieder über ein Interview in der Tageszeitung GARA öffentlich in Erscheinung. Damit wurde erstmals ein Diskurs geführt, der einen Strategiewechsel andeutete. War es eine Überlegung, die von anderen geteilt wurde? Was war der Ausgangspunkt?

Diese Überlegungen wurden zunächst nur von einer begrenzten Anzahl von Aktivisten geteilt, weshalb ich sie als persönliche Meinungen darlegte. In diesem Augenblick war das nicht die offizielle Linie der abertzalen Linken.

Um den Ausgangspunkt zu bestimmen, sollte man sich meiner Meinung nach eine strategische Frage stellen: Wenn wir seit dem Abkommen von Lizarra behaupten, dass objektive und subjektive Bedingungen für einen politischen Wandel bestehen, er sich aber nicht ereignet, dann haben wir uns entweder geirrt, weil die Bedingungen tatsächlich nicht bestanden, oder wir haben nicht die adäquate Strategie angewandt. Für mich war offensichtlich, dass das Problem eine Frage der Strategie war.

Ihre Botschaft setzte sich zweifellos von der »offiziellen« Position der abertzalen Linken ab: »Es liegt in der Verantwortung der abertzalen Linken, eine effiziente Strategie zu entwickeln, um die aktuelle Situation der Negation und des Zwangs zu überwinden und zu einem demokratischen Szenario zu kommen«. Wie wurde dieser Diskurs in ihren Reihen aufgenommen?

Ich möchte weder eitel und noch weniger pedantisch sein, doch ich bin davon überzeugt, dass meine Äußerungen von unserer Basis, unseren Wählern und von unseren Aktivisten zu sehr großen Teilen als Balsam für ihre Seelen wahrgenommen wurden. Das traue ich mich zu behaupten. Es ist aber auch offensichtlich, dass in jenem Augenblick dieser Diskurs im klaren Gegensatz zur offiziellen Linie der abertzalen Linken stand.

Sie sprachen davon, Wege zu suchen, um aus der Sackgasse zu kommen und die Mauer zu überwinden, an der bisher alle Verhandlungsprozesse zerschellt sind. Was sind die Schlüssel dafür?

Zunächst muss man ehrlich genug sein, um auf persönlicher und kollektiver Ebene eine Selbstkritik des Vorgehens in den vorangegangenen Prozessen zu leisten, ohne auf die einfache, in gewisser Weise infantile Methode zurückzugreifen, die Schuld immer bei den anderen zu suchen.

Und an zweiter Stelle musste verstanden werden, dass es jetzt nur über politische und demokratische Wege möglich ist, die Mehrheiten in der Bevölkerung für unsere Ziele zu gewinnen. Deshalb lieferte die Persistenz des bewaffneten Kampfes dem Staat nicht nur eine perfekte Ausrede, um vom Konflikt abzulenken und ihn ins Schema »Anti-Terror-Kampf« zu stecken, sondern er hätte auch verhindert, dass die dafür notwendigen Kräfte zusammenkommen. Und das wohl Wichtigste war: Wir mussten auf diesem Weg strikt einseitig von uns aus voranschreiten, ohne auf irgendwen zu warten.

Hat sich das Szenario der Konfrontation mit dem Staat verändert?

Nach unserem Vorschlag sollte die Konfrontation auf die Ebene der Politik verschoben werden, auf der er sich nicht wohlfühlt und zudem schwächer ist. Wir müssen uns gleichzeitig aber darüber bewusst sein, dass es keine anderen Garantien zur Erreichung unsere Ziele gibt, als uns zu organisieren und zu kämpfen. Also sprechen wir nicht einfach davon, Mehrheiten bei Wahlen und in den Institutionen zu bekommen (das auch), sondern eine Strategie der massiven politischen Herausforderung (und des Ungehorsams) gegenüber den beiden Staaten zu entwickeln, die am Konflikt beteiligt sind, um sie zu zwingen, das Baskenland als Nation mit dem Recht anzuerkennen, selbst frei und demokratisch über seine Zukunft zu entscheiden.

War die abertzale Linke fähig, eine Bewegung anzuführen, um die Blockadesituation aufzubrechen? Welche Faktoren sprachen dafür?

Ich hatte keine Zweifel, dass die Bedingungen dafür geschaffen waren. Ich möchte Ihnen aber auch deutlich machen, dass meine große Sorge damals eine andere war: ob all die Frustrationen, die sich in der baskischen Bevölkerung in den Jahren der Konfrontation und der gescheiterten Verhandlungen entwickelt haben, wofür auch wir verantwortlich waren, unsere politische Glaubwürdigkeit unumkehrbar beschädigt hat oder nicht. Ich war wie besessen von dem Gedanken, dass wir vielleicht schon zu spät dran waren, obwohl meine Intuition mir das verneinte.

Aber diese Bedenken konnten in jedem Fall nur durch die Einleitung eines einseitigen demokratischen Prozesses beseitigt werden. Glücklicherweise konnten wir bei der Umsetzung unsere Fähigkeit zur Rückgewinnung und Steigerung unserer politischen Glaubwürdigkeit im Baskenland feststellen und darauf können wir stolz sein.

Für wen spielte die Zeit, wenn man die Blockadesituation analysierte?
Ohne jeden Zweifel für den Staat. Das war unsere Meinung, obwohl es Freundinnen und Freunde gab, die anderer Meinung waren. Ich möchte ganz ehrlich sein: Wir sahen sehr klar, dass die abertzale Linke beschleunigt und unerbittlich in Richtung des politischen Abseits und in eine ideologische Krise abdriftete und die Gemeinderatswahlen den Punkt markierten, an dem es kein Zurück mehr geben würde. Wir hatten schon in aller Klarheit festgestellt, dass sich ein großer Teil unserer Basis und Wählerschaft anderen politischen Optionen zuwenden und wir dann nicht mehr die Kapazität haben würden, politische Initiativen zu starten. Das war für einige von uns die reale Situation und diese Analyse – wiederhole ich – wurde von anderen Freundinnen und Freunden nicht geteilt.

Sollte das Projekt exklusiv von der abertzalen Linken angeführt werden oder sollten auch andere Kräfte an diesem neuen Zyklus beteiligt sein?
Wenn wir von einem Projekt sprechen, meinen wir eine Strategie, die es erlaubt, mit Erfolg unseren Prozess zur nationalen und sozialen Befreiung abzuschließen. Unser Projekt ist, einen baskischen Staat aufzubauen, der dem Großteil der Bevölkerung und der Arbeiterschaft im Baskenland dient. Wenn unsere Strategie in diesem Prozess effizient sein soll, dann müssen Allianzen mit allen Sektoren geschmiedet werden, die daran interessiert sind, unsere Ziele vollständig oder auch teilweise zu erreichen. Deshalb muss ein großer historischer Block der Linken für die Souveränität in diesem neuen politischen Zyklus geschaffen werden.

War die Teilnahme der PNV an dieser Strategie, demokratische Mehrheiten zu schaffen, vorgesehen?
Wir haben immer wieder versucht, mit der PNV zusammenzuarbeiten. Das haben wir z. B. in Lizarra-Garazi getan, wir haben Ibarretxe unterstützt, damit er Präsident der baskischen Regierung werden konnte, seinen Plan für ein Referendum oder auch die Versammlung der Gemeindevertreter »Udalbiltza«. Wir

setzen aber darauf, dass sich die PNV nicht nur mit Worten anschließt, sondern sich in der Praxis der Bevölkerungsmehrheit anschließt, die eine baskische Nation und das Selbstbestimmungsrecht fordert und auf die Unabhängigkeit setzt. Auf dieser Ebene müssen Bündnisse geschlossen werden und dafür muss die PNV in aller Klarheit festlegen, ob sie auf eine Allianz mit denen setzt, die für dieses Projekt eintreten oder für ein Bündnis mit der jeweiligen Partei, die gerade in Madrid regiert. Heute, das kann ich Ihnen versichern, setzt sie auf die zweite Variante.

Haben Sie die Möglichkeit in Betracht gezogen, dass man in Madrid an eine Reform des Autonomiestatuts dachte, um eine wirkliche Veränderung des rechtlich-politischen Rahmens zu verhindern?
Wenn es eine intelligente Staatsführung gäbe, die zudem mit Staatsräson handeln würde, hätte diese Möglichkeit existiert.

Welche Risiken lägen in dieser Möglichkeit? Lägen in ihr auch Chancen, um den Weg zum Übergang in einen neuen Zyklus zu erzwingen?
In der Situation, in der sich die abertzale Linke nach dem Scheitern der Verhandlungen befand, habe ich stets befürchtet, dass sich PNV, PSOE, Aralar und EA auf eine Reform der Autonomiestatute in Navarra und der CAV gemäß des Abkommens von Loiola verständigen (nationale Identität, Entscheidungsmechanismus – wie gekünstelt der auch immer aussehen würde –, gemeinsames Gremium CAV-Navarra, Versammlung von Parlamentariern aus Navarra und der CAV, Baskisch als offizielle Sprache auch in ganz Navarra usw.) und diese Reform in beiden Regionen zur Abstimmung stellen würden. Das war für mich tatsächlich ein politischer Alptraum.

Doch die fehlende politische Intelligenz im Zentralstaat und sein fehlender Handlungsspielraum in Bezug auf die Rechte der Nationen im Staat, wirkten sich günstig für uns aus.

Wurde in Ihrer Analyse das definitive Ende der politisch-militärischen Strategie in Betracht gezogen?
Mit absoluter Klarheit und ohne Umschweife. Wo es notwendig war (in immer größeren Zirkeln), haben wir die Ansicht verteidigt, dass das Ende der bewaffneten Gewalt der ETA eine notwendige Bedingung sei, um eine wirklich effiziente Strategie aufzubauen – auch wenn das Ende des bewaffneten Kampfes dafür allein nicht hinreichend sein würde.

Konnte der europäische Kontext in einer gewissen Form zu einer Lösung beitragen?

In meiner ersten Analyse im GARA-Interview im November 2008, wies ich darauf hin, dass der internationale Kontext es uns erlaubte, wenigstens zwei Schlussfolgerungen zu ziehen: Auf sozialer Ebene wiesen die Erfahrungen vor allem in Lateinamerika auf einen Übergang der revolutionären und sozialistischen Organisationen von Modellen des politisch-militärischen Kampfes in Richtung von Modellen, die große Bevölkerungsmehrheiten zu gewinnen in der Lage waren (Venezuela, Bolivien, Uruguay – mit Ausnahme der FARC, doch ich bin mir sicher, dass sie sich ebenfalls auf diesen Weg begeben wird). Auf der Ebene der nationalen Rechte stach hervor, dass es sogar innerhalb Europas möglich war, große demokratische Mehrheiten für den Aufbau von unabhängigen Staaten zu erhalten (etwa in Flandern, Schottland, Montenegro oder dem Kosovo). Daraus können wir schließen, dass Europa notwendigerweise den Rahmen bildet, in dem wir Basken unseren Konflikt lösen müssen.

Abb. 4: Demonstration gegen das Verbot der baskischen Jugendorganisation Segi (Weitermachen) am 10. Februar 2007 in Donostia. Das Bild zeigt den ehemaligen Batasuna-Sprecher Joseba Permach, der der baskischen Autonomiepolizei Ertzaintza entgegentritt.

DIE STRATEGIEDEBATTE

Erste Texte, die gemeinsamen Überlegungen Ausdruck verleihen, stammen aus der Zeit des Jahreswechsels 2008/2009. Was anfangs als »persönliche Überlegungen« erscheint, breitet sich wie ein »Ölteppich« innerhalb der baskischen Unabhängigkeitsbewegung aus, wie es Arkaitz Rodriguez, einer der Initiatoren der neuen Debatte, später nennen sollte. Für Miren Zabaleta, die ebenfalls daran beteiligt war, drehte es sich dabei um eine »völlig neue« politische Weichenstellung.

Die Debatte vollzieht sich zunächst in den bekannten Strukturen und ihrem Umfeld, einschließlich einer Anzahl ehemaliger Gefangener und Abgeordneter. Sie wird unter den Bedingungen der Illegalität von Batasuna und ständigem Druck der Gerichte und Staatssicherheitskräfte geführt, die manipulierte Informationen an die Presse weitergeben, um den Prozess zu beeinflussen, ihn zu neutralisieren oder die abertzale Linke zu spalten.

Trotz allem verläuft sie in geordneten Bahnen mit dem notwendigen Austausch von Argumenten zur Bestimmung der zukünftigen politischen Linie. Die Debatte lässt aber alte Differenzen wieder aufleben, weshalb sie an der gesamten Basis geführt wird, um eine Entscheidung nicht dem Vorwurf fehlender Legitimität auszusetzen.

Für die Regierung und die ihr nahestehende Presse zeigt die Debatte die angebliche »Schwäche«[84] der ETA, obwohl diese im Sommer 2009 eine Reihe von Aktionen durchführt, was den amtierenden Innenminister Rubalcaba zu der Aussage veranlasst, dass »das Ende der Bande nicht verhandelt wird.« Seine Drohung wird von der baskischen Linken mit der erneuten Bestätigung beantwortet, »für den Aufbau eines neuen Szenariums« einzutreten.

Zu diesem Zeitpunkt konzentriert sich die Debatte bereits auf das Grundlagenpapier »Klärung der politischen Phase und der Strategie« (kurz »*argitzen*«[85]

---

84 https://empleo.elpais.com/noticia-mercado-trabajo/espana/banda/debilidad/ha/puesto/funcionar/todo/tiene/elpepiesp/20090731elpepinac_7/Tes

85 »Klärung der politischen Phase und der Strategie« (deutsche Übersetzung, http://www.info-baskenland.de/519-0-Abertzale+Linke+Klaerung+der+Strategie+Kapitel+0-2.html)

genannt) und die politische Leitung kündigt für den Herbst ein politisches Angebot an. Die spanische Regierung verkündet derweil, Batasuna werde auch dann
nicht legalisiert, wenn sie die ETA öffentlich verurteile. Rubalcaba versucht die
übrigen Parteien davon zu überzeugen, dass die ETA hinter diesem Strategie-
wandel steht. Er will unabgesprochene Erklärungen hinsichtlich der allgemein
erwarteten Neuorientierung verhindern.

Am 13. Oktober 2009 wird das Analysenpapier vom Büro der linken baskischen Gewerkschaft LAB in Donostia an die lokalen Gruppierungen der abertzalen Linken verschickt. Ziel ist, die Diskussion auf die gesamte Basis auszuweiten,
was vermutlich der Auslöser für unmittelbar darauf folgende schwerwiegende
Ereignisse war.

**In welchem Moment hielt die abertzale Linke eine Debatte über eine
strategische Neuausrichtung für notwendig? Mit welchem Ziel wird die
Debatte angegangen?**

Im Dezember 2008 (drei Monate nachdem ich aus dem Gefängnis gekommen war) war ein entsprechendes Klima für die Notwendigkeit dieser Debatte geschaffen, ohne dass wir uns über die Intensität und Tragweite einig
waren. Wir haben dann noch einige Monate gebraucht, um zu dem Schluss zu
kommen, dass sie eine strategische Reichweite haben müsse, ohne Tabus und
ohne Grenzen in Bezug auf ihren Inhalt. Offiziell wurde über diese Debatte
(womit die ersten Schritte der neuen Strategie gegangen wurden) auf einer
Pressekonferenz im März 2009 berichtet.

**Hat die abertzale Linke in ihrer Gesamtheit sie als notwendig erachtet?
Was waren die Ausgangspositionen der Debatte?**

Es war eher so, dass es keine Opposition gegen den Vorschlag gab, sie in
Gang zu setzen. Es gab logischerweise auch Spannungen in Bezug auf die Inhalte und die Agenda. Während wir die Notwendigkeit einer Debatte ohne
Einschränkungen verteidigten (auch in Bezug auf den bewaffneten Kampf),
waren andere der Meinung, das sei kein Thema für uns, denn darüber könne
allein die ETA entscheiden. Wir gingen im Gegensatz dazu davon aus, dass
wir in einer strategischen Debatte unsere eigene Position in Bezug auf eine
politisch-militärische Strategie bestimmen sollten, auch wenn es offensichtlich war, dass Entscheidungen in Bezug auf den bewaffneten Kampf natürlich nur von der Organisation getroffen werden können, die diesen Kampf
führt.

Wurde die Debatte in konkreten Strukturen oder Bereichen der abertzalen Linken geführt?

In Bezug auf uns oder was als »aufgelöste« Batasuna definiert werden kann (die wir als Organisation nie erneut aufbauen mussten, weil sie trotz der Repression nie aufgehört hatte, auf beiden Seiten der Pyrenäen oder auf internationaler Ebene zu arbeiten), wurde die Debatte auf nationaler Ebene im gesamten Baskenland geführt. In der ersten Phase nahmen etwa jeweils 150 Aktivisten in jeder der sieben baskischen Provinzen teil.

Zudem wurden entsprechende Mittel bereitgestellt, um die Debatte zu kontrastieren und Beiträge von etwa 100 ehemaligen Gefangenen und etwa 150 früheren Amtsträgern oder herausragenden Aktivisten zu ermöglichen. Wir können also sagen, dass eine Menge Leute an ihr beteiligt waren, anders als das in anderen Organisationen der Fall ist.

Die Überlegungen werden unter Bedingungen der Illegalität und eines polizeilichen, juristischen und medialen Drucks angestellt. In welcher Form beeinflussten diese Umstände die Debatte?

Es war so wichtig, was auf dem Spiel stand, dass diese Faktoren uns (die wir später verhaftet wurden) nicht übermäßig beeinträchtigten. Wir wurden zwar täglich beschattet, das war sehr offensichtlich. Da wir uns aber sehr bewusst darüber waren, nur über eine sehr begrenzte Zeit zu verfügen (denn es war offensichtlich, dass wir verhaftet werden würden), haben wir uns weder versteckt noch unsere Arbeit unterbrochen.

Gab es von der Staatsseite Versuche, in die Diskussion einzugreifen oder sie mit Blick auf eine Blockierung oder eine Spaltung umzulenken?

Der Staat hoffte auf eine Spaltung und war überzeugt, dass es dazu kommen würde. Er wusste nämlich (aus erster Hand über Informationen, die er aus Operationen gegen die ETA erhielt), dass sich unsere Position und die der ETA in Bezug auf die politische Strategie antagonistisch entgegenstanden.

Trotz allem verfügten wir über die nötige Intelligenz und Geduld, um immer größere Teile von der Notwendigkeit eines Strategiewechsels zu überzeugen, der standhaft, klar und mit Bestimmtheit (in Bezug auf friedliche Wege), aber geordnet umgesetzt werden musste.

Als man in Madrid bemerkte, dass wir ausreichend viele in der abertzalen Linken von der Notwendigkeit des Strategiewechsels überzeugt hatten und damit eine mögliche interne Spaltung ausgeschlossen und ein geordnetes Vorgehen absehbar war, ließen sie uns verhaften.

Hatten die Äußerungen von Innenminister Rubalcaba »Wählerstimmen oder Bomben« und »Bruch mit der ETA oder sie zur Aufgabe zu bringen«, irgendeinen Einfluss auf die Debatte?

Ich habe mich dazu öffentlich erklärt und gesagt, dass die abertzale Linke bei der Wahl zwischen Stimmen oder Bomben die Stimmen wählen würde. Und die Geschichte hat gezeigt, dass wir fähig waren, die ETA davon zu überzeugen, den bewaffneten Kampf endgültig für beendet zu erklären. Rubalcaba wollte, dass weder das eine noch das andere geschieht, weshalb er uns verhaften und einbuchten ließ.

In extremen Verbotssituationen polizeilicher und juristischer Verfolgung, des Leidens... kann wirklich von politischen und sozialen Voraussetzungen für einen Richtungswechsel gesprochen werden? Worauf basierten Ihre Einschätzungen?

Das Problem der extremen Bedingungen, die die abertzale Linke aushalten musste (Verbot, Verhaftungen usw.), ging unserer Einschätzung nach in zwei Richtungen: Auf der einen Seite hinderte es uns daran, der politische Antrieb des Befreiungsprozesses zu sein. Das zweite Problem – noch gravierender – war, dass diese Situation bei den Urhebern dieser Methoden (PSOE/PP oder PNV) keine Verschleißerscheinungen mehr zeitigte. Deshalb war unsere Einschätzung sehr klar: Es war notwendig, die politischen und sozialen Bedingungen zu schaffen, damit diese extremen Maßnahmen nicht aufrechterhalten werden können oder wenigstens dafür zu sorgen, dass die Betreiber oder Unterstützer dieser Politik dafür einen hohen politischen Preis bezahlen müssen. Die sozialen und politischen Bedingungen waren für uns seit dem Abkommen von Lizarra-Garazi gegeben, denn sie waren und sind strukturell (heutzutage durch die Systemkrise im spanischen Staat u. a., sogar noch zugespitzt): Das Modell der territorialen Aufteilung war erschöpft. Es existiert eine Mehrheit dafür, dass die Rechte als Nation anerkannt werden und man selbst frei und demokratisch über die Zukunft entscheiden kann.

Das zentrale Vorgehen der spanischen Regierung bestand in diesem Augenblick darin, die »Gewalt zu delegitimieren« und die ETA polizeilich einzukreisen. Gab es hinter dieser Fassade noch andere Ziele?

Das Ziel des Staats war, die Entwicklung in eine Richtung zu verhindern, die für Unabhängigkeitsbestrebungen günstiger ist. Das war immer das Ziel und ist es heute noch. Es ist das Ziel aller staatlichen Strategien. Mit einem solchen Diskurs wird versucht, von den Wurzeln des Konflikts abzulenken und ihn in das Schema des »Terrorismus« zu pressen. Darin fühlen sie sich wohl, weil so die Ursachen verwässert und verdeckt bleiben.

Nach den Wahlen im März 2009 in der CAV, bei denen die abertzale Linke verboten und damit ein Teil der Wählerschaft ausgeschlossen war, wird eine mögliche Reform des Autonomiestatuts geparkt, weil die PSE – mit Unterstützung der PP – der PNV erstmals die Regierungsmacht abnimmt. Zuvor kam es zu einem ähnlichen Bündnis in Navarra. Haben die Vorkommnisse Ihre Analyse bestätigt oder verändert?
Wir wurden in unserer Analyse umfänglich bestätigt: Unsere Unterstützung bei den Wahlen ging weiter zurück, da nur noch etwa 100.000 Wähler unsere selbst gedruckten Wahlscheine benutzten, die als ungültig gewertet wurden, während die Unterstützung für Aralar wuchs (sie waren mit vier statt mit einem Abgeordneten in Gasteiz vertreten). Die spanisch-nationalistischen Parteien gründeten auf Basis dieser Ausnahmesituation eine entsprechende politisch-ideologische Regierung. Ihr einziges Ziel war, die Errungenschaften aus dem Abkommen von Lizarra-Garazi (nationales und territoriales Bewusstsein, Erkenntnis, dass der Autonomierahmen erschöpft ist...) größtmöglichst zu schwächen. Dieser Zustand (der gleichzeitig das Fehlen einer strategischen Perspektive innerhalb einer Autonomie verdeutlichte) konnte nur unter einer Bedingung aufrechterhalten werden: dass die ETA am bewaffneten Kampf festhält. Ohne ihn würde diese Schein-Realität wie ein Kartenhaus in sich zusammenfallen, wie es dann ja tatsächlich auch geschehen ist.

In Ihrer Analyse versicherten Sie, dass die Instrumente und Strategien des Staats in den letzten Jahrzehnten verschlissen worden waren, wodurch die notwendigen politischen und sozialen Bedingungen für den politischen Wandel geschaffen wurden. Neue Rahmenbedingungen für das Baskenland konnten aber trotzdem nicht erreicht werden. Welche Mauern konnten nicht überwunden werden?
Die Mauer aus Negierung, Repression und Konfrontation, welche die beiden am Konflikt beteiligten Staaten gegen das Baskenland und seine Bevölkerung errichtet haben, besteht weiter. Wir sind uns aber sehr bewusst, dass sie weiter existieren wird, und zwar unabhängig von Strategiewechseln, die wir vorschlagen. Das sage ich, weil es Akteure gibt (wie z. B. Iñigo Urkullu), die sogar erklärt haben, die ETA verhindere, dass die Basken frei über ihre Zukunft bestimmen könnten. Deshalb sollten wir offen und ehrlich sein: Die Unterdrückung gegenüber dem Baskenland hat einen strukturellen Charakter und hängt nicht von der Strategie

ab, die wir Basken dagegen ergreifen. Die neue Strategie lässt die Mauer nicht verschwinden, sondern versucht, sie über andere Wege niederzureißen.

War die Verantwortung für die Eröffnung eines demokratischen Prozesses einseitig oder trugen auch andere politische Kräfte dazu bei?
Wir haben die Zusammenarbeit mit anderen politischen und sozialen Kräften sowie mit Gewerkschaften gesucht. Sie hatten damals ernsthafte Zweifel an der Konsistenz und Ehrlichkeit unserer Vorschläge in dem Sinn, dass ihre Beteiligung an dem Projekt unvermeidlich mit dem Ende der bewaffneten Aktionen der ETA verbunden war. Wir hatten verstanden, dass es an uns lag, zu beweisen, dass dieser Weg nicht umkehrbar war.

Warum diese Einseitigkeit und wie weit könnte sie reichen?
Die Einseitigkeit ist ein entscheidender Faktor in unserer strategischen Neuausrichtung. Die Notwendigkeit, strukturelle Veränderungen einseitig anzugehen, rührte aus verschiedenen Gründen: Der wichtigste im Hintergrund war, dass einige von uns zu dem Schluss gekommen waren, dass der Staat mehr Vorteile aus der Konfrontation und der Blockade zog, in der wir gefangen waren. Und es war eine richtige Einschätzung und die Schlussfolgerung klar: Wenn wir die Einleitung eines demokratischen Prozesses von einer Vorvereinbarung mit der Regierung abhängig machen, die aber keinerlei Interesse daran hat, würden wir ihr genau damit die Macht geben, einen solchen Prozess zu stoppen.

Mit unserer Entscheidung für einen einseitigen Prozess haben wir die Entwicklung in die eigenen Hände genommen. Die Einseitigkeit kann so weit gehen, wie wir wollen. Oder andersherum gesagt, soweit, wie wir davon ausgehen, dass unsere Positionen gestärkt und die der am Konflikt beteiligten Staaten geschwächt werden. Das ist der Schlüssel zur Analyse jeder einzelnen einseitigen Initiative: Wen stärkt sie, wen schwächt sie?

Es ist natürlich auch klar, dass der Prozess in bestimmten technisch-politischen Bereichen (Gefangene, Entwaffnung, Entmilitarisierung, etc.) nur in einem bilateralen Prozess vorankommen kann. Gegenüber einem Staat und einer PP, die eine Nicht-Lösung zu ihrer Lösung definiert haben, kommen wir nur zu einem bilateralen Szenario, wenn wir fähig sind, zwei Voraussetzungen zu schaffen: einseitige Initiativen unsererseits und die Schwächung der staatlichen Positionen, damit der politische Preis für sie höher wird als die Vorteile, die sie aus dem Konflikt zieht.

Was die Entwicklung eines eigenständigen demokratischen Prozesses angeht, setzen wir weiter auf ein taktisches Abkommen über einen demokratischen Rahmen für das Baskenland, aber mit einem Unterschied: Je stärker man sich weigert, darüber zu verhandeln, umso stärker werden die Unabhängigkeitsbestrebungen.

Ich möchte ein praktisches Beispiel geben: Stellen wird uns vor, die Konsequenzen des Konflikts wären gelöst, aber es gäbe kein ausreichendes Abkommen über einen Rahmen mit demokratischen Grundbedingungen – sagen wir mal in vier, sechs oder acht Jahren – würden die Unabhängigkeitsbestrebungen im Baskenland inklusive Navarra mit einem klaren Unabhängigkeitsprojekt im Programm die Mehrheit erringen. In dem Fall wären Minimalvorschläge vielleicht unzureichend.

Auch wenn Herr Mayor Oreja [PP, Innenminister 1996–2001] etwas anderes meint, unser Einsatz zielt nicht auf das Modell Kosovo ab, sondern auf Irland. Wenn aber Irland abgelehnt wird, liegt Schottland für uns viel näher als der Kosovo.

Stärken oder schwächen Faktoren wie der Generalstreik im Mai dieses Jahres, mehr als 100.000 Stimmen für die verbotene Partei der abertzalen Linken bei den Wahlen in der CAV oder der starke Rückhalt für die Internationale Initiative[86] bei den Europaparlamentswahlen (140.000 Stimmen in der CAV und Navarra) ... ihre Positionen in der Debatte?
Uns stärkte die Gewissheit, dass es im Baskenland eine ausreichende kritische Masse gab, um zu einer neuen Strategie zu kommen. Wahr ist aber auch, dass die, die unsere Position nicht geteilt haben, darauf verwiesen, dass sich diese Initiativen entwickelt haben, obwohl es keine ETA-Waffenruhe gab. Für sie zeigte das, dass der bewaffnete Kampf kein Hindernis sei, um die Kräfte zu bündeln. Das war natürlich nicht unsere Einschätzung.

Wurde die Initiative zu den Europaparlamentswahlen oder die Annäherung an EA, die noch nicht zu einem Wahlbündnis in der CAV führte, von der Gesamtheit der Aktivisten unterstützt?

---

86   Die »Iniciativa Internacionalista - La Solidaridad entre los pueblos« (II-SP) wurde von spanischen Intellektuellen 2009 mit dem Ziel gegründet, sich im Europaparlament für eine friedliche Lösung des Konflikts einzusetzen. Auch für sie wurde von der Regierung ein Verbot beantragt, weil es eine Fortführung des Umfelds von »ETA – Batasuna« sei. (http://www.heise.de/tp/blogs/8/137991) Das Verbot wurde vom Verfassungsgericht aufgehoben. »Indizien … können fundamentale Rechte zur politischen Teilnahme nicht aushebeln«, meinten die Verfassungsrichter und hoben erstmals ein Verbotsurteil der Sonderkammer auf, die am Obersten Gerichtshof für Parteiverbote geschaffen worden war.

Der Einsatz für die Internationale Initiative und die Ergebnisse bescheinigten zwei Sachen: Eine Erleichterung in unserer Basis und die Freude, wieder legal eine Wahloption zu haben. Dazu kam der Nachweis, dass die neuen Varianten, die Einzug in unseren Diskurs und in die praktische Politik der abertzalen Linken gefunden hatten (und schon klar in Richtung einer neuen Strategie wiesen), einen starken Rückhalt hatten. Das hat uns viel Vertrauen gegeben und bei mir den grundlegenden Zweifel beseitigt, wir könnten zu spät kommen, weil »der Reis schon zerkocht ist«.

Am Ende des Sommers 2009 wurde entschieden, die Debatte in der Gesamtheit der abertzalen Linken zu führen.
Für uns war immer klar, dass es letztlich unsere Basis sein würde, die unsere Widersprüche auflöst und eine kollektive Entscheidung trifft. Im Sommer 2009 haben wir entschieden, die Debatte zu öffnen und wir nutzten die Gelegenheit, um den Vorschlag »Argitzen« abzuschließen.

Über diesen Vorgang möchte ich Ihnen etwas mitteilen, was für uns ein sehr bedeutsames Detail ist: Die Polizei beschleunigt die Verhaftungs-Operation (im Auftrag von Rubalcaba, wobei auch Richter Garzón belogen wurde, der sich zunächst geweigert hatte, die Haftbefehle zu unterschreiben und das erst später tat, wie im Prozess klar wurde). Grund dafür war, dass wir begonnen hatten, den Vorschlag »Argitzen« an der Basis in den Dörfern und Stadtteilen zu verteilen. Im Verfahren war es kurios, wie Staatsanwalt und Polizei versuchten, dies voneinander zu trennen. Für uns war es von grundlegender Bedeutung, dass die Basis (und nicht Parteistrukturen) die Meinungsverschiedenheit auflöst und entscheidet, welche Vision und welcher politische Einsatz unterstützt wird.

Auf welche Aspekte konzentrierte sich die Kritik gegenüber den Thesen im Vorschlag »Argitzen«? Auf die breite Unterstützung als einzige Garantie, auf die Inexistenz einer Vorvereinbarung mit dem Staat, auf die Einseitigkeit...?
Es wurden große Zweifel an der Wirksamkeit eines einseitigen Vorgehens geäußert. Es wurde eingeschätzt, dass für die Entwicklung eines demokratischen Prozesses der Machtkampf mit dem Staat notwendig sei, damit er, über eine Vorvereinbarung mit der ETA, verpflichtet wird, sich in den Prozess nicht einzumischen und ihn zu garantieren.

Auf der anderen Seite hielten die Kritiker es für unmöglich, dem Staat einen demokratischen Rahmen oder den Respekt vor dem Baskenland abzuringen, ohne dass dafür der bewaffnete Kampf garantiert. Was in Katalonien mit dem neuen Autonomiestatut geschehen war, war für sie ein klares Beispiel dafür, dass es allein mit demokratischen Mitteln nicht möglich sein würde, Fortschritte auf dem Gebiet der Freiheiten und nationalen Rechte zu machen. Deshalb wurde nicht allein auf den politischen Kampf gesetzt, sondern fundamental dem bewaffneten Kampf eine Rolle als »Bürge« zugewiesen. Zudem wurden starke Zweifel darüber laut, ob diejenigen wirklich bereit zu einer Vereinigung der Kräfte wären, die dafür als unerlässliche Bedingung das Ende des bewaffneten Kampfes forderten.

Aus meiner Sicht war es weniger eine Alternative zu unserem Vorschlag, sondern vor allem die Darlegung der Zweifel daran. Unsere Position war im Gegenteil ähnlich zu der, die Brian Currin im Jahr 2008 beschrieben hat: »Ich weiß nicht, ob Sie mit einer demokratischen und friedlichen Strategie Ihre Ziele erreichen werden, aber ich bin mir sicher, dass Sie sie mit der aktuellen Strategie niemals erreichen werden«.

Wurde die Debatte auch in die Gefängnisse getragen? Mit welchen Ergebnissen?
Wir haben immer wieder die Notwendigkeit betont, dass diese Debatte auch in den Knästen geführt wird. Wir haben auf die Notwendigkeit gedrängt, dass das Kollektiv teilnimmt, aber immer die dafür eingerichteten Wege respektiert. Wir haben auf keinen eigenen und alternativen Kanal gesetzt, um die Debatte nicht neben den Strukturen zu führen, die das Kollektiv geschaffen hat. Wir haben einen Brief geschrieben und den Vertretern des Kollektivs unsere Position dargelegt und dafür die üblichen Kommunikationswege benutzt.

Gab es Streit an der Basis während der Debatte? An welchen Punkten herrschte Übereinstimmung, wo Uneinigkeit?
Ich habe die Debatte an der Basis im Gefängnis erlebt und mir ist bekannt, dass sich Streitigkeiten im Bereich der beiden Visionen entwickelten, die es in unseren Reihen gab. Es kam jedenfalls zu einer demokratischen Debatte, die zum Ergebnis hatte, dass unser Vorschlag massiv unterstützt wurde. Es war der Moment, in dem unsere neue Strategie vollständig unumkehrbar wurde.

DIE OKTOBER-RAZZIA

Am späten Nachmittag des 13. Oktober 2009 dringt die spanische Polizei in den Sitz der Gewerkschaft LAB[87] in Donostia ein. Festgenommen werden Arnaldo Otegi, der ebenfalls bekannte Unterhändler Rufi Etxeberria, der Ex-Generalsekretär der LAB Rafa Diez[88] sowie die Aktivisten Arkaitz Rodriguez und Sonia Jacinto. An anderen Orten werden gleichzeitig Txelui Moreno, Miren Zabaleta, Mañel Serra und Amaia Esnal festgenommen.

Die Aktion wurde von dem Ermittlungsrichter Garzón angeordnet, der behauptet, die Verhafteten hätten auf Befehl der ETA an der Reorganisierung von Batasuna gearbeitet. Nach dreitägiger Totalisolation werden Etxeberria, Moreno, Serra und Esnal freigelassen. Die übrigen fünf werden unter Vorwürfen wie »Zugehörigkeit zu einer terroristischen Gruppe« oder »Herbeiführung einer verschleierten Waffenruhe« in Haft genommen. Der »Fall Bateragune«, der seinen Namen von einem angeblich so genannten Politorgan hat, endet im September 2011 mit hohen Haftstrafen. Im Mai 2012 werden die Urteile vom Obersten Gerichtshof auf jeweils 6 Jahre herabgesetzt, doch auch dieser Gerichtshof erklärt, die Verurteilten hätten im Auftrag der ETA gehandelt. Dabei zielten die verbreiteten Analysen ausschließlich auf demokratische und pazifistische Mittel sowie auf das Ende des bewaffneten Kampfes.

Gleichzeitig wird innerhalb der baskischen Linken unter immer größerer Beteiligung die Grundlagendebatte geführt. Durch gezielte Instrumentalisierung der Medien versuchen Regierungskräfte die Ansicht zu verbreiten, dass die ETA in die Debatte von Batasuna eingreifen und das Eintreten für ausschließlich pazifistische Wege nicht zulassen würde. Einige Medien verbreiten sogar, Otegi sei aufgrund von politischen Diskrepanzen isoliert worden. Doch alles läuft in eine gegenteilige Richtung und es kristallisiert sich heraus, was später als Erklärung von Altsasu bekannt werden sollte.

---

87   Die Langile Abertzalen Batzordeak (Kommissionen der Abertzalen ArbeiterInnen) ist die Gewerkschaft der linken Unabhängigkeitsbewegung und wurde 1975 gegründet, sie stellt gut 20% der Betriebsräte.

88   Ehemaliger Generalsekretär der Gewerkschaft LAB. Er hatte den Posten 2008 aufgegeben, die Gewerkschaft wird seither von Ainhoa Etxaide geführt.

Die Verhaftungen stoßen auf eine breite Verurteilung seitens politischer, gewerkschaftlicher und sozialer Gruppierungen im Baskenland, die sie als Operation mit politischer Zielsetzung verstehen, die darauf zielt, eine demokratische und gewaltfreie Verhandlungslösung für den baskischen Konflikt zu sabotieren.

Die Aktion erreicht ihr Ziel nicht. Sie stärkt im Gegenteil die Entscheidungsbereitschaft und Beteiligung innerhalb der Unabhängigkeitsbewegung und weckt das Interesse anderer Kräfte.

Sie wurden am LAB-Gewerkschaftssitz mit anderen festgenommen, weil Sie versucht haben sollen, eine politische Führung der abertzalen Linken wieder aufzubauen. Mit dieser Begründung waren schon zwei Jahre zuvor in Segura die Batasuna-Führungsmitglieder verhaftet worden. Wie lief die Razzia ab?

Ich erinnere mich, dass wir an diesem Tag eine stärkere Polizeipräsenz als üblich rund um den LAB-Sitz festgestellt hatten. Wir sprachen darüber, dass Garzón[89] Bereitschaftsdienst hatte und die Nächte von Montag auf Dienstag immer gerne für seine Operationen nutzte. Für uns war das jetzt aber der Tag, an dem offiziell die Debatte an der Basis gestartet worden war. Wir arbeiteten weiter, bis ein Polizist an der Spitze von dutzenden Maskierten in unseren Raum stürzte und erklärte, Arkaitz, Sonia und ich seien verhaftet.

Die Polizei stürmte den Gewerkschaftssitz gegen 18.30 Uhr, doch sie wurden erst gegen 21 Uhr in Handschellen vor laufenden Fernsehkameras abgeführt, denn zu diesem Zeitpunkt werden die Nachrichten der Sender ausgestrahlt. War das Zufall?

Es gibt bei derlei Operationen keine Zufälle. Auf der einen Seite gehorchte das Vorgehen politisch-persönlichen Gründen des Ermittlungsrichters Garzón, der

---

89 Baltasar Garzón, ehemaliger Ermittlungsrichter am Sondergerichtshof in Madrid. Er bildete die juristische Speerspitze der Verfolgung der abertzalen Linken als die PP 1996 an die Regierung kam. Er macht sich die These der PP-Regierung zu eigen, dass die linke Unabhängigkeitsbewegung von der ETA gesteuert wird: »Heute ist klar, dass die MLNV strategisch in einen politisch-militärischen Zusammenhang integriert sind, der sich aus verschiedenen politischen Strukturen, legal, illegal und bewaffnet zusammensetzt und von einer illegalen Struktur mit dem Namen KAS geführt wird«, schreibt er im Vorwort zu einem Buch 1997. Als Start seines Vorgehens gegen die abertzale Linke ließ er 1998 die baskische Zeitung Egin und das gleichnamige Radio schließen, was der Oberste Gerichtshof fast zehn Jahre später für illegal erklärte.

schon in ernsthaften Schwierigkeiten in Bezug auf seine Zukunft als Richter war (die Verfahren am Obersten Gerichtshof gegen ihn hatten begonnen). Da machte es sich gut, den bösen Otegi und seine Komplizen zu verhaften, um sich selbst zu schützen und die folgende Nachricht an die Öffentlichkeit zu senden: Wie könnt ihr gegen einen Richter vorgehen, der gerade in einer weiteren brillanten Operation diese supergefährlichen unbewaffneten Terroristen verhaften ließ?

Auf der anderen Seite machte die Regierung deutlich, dass sie keine geordnete strategische Neuausrichtung dulden würde.

Rafa Díez befand sich nicht auf der Liste der »zu Verhaftenden«, aber die Polizei nahm auch ihn gefesselt mit. Wie erklären Sie sich das?
Er sollte eigentlich nicht verhaftet werden, es gab keinen Haftbefehl für ihn. Diese umfassende Überwachung, derer sich die Polizei rühmte, hatte zu keiner Anschuldigung gegen ihn geführt und trotzdem sitzt er nun eine Haftstrafe von sechs Jahren und sechs Monaten im Gefängnis Dueso ab. Gibt es irgendwo eine größere Absurdität?

Doch was geschah, war im Prinzip ganz einfach: Sie fanden ihn dort vor (wie Rufi Etxeberria[90]) und man entschied, ihn auch festzunehmen, weil dies ein noch härterer Schlag für uns alle sein sollte, die wir für einen Strategiewechsel eintraten.

Hatten Sie sich vorgestellt, dass es zu einer solchen Razzia kommen würde?
Wir wussten, dass etwas geschehen würde und arbeiteten wie besessen an Vorkehrungen, um zu gewährleisten, dass die Debatte und der Einsatz für eine neue Strategie nicht mehr gestoppt werden könnte, wenn es soweit wäre. In diesem Sinn haben uns die improvisierten Festnahmen von Rafa und Rufi starke Sorgen bereitet, doch es gab noch andere Freunde und Freundinnen, die die angefangene Arbeit fortführten und ihnen möchte ich dafür nun öffentlich danken. Ohne sie wäre all das nicht möglich gewesen.

Nur knapp zwei Monate zuvor hatten Sie im August [2009] für den Herbst ein Angebot angekündigt. Worum handelte es sich?

---

90 Rufi Etxeberria, ehemaliges Mitglied der Batasuna-Führung, wurde schließlich nicht angeklagt, seine Anwesenheit wurde anders als im Fall Díez von Garzón als zufällig bezeichnet.

Es handelte sich um die Pressekonferenz im Rahmen der Erklärung von Altsasu.[91] Diese Erklärung legte, neben dem Interview von Rufi Etxeberria im GARA, definitiv die Fundamente für die strategische Debatte in der abertzalen Linken. Die Vorbereitung dieses Interviews war der Grund, warum Rufi im Gewerkschaftshaus war. Wir wollten genau darüber sprechen.

Innenminister Rubalcaba wies das Angebot in drastischer Form zurück: »Das ist eine Farce, die von der ETA angeführt wird und die Gerichte haben längst bewiesen, dass ETA und Batasuna das Gleiche sind«.[92] Rundete Gárzons Haftbefehl diese naive Vorstellung ab?
Die einzige Farce setzte Rubalcaba in Gang, als er eine falsche Anklage konstruierte, die später von einer Justiz bestätigt wurde, deren Unabhängigkeit von der Organisation für wirtschaftliche Zusammenarbeit und Entwicklung (OECD) weltweit auf Rang 66 zwischen der von Ägypten und dem Iran angesiedelt wird.

Trotz allem haben spanische Medien unter Bezug auf Polizeikreise vor der Pressekonferenz versucht, die Ansicht zu verbreiten, dass die abertzale Linke, von der ETA gebremst, nicht allein auf demokratische Wege für die Durchsetzung ihrer Ziele setzen würde. Warum wurde in diese Richtung gedrängt?
Weil der Boden für die Polizeioperation vorbereitet wurde. Und in Bezug auf, nennen wir sie: Aufstandsbekämpfungsstrategien bewegt sich die Kollaboration bestimmter Medien auf einem hohen Niveau. Sie zeigen mit dem Finger auf einen, Polizei und Justiz verhaften dann und kerkern ein.

Der Sommer war bewegt: verbotene Demonstrationen, Verhaftungen etc. Die ETA schlug hart zu und gab zu verstehen, dass die Repression »fruchtlos« sei. Rubalcaba unterstrich aber, dass »über ihr Ende nicht verhandelt«[93] werde, und drohte mit der polizeilichen Einkreisung und

---

91 Die Erklärung wurde am 14. November 2009 in der baskischen Stadt Altsasu vorgestellt. Die Prinzipien der Gewaltlosigkeit, die der US-Senator George Mitchell zur Lösung des Nordirland-Konflikts aufgestellt hatte, werden anerkannt und die abertzale Linke distanziert sich erstmals öffentlich von der Gewalt. Deutsche Übersetzung: http://www.info-baskenland.de/files/konfliktloesungsinitiative_der_baskischen_abertzalen_linken_nov2009.pdf

92 http://www.noticiasdenavarra.com/opinion/foros/viewtopic.php?f=2&t=46306

93 http://www.elmundo.es/elmundo/2009/08/02/espana/1249198917.html

der politischen Isolierung. Batasuna – sagte nun der Innenminister – würde nicht einmal legalisiert, wenn sie von der ETA das Ende des bewaffneten Kampfes fordere. Was war der Grund für diese Verhaltensänderung?

Seine Rechnungen gingen nicht auf. Rubalcaba konnte sich nicht vorstellen, dass die abertzale Linke ohne interne Spaltung einen Übergang hinbekommen würde von einer Strategie, in der die Gewalt als Folge des Konflikts verstanden wurde, zu einer neuen Linie, die allein auf friedliche und demokratische Mittel setzt. Sein Alptraum war ein geordneter Strategiewechsel ohne interne Brüche.

Die Polizeioperation bricht jedenfalls in die wichtigste Debatte der letzten Zeit ein, die gerade an der Basis begonnen hatte. Konnte sie mit der Razzia unterbunden werden?

Das war unsere größte Sorge in den ersten Tagen und Wochen in Polizeigewahrsam und im Gefängnis. Aber die Demonstration in Donostia, zu der alle baskischen Gewerkschaften aufgerufen hatten, um gegen die Verhaftungen zu protestieren, das Interview von Rufi im GARA oder die Erklärung von Altsasu bestätigten uns, dass die Mechanismen perfekt funktionierten, die von den Männern und Frauen vorangetrieben wurden, die wir damit betraut hatten. Es war eine enorme Befriedigung, festzustellen, dass die Instrumente und Aktivisten, die wir vor der Kontrolle der Polizei abgeschottet hatten, eine perfekte Arbeit leisteten. Wir hatten ihnen dazu alle Daten, Berichte usw. für den Fall zukommen lassen, dass wir verhaftet würden, damit sie die Arbeit fortführen können.

Man warf Ihnen also nun eine politische Initiative vor, um über eine explizite Distanzierung von der Gewalt in die Institutionen zurückkehren zu können. Dabei war es genau das, was die Parteien, die 1988 den Pakt von Ajuria Enea[94] geschlossen hatten, von der abertzalen Linken forderten. Wie lässt sich das verstehen?

Die strategische Neubestimmung sollte um jeden Preis unterbunden werden und damit gleichzeitig ein Wechsel des politischen Szenarios und der Parame-

---

94   Ajuria Enea, der Regierungssitz der Autonomen Baskischen Gemeinschaft (CAV) in Gasteiz (Vitoria). Nach ihm ist der Pakt zur »Befriedung und Normalisierung« benannt. Er wurde 1988 von allen im baskischen Regionalparlament vertretenen Parteien mit Ausnahme von Herri Batasuna unterzeichnet und sah die Isolierung der abertzalen Linken und die Zerschlagung der ETA vor. Verhandlungen mit der ETA sollten nur zum Ziel der Niederlegung der Waffen aufgenommen werden.

ter der Konfrontation. Denn man hatte sich – ich wiederhole mich – bequem im alten Zustand eingerichtet.

Als die Gründe der Verhaftungen öffentlich wurden, bestätigte sich die Analyse: Es ging darum, einen politischen Prozess, der »die Unabhängigkeit eines Teils des Staates oder die Bildung eines Pols für die Souveränität«[95] erreichen wollte, zu unterbinden. Aber Garzón fügte eine Nuance an, um Ihre Inhaftierung zu rechtfertigen: »ohne dabei auf terroristische Gewalt zu verzichten«. Erneut ist »alles ETA«? Warum?

Sowohl der Haftbefehl als auch das Urteil bauen auf Lügen auf, um die Vorgänge juristisch zu bemänteln und eine staatliche Operation zu verhüllen. Sie wurde im Innenministerium geplant, um den Weg der abertzalen Linken zu Positionen abzuschneiden, die demokratisch unangreifbar sind.

Der Grund ist einfach: Wenn wir demokratische Positionen einnehmen ohne den bewaffneten Kampf der ETA, hätte der Staat gravierende Probleme, seine unbewegliche Haltung aufrechtzuerhalten, mit der er den Basken grundlegende demokratische Rechte verweigert. Deshalb wurde versucht, diese erste Phase maximal zu verzögern, um Zeit zu gewinnen. Deshalb musste von einer ETA gesprochen werden, die angeblich im Hintergrund die Vorgänge überwacht, es musste Verhaftungen geben… Dahinter stand der falsche Glauben, damit die Aufmerksamkeit auf die abertzale Linke lenken zu können, doch seit langem schauen das Baskenland und die internationale Gemeinschaft nach Madrid. Denn dort liegt schon lange der Ball, den sie bewegen müssen.

Können diese Polizeioperationen entmutigen, zu Fatalismus führen, weil man es für unmöglich hält, zu einem Wandel zu kommen, mit dem die Konfrontation demokratisch überwunden werden kann?

Diese Vorgänge beinhalten immer Komponenten der psychologischen Kriegsführung (mit der die Zustände erzeugt werden sollen, auf die Sie in der Frage abheben), aber in unserem Fall wurden wir nur in jeder einzelnen unserer Überzeugungen gestärkt. Wenn der Staat »so viel Aufwand« betreibt, um uns aus dem Verkehr zu ziehen, dann war klar, dass ihn unser Einsatz enorm störte und das hat uns nur dazu angespornt, unsere Kräfte zu verdoppeln.

---

95   http://estaticos.elmundo.es/documentos/2010/01/25/auto_bateragune.pdf

Der Aufruf der baskischen Gewerkschaften zur Demonstration gegen die Verhaftungen führte zu einer sehr pluralistischen Menschenflut[96], an der Vertreter verschiedenster politischer Formationen teilnahmen. Es schien, als würde die »effiziente Strategie« schon Gestalt annehmen, wenn auch auf Kosten einiger ihrer Urheber. Wie bewerteten die Verhafteten diese Mobilisierung? Glauben Sie, dass in Madrid die Botschaft ankam?

Für uns war es eine große Befriedigung im Knast, zu sehen, welche Antwort unsere Inhaftierung provozierte. Das war natürlich keine persönliche Zufriedenheit, sondern sie lag auf politischer Ebene. Denn diese massive Demonstration enthielt für uns eine klare Botschaft: Wir stehen zu euch und zum Strategiewechsel, den ihr vorschlagt.

Diente der Protest auch anderen politischen, sozialen und gewerkschaftlichen Kräften zur Bildung des Bewusstseins, dass es die abertzale Linke ernst meinte?

Ich glaube, es war wie ein Weckruf für viele, die aus einer gewissen Lethargie und Frustration geholt wurden, als sie auf der einen Seite feststellten, wie weit der Staat zu gehen bereit war, auf der anderen Seite aber sahen, dass unser Einsatz nicht nur solide und ehrlich war, sondern sogar Zehntausende forderten, diesen Weg weiter zu gehen. Mir ist auch bekannt, dass man in Madrid an diesem Tag feststellte, dass die Gespräche mit politischen Vertretern, Medien oder mit Vertretern der internationalen Gemeinschaft ein Reinfall waren. Man hatte damit versucht, sie davon zu überzeugen, dass unser Einsatz nicht ehrlich sei.

Sofort nach den Verhaftungen wurde »Argitzen« im Internet[97] veröffentlicht und von mehr als 200.000 Menschen heruntergeladen. War das Vorgehen von Rubalcaba und Garzón sogar Ansporn für eine aktivere Teilnahme an der Debatte? Wurde der Prozess sogar beschleunigt?

Die Internet-Veröffentlichung unseres Beitrags war ein erfolgreicher Schachzug gegen die politisch-polizeilichen Strategen, die mit unserer Verhaftung die Debatte über das Dokument »Argitzen« abwürgen wollten. Sie konnten sie aber nicht unterbinden, sondern beschleunigten, intensivierten und bewarben sie sogar noch.

---

96   Über 50.000 Menschen beteiligten sich an der Protest-Demonstration in Donostia.

97   Deutsche Übersetzung: http://www.info-baskenland.de/519-0-Abertzale+Linke+Klaerung+der+Strategie+Kapitel+0-2.html

Abb. 5: Am 13. Oktober 2009 stürmten Polizisten der spanischen Guardia Civil das Gewerkschaftshaus der LAB in Donostia und verhaften Arnaldo Otegi, Rafa Díez, Sonia Jacinto, Arkaitz Rodríguez und Miren Zabaleta. Wenige Tage später folgen mehr etwa 50.000 Menschen in Donostia dem gemeinschaftlichen Aufruf der baskischen Gewerkschaften und protestieren gegen die politisch motivierten Verhaftungen unter der Losung »Freiheit – alle Rechte für alle«.

»Wenn man ein lohnenswertes Ziel hat und auch die erwarteten Ergebnisse sich lohnen, dann lohnt es sich auch, Risiken einzugehen«[98], haben Sie gegenüber dem Ermittlungsrichter Baltasar Garzón erklärt. Angesichts hoher Kosten auf persönlicher und politischer Ebene und einer weiteren Inhaftierung, glauben Sie im Rückblick auf diese drei Jahre, dass sich der Einsatz gelohnt hat?

Ich habe schon verschiedentlich erklärt, dass ich mein Leben mit Verpflichtungen verbunden sehe, auch wenn sich daraus harte Konsequenzen ergeben können. Als wir die Verpflichtung auf uns nahmen, mit dem Überseedampfer abertzale Linke einen Kurswechsel einzuleiten, blieb diesem meiner Meinung nach nur noch eine kurze Strecke, bevor er an der Küste zerschellt wäre. Heute ist die Unabhängigkeitsbewegung dagegen in der Lage, um die Hegemonie im Land zu streiten. Deshalb sind wir sehr zufrieden und sehr stolz auf unsere Arbeit; sich gegenüber dem Baskenland, seinen Arbeitern, Frauen und Männern zu verpflichten und das mit den besten Mitgliedern der abertzalen Linken zu tun, lohnt sich immer.

Die zwei Monate vor den Verhaftungen hat Rubalcaba Kontakte mit den baskischen Parteien unterhalten, um sich einer Unterstützung für seine Strategie zu versichern. Trotz allem haben die Razzien seine Pläne komplett durcheinandergewürfelt und einen gegenteiligen Effekt provoziert. Worin schlug das Kalkül der Regierung fehl?

In die Gespräche wurde auch die internationale Gemeinschaft einbezogen und auch ihnen wurde versucht zu vermitteln, dass ich über besondere Fähigkeiten als »Schlangenbeschwörer« verfügen soll, aber nur heiße Luft zu bieten hätte. Die ETA werde niemals eine Entwicklung der abertzalen Linken in diese Richtung erlauben und ich sei nur die angenehme Stimme der ETA, um sie zu betrügen… Sie haben einen großen Rechenfehler gemacht: Unser persönliches und politisches Ansehen stand deutlich über ihrem und das galt (ganz besonders) für die internationale Gemeinschaft.

Ihre Inhaftierung provozierte sogar, dass der ehemalige PNV-Präsident Xabier Arzalluz anerkennende Worte für Sie fand. »Arnaldo und die übrigen Verhafteten sind gute Patrioten, die Respekt verdienen«[99], sagte er.

---

98   http://gara.naiz.info/paperezkoa/20091021/162515/es/Los-encarcelados-refrendan-apuesta-atacada-Madrid

99   http://gara.naiz.info/paperezkoa/20091028/163720/es/Arnaldo-demas-detenidos-son-buenos-patriotas-dignos-respeto

Das ist ein guter Nachweis für das in der vorherigen Antwort von mir Angesprochene. Wir haben diese Worte von Xabier mit großem Dank angenommen, den wir trotz aller politischen Differenzen als Patriot und Freund respektieren. Ähnliches hatte er auch schon gesagt, als Txomin[100] starb oder staatliche Todesschwadronen »Argala« ermordeten. Das zeigt, trotz der Differenzen und der Zusammenstöße, dass einige in der PNV oder in anderen Parteien ein allgemeines Empfinden aufnehmen, das im Baskenland sehr verbreitet ist: Man kann mit der abertzalen Linken einverstanden sein oder nicht, man kann sogar vollständig konträre Ansichten zu ihr haben, aber man kann nicht die Aufrichtigkeit und Hingabe ihrer Aktivisten anzweifeln, die auf Respekt stoßen.

Aber der ehemalige PNV-Chef fügte zur Polizeioperation noch an: »Solche Vorkommnisse gibt es nicht, um gegen den Terrorismus zu kämpfen, sondern sie geschehen, um im Baskischen Parlament eine Mehrheit zu verhindern, die Themen wie die Selbstbestimmung voranbringt«.[101] Teilen Sie diese Meinung?
Obwohl Xabier sich auf das Baskische Parlament bezieht, teile ich mit ihm die Meinung (ausgeweitet auf das gesamte Baskenland). Für mich ist offensichtlich, dass alle Strategien des Staats und der jeweiligen Regierung zum Ziel haben, das Recht auf Ausübung des Selbstbestimmungsrechts der baskischen Bevölkerung zu vereiteln, obwohl sie überzeugt davon sind, dass es schlussendlich viel früher dazu kommen wird, als sie es sich wünschen und viel später, als wir uns wünschen.

Knapp einen Monat nach Ihrer Verhaftung haben Sie sich aus dem Gefängnis Estremera über einen gemeinsamen Zeitungsartikel zu Wort gemeldet: »Neue Phase, neue Strategien, neue Instrumente und die gleichen Ziele«[102] wird erklärt. Sie vertreten darin eine Strategie, die allein auf die breite Unterstützung und politische Mehrheiten setzt, um einseitig einen demokratischen Prozess mit taktischen, strategischen und auch

---

100 Txomin Iturbe Abasolo war Führungsmitglied der ETA. Mehrfach hatten Todesschwadrone versucht, ihn im französischen Baskenland zu entführen und zu ermorden. Frankreich deportierte ihn zunächst nach Gabun und danach wurde er nach Algerien gebracht, wo er mit der spanischen Regierung verhandeln sollte. Dazu kam es nicht, weil er am 1. März 1987 bei einem Autounfall ums Leben kam. Er hatte aber zuvor die Kontakte zur Regierung bestätigt, die Madrid stets dementiert hatte.

101 http://www.elmundo.es/elmundo/2009/10/28/paisvasco/1256697442.html

102 http://haciaeuskalherrialibre.wordpress.com/2009/11/09/carta-de-otegi-y-compas/

institutionellen Abkommen einzuleiten. **»Ohne Tabus und ohne Komplexe«. Welche Tabus und welche Komplexe begannen aufzubrechen?**
Mit diesem Brief befreiten wir uns vom Knebel, den uns der Staat mit der Inhaftierung in einem kritischen Moment für das Baskenland und die abertzale Linke verpassen wollte. Wir haben uns mit seiner Veröffentlichung dazu entschieden, nicht nur die Strategiedebatte in der abertzalen Linken zu verteidigen (die mit unserer Verhaftung abgebrochen werden sollte), sondern zudem mit aller Deutlichkeit klargestellt, welche Position wir darin einnehmen. Und so haben wir in diesem Brief mit einem Tabu gebrochen, das bis zu diesem Augenblick bestand: Als wir das Wort »ausschließlich« im Absatz verwendeten, aus dem Sie zitieren, lehnten wir definitiv die bewaffnete Gewalt als Instrument in einer neuen Strategie ab. So haben es alle Akteure, Rubalcaba inbegriffen, interpretiert, der nur wenige Tage brauchte, um uns auseinanderlegen und auf verschiedene Knäste zerstreuen zu lassen: mich nach Navalcarnero (Madrid), Arkaitz nach Castellón und Miren nach Valladolid, in Estremera blieben nur Sonia und Rafa.

Zurück im Gefängnis: Vermuteten Sie Ende 2009, dass der eingeschlagene Weg so lang werden würde? Erinnern Sie sich an Gewissheiten und Unsicherheiten, die sich damals abzeichneten?
In der Politik ist es sehr relativ, ob ein Weg lang oder kurz ist. Ich z. B. ging damals davon aus, dass wir noch eine lange Zeit benötigen würden (acht Jahre…), um der PNV die Vorherrschaft in der Autonomen Baskischen Gemeinschaft oder der UPN in der Foralgemeinschaft Navarra streitig zu machen. Doch das ist in einem kurzen Zeitraum schon längst Realität geworden. Im Gegensatz dazu ging ich davon aus, dass sich die technisch-politischen Probleme (zumindest mit einer PSOE-Regierung) einfacher in einem Szenario lösen ließen, in dem die ETA das definitive Ende des bewaffneten Kampfes verkündet. Deshalb betone ich immer, dass der Prozess nicht als linearer Vorgang gesehen werden darf. Wir werden um ihn mit Fort- und Rückschritten kämpfen müssen und das fordert von uns, unsere Pläne jeweils flexibel und klug der Realität anzupassen.

Was die Gewissheiten angeht, kann ich Ihnen sagen, dass eine Gewissheit fundamental war: nämlich dass die von uns angestrebte Strategie am Ende siegreich sein würde, und dass es keine Alternative dazu gab. Meine größte Ungewissheit war, ob wir rechtzeitig dran waren, um Vertrauen und Glaubwürdigkeit in der baskischen Bevölkerung zurückgewinnen zu können. Dazu kam, um abzuschließen, eine strukturelle Gewissheit: Der Strategiewechsel würde nicht ohne Organisierung und Kampf die starre Position des Staats in Bezug auf eine demokratische Lösung des Konflikts verändern.

VON ALTSASU ZUR ERKLÄRUNG »ZUTIK EUSKAL HERRIA«

Am 14. November 2009, treten über 100 Aktivisten der baskischen Linken unterschiedlichster Herkunft, Alters und Arbeitsfelder im Kulturhaus von Altsasu vor die Presse, um feierlich die »Absichten und Prinzipien« vorzustellen, mit dem vordringlichsten Ziel der »Überwindung der bewaffneten Konfrontation«.

Es handle sich um »einen ersten Schritt« in Richtung eines »demokratischen Prozesses«, der zu einem Wechsel des Zyklus führen soll, in dem ausschließlich auf demokratische und pazifistische Mittel gesetzt wird.

Die Basis führt unter ungewöhnlich großer Beteiligung die Diskussion um die neue Strategie fort. Am 17. Januar 2010 veröffentlicht die ETA ein Kommuniqué und erklärt, dass sie sich der Entscheidung der abertzalen Linken anschließt. »Wir können nicht weiter auf unseren Feind starren, sondern müssen die Initiative ergreifen und handeln.«

Im März wird Otegi vor der Audiencia Nacional erneut ein Prozess wegen »Verherrlichung des Terrorismus« und »unerlaubter Versammlung« gemacht, da er 2005 an einem Mahnakt für den Gefangenen José Mari Sagardui alias »Gatza«, teilgenommen hatte, der damals 25 Jahre in Haft saß. Otegi nutzt die Gelegenheit, um für den demokratischen Prozess zu werben. Das Gericht musste zugeben, nicht genau zu wissen, was Otegi auf dieser Versammlung gesagt hat, da es über keine verlässliche Übersetzung der auf Baskisch gehaltenen Rede verfügte. Trotzdem wurde er zu zwei Jahren Haft und sechs Jahren Aberkennung der bürgerlichen Ehrenrechte, sprich Nicht-Wählbarkeit, verurteilt.

Im Februar beendet Batasuna die historische Debatte, an der mehr als 7.000 Personen teilgenommen haben. Nie zuvor hatte die abertzale Linke einen derart breiten und tiefgehenden Diskussionsprozess über die politische Strategie vollzogen. Die Abschlussresolution erhält den Namen »Zutik Euskal Herria«[103]

---

103 Zutik Euskal Herria (»Steh auf, Baskenland«). Das Strategiepapier setzt einen Endpunkt unter die Selbstkritik und erläutert die neue Strategie. Angestrebt wird ein Prozess »in der völligen Abwesenheit von Gewalt und ohne äußeren Einfluss«. Deutsche Übersetzung: http://www.info-baskenland.de/files/stehauf_baskenland.pdf

und setzt sich für den Gebrauch von »ausschließlich politischen und demokratischen Mitteln« ein, um zu einem demokratischen Rahmen zu gelangen, in dem
alle politischen Projekte – einschließlich des eines unabhängigen Baskenlands
– umsetzbar sind und sich unter gleichen Bedingungen und allein abhängig vom
Willen der Bevölkerung entfalten können.

Die neue Strategie setzt auf den Zusammenschluss verschiedener Kräfte
und auf eine Konfrontation, die ausschließlich auf politischem Terrain ausge-
tragen wird. Eine legale politische Formation soll die institutionellen und Ver-
handlungsaktivitäten entwickeln, um zu einer politischen Verhandlungslösung
zu gelangen.

Für Otegi endet das Jahr mit einem neuen Prozess. Dieses Mal muss er
sich wegen »Verherrlichung des Terrorismus« gemeinsam mit seinen Genossen
Joseba Permach und Joseba Alvarez vor Gericht verantworten. 2004 hatten
sie öffentlich im Radsportstadion Anoeta einen Friedensvorschlag präsentiert,
der letztendlich zum Verhandlungsprozess 2005–2007 führte. Alle drei werden
freigesprochen.

**Nur etwa einen Monat nach der Razzia am LAB-Sitz kommt es in Altsa-
su**[104] **zu einem bisher nie dagewesenen Auftritt der abertzalen Linken:
Mehr als Hundert Aktivistinnen und Aktivisten verschiedenster Alters-
gruppen und Sektoren erklären die Priorität, »den bewaffneten Konflikt zu überwinden«**[105] **und einen demokratischen Prozess einzuleiten.
War das eine Art, um die Debatte gegen Einmischung äußerer Kräfte
abzusichern oder war der Rubikon da schon überschritten?**
Dieser öffentliche Auftritt war für das Wochenende nach unserer Verhaftung
geplant. Die Razzia fand an dem Tag statt, an dem wir den Beitrag »Argitzen«
zur Diskussion in die Dörfer und Stadtteile schickten und kurz bevor es zu der
breit getragenen Pressekonferenz kam, auf der erstmals mit aller Klarheit in
der Öffentlichkeit erklärt wird, dass die abertzale Linke eine Strategiedebatte

---

104 Weder Ort noch Zeitpunkt waren zufällig. Genau fünf Jahre zuvor hatte Batasuna am
     14.11.2004 im Radsportstadion von Donostia den Friedensplan »Orain herria – orain
     bakea« (Jetzt das Land – jetzt der Frieden) vorgestellt, der zu den Verhandlungen
     2006/2007 mit der sozialistischen spanischen Regierung führte. Altsasu wurde als
     Kleinstadt in Navarra gewählt, weil hier am 27.04.1978 der Vorgänger Herri Batasuna
     gegründet worden war und deutlich gemacht wurde und wird, dass Navarra ein zent-
     raler Teil des Baskenlands ist.

105 http://gara.naiz.info/paperezkoa/20111024/298997/es/La-izquierda-abertzale-
     vuelve-Altsasu-para-saludar-fruto-dos-anos

eingeleitet hat, um einen Zyklus im Befreiungsprozess abzuschließen und einen strategisch neuen zu beginnen. Nach der Polizeioperation bekam die Erklärung in diesem Kontext ein neues Ziel. Dem Staat wurde gleichzeitig übermittelt, dass er sein Ziel, die Debatte abzuwürgen, nicht erreicht hatte und auch nicht erreichen würde.

Erstmals erklärte die abertzale Linke kollektiv, »bedingungslos« auf »ausschließlich friedliche und politische Mittel«[106] zu setzen. War das definitiv der Ausgangspunkt für die neue Strategie?
Dieses »ausschließlich« hatten wir – die fünf Verhafteten – als Konzept erstmals in einem Brief verwendet, den wir aus dem Gefängnis Estremera [Madrid] abgeschickt hatten. Ohne Zweifel bestätigte die Erklärung von Altsasu, dass innerhalb von Batasuna der Beschluss gefasst war, ausschließlich auf friedliche und demokratische Mittel zu setzen, es fehlte lediglich die Bestätigung oder die Ablehnung der Basis im Anschluss an den Diskussionsprozess.

Die Erklärung nahm die wesentlichen Elemente Ihrer Debatte des Vorjahres auf. Wie haben Sie das im Gefängnis erlebt?
Wir haben das mit größter Zufriedenheit und vielen Emotionen erlebt. Das Foto und diese Erklärung (die wir geschrieben zurückgelassen hatten) bestätigten uns, dass der Strategiewechsel irreversibel war. Es war wirklich Seelenbalsam festzustellen, dass alle Versuche gescheitert waren, die abertzale Linke von dem neuen Weg abzubringen, den wir ausgearbeitet hatten und für den wir inhaftiert worden waren.

Die Erklärung wurde als »erster Schritt für einen demokratischen Prozess«[107] präsentiert. Welche Stationen lagen auf diesem Weg und zu welchem Endpunkt führt er?
Für uns ist der demokratische Prozess schlicht und einfach die große Strategie, die es uns erlaubt, mit Erfolg unseren Prozess zur nationalen und sozialen Befreiung abzuschließen. Das ist unsere strategische Konzeption. Die Etappen (die sich nicht nur auf die Lösung des Konflikts beziehen, sondern alle Aspekte berühren, die mit unserem Befreiungsprozess in Verbindung stehen, wie die

---

106 Erklärung von Altsasu (http://gara.naiz.info/agiriak/20091115_adierazpena_euskaraz.pdf) und deutsche Übersetzung: http://www.info-baskenland.de/files/konfliktloesungsinitiative_der_baskischen_abertzalen_linken_nov2009.pdf

107 http://www.elmundo.es/elmundo/2010/01/25/paisvasco/1264444136.html

Hegemonie, der Aufbau von Mehrheiten und die Schaffung eines alternativen Sozialmodells) werden darüber definiert, was wir als wirkliche Wendepunkte bezeichnen können. Da ist z. B.: Die Beseitigung der Ursachen und Konsequenzen des politischen Konflikts über ein umfassendes nationales und demokratisches Abkommen, das die Umsetzung aller politischen Projekte unter gleichen Bedingungen garantiert und von den Staaten Spanien und Frankreich respektiert wird.

Welche Bedeutung hatte es für die abertzale Linke, die Mitchell-Prinzipien in die Konfliktlösung einzubeziehen? Warum nimmt man für den baskischen Fall als Referenz einen unterschiedlichen wie den irischen?
Die Mitchell-Prinzipien dienten in Irland dazu, endgültig den aufrichtigen Einsatz der Gesamtheit der republikanischen Bewegung für eine gerechte und friedliche Lösung des Konflikts zu bestätigen. Unsere Anerkennung dieser Prinzipien bestätigte die Aufrichtigkeit und Ehrlichkeit gegenüber der internationalen Gemeinschaft.

In der Erklärung wurde ausdrücklich davon gesprochen, dass sich »der demokratische Prozess ohne jede Form von Gewalt, Zwang und Einmischung entfalten muss«. Es war eine klare Botschaft an die Regierung, aber auch an die ETA...
Dieser Schritt führte erstmals dazu, dass die abertzale Linke sich nicht mehr nur an die am Konflikt beteiligten Staaten richtete, sondern auch von der ETA klare und standfeste Verpflichtungen eingefordert wurden.

Auf welche Ebene sollte die Konfrontation mit dem spanischen Staat gehoben werden und wer sollten die Akteure sein?
Auf die einer demokratischen Konfrontation, weil das für den Staat besonders unbequem ist. Denn er verfügt über keine politischen Argumente, um sich demokratisch den Forderungen der Mehrheit der baskischen Bevölkerung zu verweigern. Die Protagonisten dieser Konfrontation sind die baskische Bevölkerungsmehrheit und die Staaten Spanien und Frankreich.

Damit dieses Szenario möglich wird, hat die abertzale Linke erreicht und garantiert, dass die ETA ihre bewaffnete Gewalt aus der baskischen Politik entfernt. Nun sind es die beiden Konfliktstaaten, die auf den Einsatz von Gewalt und ihre Einmischung nicht verzichten wollen, um politische Ziele zu erreichen oder Vorgänge zu beeinflussen. Und vergessen wir nicht: Wir können diese unbewegliche Position nur über die Bündelung der Kräfte, die Organisierung und den Kampf verändern, wenn sie auf Regierungsseite für hohe politische Kosten sorgt und somit keine Gewinne zeitigt. Das ist der Schlüssel, um Fortschritte in einem demokratischen Prozess zu machen.

Am 17. Januar 2010 veröffentlicht die ETA ein Kommuniqué und verkündet: »Die abertzale Linke hat sich erklärt und die ETA schließt sich ihrer Entscheidung an.«[108] Bedeutete das die definitive Unterstützung der ETA für die strategische Neubestimmung der abertzalen Linken?
Mehr als nur eine Unterstützung bedeutete das, dass die ETA das Mandat angenommen hat, das ihr von unserer Basis und unseren Aktivisten übermittelt wurde. Dieses Verhalten der ETA (sich den Entscheidungen der abertzalen Linken unterzuordnen) war sehr verantwortlich und wir sollten das sehr positiv bewerten.

Die ETA erklärte: »Der demokratische Prozess ist nicht die beste Option, sondern die einzige«. Man kann das lauter, aber nicht klarer sagen. Was hatte sich geändert? Welchen Weg schlug die ETA in diesem Moment ein?
Es hat sich etwas Grundlegendes geändert: Zu Beginn der Debatte, als einige wichtige Aktivisten der abertzalen Linken mit absoluter Deutlichkeit von der Notwendigkeit sprachen, dass die ETA den bewaffneten Kampf beenden müsse, um den Befreiungskampf in eine neue Phase eintreten zu lassen, konnte man denken, dass nur ein sehr kleiner Kern von Aktivisten diese Position trage und sie in keiner Weise von der Mehrheit unserer Wählerschaft, Basis und Aktivisten geteilt würde.

Wir haben deshalb entschieden, dass es nur eine Form gibt, um zu überprüfen, ob unsere Position von der Basis geteilt wird oder nicht: die Debatte in aller Breite zu führen und die letztendliche Entscheidung in die Hände der Basis zu legen. Die Debatte hat in aller Klarheit gezeigt, dass unsere Position von einer überwältigenden Mehrheit unserer Basis getragen wurde. In dieser Situation war sich die ETA ihrer historischen Verantwortlichkeit bewusst und hat dementsprechend mit großer revolutionärer Tugend gehandelt.

Die interne Debatte ging an der Basis trotz Repression mit ungewöhnlicher Stärke weiter. Welche Zutaten machten die Debatte zu einer der lebhaftesten und partizipatorischsten in der Geschichte der abertzalen Linken?

---

108   http://gara.naiz.info/paperezkoa/20100117/177657/es/ETA-hace-suyos-planteamientos-expresados-izquierda-abertzale

Dass es »die Debatte« war, eine Debatte ohne Einschränkungen oder Tabus – das hat ohne Zweifel dazu beigetragen, dass tausende Aktivisten und Sympathisanten wieder an unseren Versammlungen teilnahmen. Unsere Basis war sich sehr bewusst, dass die zukünftige Strategie der abertzalen Linken in ihren Händen lag und sie übernahm die Verantwortung mit einer großen politischen Reife.

Diente die Debatte noch zu etwas mehr, als die neue Strategie zu bestimmen? Handelte es sich um eine Katharsis der abertzalen Linken? War es ein Meilenstein?

Mit ihr wurde ideologische Klarheit geschaffen und historisch verantwortlich gehandelt. Die abertzale Linke kann darauf sehr stolz sein, dies unter extremen Voraussetzungen (Illegalität, polizeilicher Druck usw.) geleistet zu haben und dabei mit viel Verantwortlichkeit und politischer Intelligenz die Widersprüche ausgeräumt zu haben, in die wir verwickelt waren. Das zu schaffen und das Ziel des Staates zu überwinden, der eine Spaltung provozieren wollte, macht mich stolz. Genauso wie die Tatsache, dass wir zu einer geordneten Entwicklung gekommen sind, die heute die Unabhängigkeitsbewegung in die Lage versetzt, um die politische Vorherrschaft im Baskenland zu streiten. Und ich sage es ehrlich, das geht mir ans Herz. Wenn wir das geschafft haben, dann ist für die baskische Linke alles möglich.

War diese Debatte in diesem Jahr einer der bedeutendsten selbstkritischen Prozesse, den die abertzale Linke geleistet hat?

Die Selbstkritik war notwendig, um glaubwürdig und ehrlich gegenüber uns selbst zu sein und deshalb ging der Prozess in die Tiefe. Einige Freunde und Freundinnen meinten bei Besuchen im Gefängnis, dass er vielleicht zu tief ging. Ich habe immer geantwortet, dass er noch weitergehender sein müsste und wir niemals vergessen dürften, dass ein guter Teil der Zivilgesellschaft uns wieder unterstützte, weil in aller Klarheit wahrgenommen wurde, dass diese Selbstkritik tief, ehrlich und von strategischem Charakter ist. Meiner Meinung nach hat diese Art der Selbstkritik in der baskischen Bevölkerung dazu geführt, dass wir schnell unsere Glaubwürdigkeit zurückgewonnen haben.

Am 27. Januar 2010 werden Sie erneut wegen angeblicher »Terrorismusverherrlichung« vor Gericht gestellt, weil Sie 2005 eine Rede im Rahmen einer Solidaritätsveranstaltung für den politischen Gefangenen

José Mari Sagardui alias »Gatza«[109] gehalten haben. In Ihrer Ansprache nahmen Sie auch Bezug auf den demokratischen Prozess und die Erklärung von Altsasu. Dabei bedauerten Sie, dass es die abertzale Linke noch nicht geschafft habe, den Inhalt der spanischen Bevölkerung zu vermitteln. In welchem Sinne? Warum?

Ich wollte ausdrücken, dass wir vielleicht noch nicht in der spanischen Öffentlichkeit klar gemacht hatten, worum es uns geht, unsere Empfindungen, unseren Einsatz für eine demokratische Lösung, von der wir letztlich alle profitieren würden. Dies war angesichts der anhaltenden bewaffneten Gewalt praktisch unmöglich. Denn sie erlaubte es dem Staat, die öffentliche Meinung gegenüber unseren Positionen und Überlegungen zu narkotisieren. Man muss sich heute nur einmal an der Rand der mediatischen Abgründe begeben, um die Ausmaße der Vergiftung und der Manipulation in Bezug auf die abertzale Linke oder die baskische Frage zu erkennen (leider war das nicht nur auf die Massenmedien beschränkt). Deshalb ist das eine sehr schwierige Aufgabe, aber auch eine besonders notwendige.

Glauben Sie im Rückblick nach zwei Jahren, dass das nun erreicht wurde?

Nein, ich glaube, wir haben dabei noch einen langen Weg vor uns. Trotz allem erstaunen mich Kommentare, die ich in Madrid von Gefängnisbeamten, Nationalpolizisten, ja sogar von Beamten der Guardia Civil[110] zu hören bekomme, wenn ich vom Knast zur Audiencia Nacional und von dort zurückgebracht werde. Selbst in diesen Kreisen wird mit einer gewissen Natürlichkeit darüber gesprochen, dass wir einen eigenen Staat bekommen werden. Und wenn es das ist, was die Mehrheit will, man es wohl hinnehmen müsse. Aus diesen Gesprä-

---

109 Der ETA-Gefangene aus Zornotza war damals 25 Jahre inhaftiert und damit der Gefangene, der die längste Zeit einsaß, meist in Isolation. Zu diesem Zeitpunkt war er im andalusischen Jaen in Haft, mehr als 800 Kilometer entfernt vom Baskenland. Nach 31 Jahren als Gefangener wurde er 2011 entlassen.

110 Die Zivilgarden sind eine Art Militärpolizei. Ihre Bildung geht auf ein königliches Dekret von 1844 zurück und unterstand dem Kriegsministerium. Die Elitetruppe wurde von Francisco Javier Girón Ezpeleta gegründet und auf ihn geht die Kasernierung zurück, in denen bis heute die Familien der Guardia Civil leben. Während des Bürgerkriegs nach dem Putsch 1936 sorgte sie für die »innere Ordnung« und war der besondere Ausdruck franquistischer Repression. Seit 1941 wird sie von Offizieren des Heeres geführt. Unter der PSOE wurde sie ab 1982 weiter militarisiert und verstößt nach Angaben von Verfassungsrechtlern gegen die Verfassung, weil sie gleichzeitig Polizei- und Militäraufgaben wahrnimmt. Sie wird jährlich in den Berichten von Menschenrechtsorganisationen wegen Folter und Misshandlungen angeklagt.

chen habe ich viele interessante Informationen erhalten. Natürlich gab es bisweilen auch ein sehr feindliches Auftreten – allerdings minoritär – von Seiten einiger Zivilgarden nach den guten Wahlergebnissen von Bildu. Auch das lässt interessante Rückschlüsse zu.

In der Verhandlung kam es zu einem Moment großer Spannung, als die Vorsitzende Richterin Sie fragte, ob sie bereit sind, die ETA zu verurteilen und Sie nicht geantwortet haben. Warum schwiegen Sie?
Ich war sogar kurz davor, zu antworten… aber sicher hätte meine Antwort dem Gericht nicht gefallen und es wäre Teilen der abertzalen Linken zu gewagt vorgekommen. Deshalb folgte ich den Ratschlägen eines französischen Abbé aus dem Mittelalter, der eine erstaunliche (und köstliche) Arbeit über »die Kunst zu schweigen« geschrieben hat, und zog es vor zu schweigen.

Einer der Gründe, warum sie angeklagt wurden, war ausgerechnet, dass Sie »Gatza« mit Mandela verglichen haben. In welchem Sinne sehen Sie eine Verbindung? Warum wirkt ein solcher Vergleich in einigen Bereichen der spanischen Gesellschaft so skandalös und warum springt die Justiz darauf an?
Der Vergleich drängte sich auf, denn »Gatza« hatte schon 25 Jahre im Knast gesessen. Einige im spanischen *Establishment* beunruhigen derlei Vergleiche sehr. Vermutlich weil sie glauben, dass sich die linke Unabhängigkeitsbewegung durchsetzen wird, wir ein unabhängiges und sozialistisches Baskenland bekommen und dann vielleicht frühere »Terroristen« wie in Südafrika die Regierung der Zukunft stellen. Das muss der Grund sein.

Nur etwa zwei Wochen nach diesem Verfahren gaben die Versammlungen von Batasuna das Debattenergebnis bekannt. »Zutik Euskal Herria« wurde angenommen. Was bedeutet das?
»Zutik Euskal Herria« ist eine politische Garantie, die die abertzale Linke bedingungslos der baskischen Bevölkerung gibt, damit nun endgültig und unumkehrbar ein neuer Weg gegangen wird und der Prozess der nationalen und sozialen Befreiung in eine neue Phase tritt. Oder, wie Pepe Mujica [José Mujica, genannt »El Pepe«, Präsident von Uruguay] sagen würde, es ist der theoretische Stab, um den herum der Bienenstock von denen aufgebaut und konstituiert werden muss, die das Ziel eines unabhängigen und wirklich sozialistischen Baskenlands erreichen wollen.

Welche neuen Elemente bietet die Resolution im Hinblick auf die Konfrontation mit den am Konflikt beteiligten Staaten?

Zunächst wird der ausschließlich demokratische Charakter dieser neuen Phase des sozialen und nationalen Befreiungsprozesses geklärt. Damit wird die vorherige politisch-militärische Phase abgeschlossen. Prämisse ist, dass das Verschwinden des bewaffneten Kampfes der ETA eine notwendige Bedingung ist, um zu einer effektiven Strategie zu kommen, wenngleich das allein nicht ausreicht, um unsere politischen Ziele zu erreichen.

Es ist außerdem notwendig, im Land einen hegemonialen Block zu schaffen und zu aktivieren, der über den ideologischen, den institutionellen sowie den Massenkampf und gleichzeitig aber auch über den zivilen Ungehorsam die Konfliktstaaten herausfordert, um ihre starre Haltung aufzubrechen. Schließlich sollen sie dazu gebracht werden, unsere kollektiven sozialen und nationalen Rechte zu akzeptieren und zu respektieren.

Wie lässt sich diese Resolution mit der historischen Entwicklung der baskischen Linken in Einklang bringen? Bedeutete das, auf eine politische Strömung zu verzichten, die über Jahrzehnte die abertzale Linke gebildet hatte? Wandel, Entwicklung...?

Es ist ein Strategiewechsel, der ohne politischen oder ideologischen Verzicht versucht, den Prozess der nationalen und sozialen Befreiung auf eine höhere Ebene, in seine entscheidende Phase zu heben.

»Zutik Euskal Herria« sieht verschiedene Stationen und verschiedene Kampfinstrumente vor. Welche?

Der demokratische Prozess ist der große Rahmen, in dem sich die Bevölkerung im Baskenland organisiert, in dem sie debattiert, kämpft und entscheidet. In ihm können auch die politischen und sozialen Akteure einen politischen Dialog aufnehmen, um zu Abkommen über die Gegenwart und die Zukunft des Landes zu kommen. Der demokratische Prozess erlaubt auch denen, die wir an ein unabhängiges Baskenland glauben, eine vollständige soziale und nationale Befreiung umzusetzen.

Der demokratische Prozess ist der Raum, in dem alle einzelnen Kämpfe stattfinden, die wir im Rahmen der Verteidigung unserer nationalen und sozialen Rechte führen (gegen die Repression, der gewerkschaftliche, feministische und ökologische Kampf sowie der Kampf für unsere nationale Souveränität, für die baskische Sprache u. a.).

Die Art des Kampfes (ideologisch, in den Massen und Institutionen); er ist das Terrain, auf dem sich die demokratische Konfrontation mit den Staaten materialisiert.

Auf diesem Terrain möchte ich auf die für mich dringende strategische Notwendigkeit hinweisen, ein neues Kampfinstrument einzubeziehen, das ich schon zuvor angesprochen hatte: den passiven und aktiven zivilen Ungehorsam. Wir müssen auch eine Organisation von Freiwilligen aufbauen, mit der Frauen und Männer friedlich und ungehorsam die Konfrontation auf höhere Stufen heben und die die aktive Teilnahme der kämpferischen Teile der Zivilgesellschaft erlaubt. Es müssen Kampagnen gestartet werden, an denen sich breite Sektoren der Gesellschaft beteiligen können, wie Boykotte von Produkten... Erst wenn wir über dieses Instrument verfügen, wird unsere Strategie viel effizienter sein, um für die Freiheit der Gefangenen, für unsere sozialen und nationalen Rechte und gegen das neoliberale Modell zu kämpfen, das uns aufgezwungen werden soll. Dann ist der Zeitpunkt erreicht, an dem wir in der Lage sind, die große politische Konfrontation mit den Staaten zu suchen, mit denen wir im Konflikt stehen.

Müssen oder können der demokratische Prozess und der nationale Aufbau gleichzeitig geschehen?

Der nationale Aufbau, gewerkschaftliche Kämpfe, die Organisation der Bevölkerung, die Herausforderungen bei Wahlen, friedliche Besetzungen, ziviler Ungehorsam, Hungerstreiks, Steuerstreiks etc. gehören zu einer Strategie, die sich unserer Meinung nach nur im Rahmen eines demokratischen Prozesses entwickeln können. Er ist zudem ein Instrument für die politische Normalisierung und den Frieden, und um die Macht in die Hände der baskischen Bevölkerung zu legen, damit sie selbst über ihre Zukunft entscheiden und mit dem Aufbau beginnen kann. Der demokratische Prozess ist auch der allgemeine adäquate Rahmen für eine Strategie zur nationalen Befreiung, der ihm strategische Bedeutung verleiht. Für uns als Linke, die wir für die Unabhängigkeit eintreten, ist es das Szenario für die große Strategie.

Was verstehen Sie unter dem nationalen Aufbau?

Für mich bedeutet der nationale Aufbau – strategisch gedacht – eine Vielzahl von Initiativen (kulturell, institutionell, ökonomisch), die das Ziel verfolgen, das Baskenland als nationales Subjekt in seiner Gesamtheit zu konsolidieren, zu stärken, zu potenzieren, zu strukturieren und sichtbar zu machen. Gegen den Versuch Spaniens und Frankreichs, uns das Rückgrat zu brechen, hat der nationale und soziale Aufbau zum Ziel, ihn als Protagonist im nationalen und

sozialen Befreiungsprozess zu strukturieren und zu verdichten (wie Mario Zubiaga[111] sagen würde).

**Welchen Raum nimmt der soziale Wandel in dieser Strategie ein? Ist
eine soziale Veränderung ohne eine politische Veränderung möglich?**
Die abertzale Linke, die sich historisch für die Unabhängigkeit eingesetzt hat,
setzt sich besonders für die Interessen der breiten Bevölkerungsmehrheit, der
Arbeiterschaft ... im Baskenland ein und deshalb ist es klar, dass die Richtung des Unabhängigkeitsprozesses mit einer sozialen Befreiung verbunden
ist. Ziel ist, ein alternatives Sozialmodell aufzubauen. Heute müssen wir klar
machen, dass wir uns in einer zivilisatorischen Krise befinden, in der die
Wirtschaftskrise (die eine Kapitalakkumulationskrise ist), mit einer Umwelt-
krise (Klimawandel, Nahrungsmittelmangel usw.), einer Energiekrise (ausge-
schöpfte Ressourcen wie im Ölsektor) und einer wachsenden existenziellen
Krise zusammenfällt. Es ist unser Planet und der Mensch selbst, die auf dem
Spiel stehen. Auf diese Herausforderung muss die Linke antworten. Meiner
Meinung nach hat die abertzale Linke die Chance, mittels einer partizipativen und demokratischen Teilhabe damit zu beginnen, eine Alternative zu
schaffen, die sich auf der Höhe der Herausforderung befindet, mit der wir
konfrontiert sind.
Wir müssen alles überdenken und auf theoretischer Ebene den sozialen Horizont aufzubauen, den wir erreichen wollen: die baskische Utopie. Ausgehend
davon müssen wir die notwendigen Alternativen entwickeln, umsetzbar und
angepasst an die Kräfteverhältnisse, um einen radikaldemokratischen Wandel
zu sichern, der die baskische Wirtschaft in den Dienst der Bevölkerung und
ihrer Bedürfnisse zu stellt.

**Bildet »Zutik Euskal Herria« einen Wendepunkt in der Geschichte der
abertzalen Linken?**
Mit dem nachweislichen Abschluss eines Zyklus beginnt ein neuer.

---

111 Professor der baskischen Universität (UPV). Er wurde mit anderen Mitgliedern der
Stiftung Joxemi Zumalabe im Rahmen des Massenprozesses 18/98 angeklagt. Die Stiftung sollte wie zahlreiche andere Organisationen zu einem »inneren politischen System der ETA« gehören und für sie den zivilen Ungehorsam organisiert haben. Bei den
neun verhafteten Mitgliedern der Stiftung handelte es sich um ausgewiesene Pazifisten.
Der verhaftete Journalist Sabino Ormazabal, laut Anklage ein angeblicher ETA-Füh-
rer, hatte wenige Tage zuvor die ETA im GARA zur Waffenruhe aufgerufen. Sogar die
Audiencia Nacional sprach die Stiftungsmitglieder frei.

**Der politische Einsatz der abertzalen Linken wurde positiv von den Par-
teien und sozialen Akteuren aufgenommen, mit Ausnahme der PSOE,
die sagte, es »ist wieder das gleiche mit anderen Worten«[112] und das
Thema »interessiert nicht mehr«, und der PP, die einen reinen »Wahl-
kampftrick«[113] sah. Wie analysieren Sie dieses Verhalten im Rückblick,
nachdem mehr als zwei Jahre verstrichen sind?**

Diese Positionen drücken im Wesentlichen zwei Sachen aus: Auf der einen Seite machen sie deutlich, dass unser Strategiewechsel Unbehagen bis Verblüffung
ausgelöst hat. Auf der anderen Seite wird die eindeutige Notwendigkeit deutlich, das Offensichtliche zu negieren (was einige in der PP weiter tun), weil sie
sich bewusst sind, dass ihnen nichts anderes übrigbleibt, als sich in dem Maße
zu bewegen, in dem wir uns bewegen.

Die große Differenz ist, dass wir die Richtung und den Rhythmus unserer
Schritte verändert haben, sie aber versuchen, in ihrer unbeweglichen Haltung
zu verharren. Sie versuchen damit, das eindeutige Fehlen einer politischen Alternative und Agenda für das neue Szenario zu verbergen. Heute müssen sie
kurioserweise versuchen vorzutäuschen, dass sie sich bewegen, obwohl sie das
nicht tun. Ihre Unbeweglichkeit beginnt, ihnen einen politischen Preis abzuverlangen. Wir müssen dranbleiben, denn es wird weder einfach noch bequem
werden, sie von ihrer Position wegzubewegen.

**Etwas Ähnliches war 2004 nach der Vorstellung des Friedensvorschlags
von Anoeta passiert. Woran liegt es, dass die spanische Seite versucht,
automatisch jede Initiative der abertzalen Linken abzuwerten?**

Es ist kein Verhalten, dass nur Spanien an den Tag legt. Zum Beispiel, auch
wenn ich die nötige Distanz wahren will, verhielt sich auch die US-Adminis-
tration so, als die Sowjetunion, mit Gorbatschow an der Spitze, die einseitige
und bilaterale Abrüstung ballistischer Raketen vorschlug. Wenn die UdSSR als
»Feind« und »Alibi« verschwindet, was würde etwa aus der Rüstungsindustrie
oder aus der konservativen Ideologie werden? Ohne »offiziellen« Feind würde
das alles auseinanderfliegen, weshalb eilig nach einem neuen Feind gesucht
wurde: Ohne die UdSSR wurde der Islamismus zur großen Gefahr erklärt. Das
Establishment konnte wieder beruhigt schlafen.

---

112   http://www.noticiasdenavarra.com/2010/02/16/politica/euskadi/pastor-cree-que-el-
documento-es-pura-retorica-y-faltan-las-conclusiones-finales

113   http://gara.naiz.info/paperezkoa/20100217/183381/es/La-resolucion-izquierda-abert-
zale-origina-reacciones-todo-espectro-politico

Hier passiert etwas sehr Ähnliches, auch wenn das nur schwer vergleichbar ist, wie ich wiederhole. Mit der ETA verschwindet der große Feind (der in den letzten Jahrzehnten mit dem Anti-Terror-Kampf eindeutig als Kit für die spanische Einheit diente), aber weil bisher kein Ersatz als gemeinsamer und offizieller Feind gefunden wurde, muss erzählt werden, sie habe sich nicht aufgelöst, stelle eine latente Gefahr dar, sie könnte die Waffen wieder ergreifen... Ohne den baskischen Teufel haben die spanischen Nationalisten kein gemeinsames Projekt für Spanien. Das ist eines ihrer größten Probleme.

Sie wurden 2010 erneut vor die Audiencia Nacional zitiert, diesmal wegen der Anoeta-Versammlung im Jahr 2004, die Batasuna organisiert hatte, um den Friedensplan vorzustellen. In diesem Verfahren versuchte der Gerichtspräsident nicht, politische Aussagen zu provozieren, wie es im vorhergehenden Verfahren Murillo[114] tat, sondern er versuchte, sie zu vermeiden. Was hatte sich geändert?

Um es mit Humor zu sagen, war die wesentliche Veränderung, dass ein anderer der Kammer vorsaß und wir zu diesem Zeitpunkt schon den Staat und die Regierung schwer in die Defensive gedrängt hatten. So wurde zu verhindern versucht, dass wir weiter die Audiencia Nacional dafür nutzen, pädagogisch für unsere Politik zu werben.

In diesem Verfahren sprachen Sie von einer spanischen »tauben Wand«. Glauben Sie, dass man die Stimme und die Argumente der baskischen Unabhängigkeitsbewegung nicht hören will? Warum?

Nach dem definitiven Ende des bewaffneten Kampfes, den die ETA verkündet hatte, verfügten sie vor allem nicht mehr über den zentralen Mechanismus zur Verzerrung und Manipulation unserer Stimme. Deshalb müssen sie täglich vergeblich die Gegenwart der ETA beschwören. Damit wollen sie unsere Stimme verzerren, die immer klarer vernehmbar ist und auf solide demokratische Argumente zurückgreift, die jedes Mal deutlicher machen, dass die Gegenseite über keine verfügt, mit denen sie unsere zurückweisen könnte.

---

114 Ángela Murillo hatte aus ihrer Befangenheit im Prozess gegen Otegi im Fall »Gatza« keinen Hehl gemacht. Sie unterbrach ihn immer wieder. Als er von seinem Recht, die Aussage zu verweigern, Gebrauch machte, sagte sie: »Ich wusste, dass sie mir nicht antworten würden.« Der Oberste Gerichtshof widerrief die von ihr ausgesprochen zweijährige Haftstrafe gegen Otegi wegen Befangenheit. http://gara.naiz.info/paperezkoa/20110209/247414/es/El-Tribunal-Supremo-constata-que-Murillo-paso-Otegi

Glauben Sie, dass es außerhalb der Positionen der großen spanischen Parteien einen gewissen Überdruss in der spanischen Bevölkerung gegenüber dem Baskenland gibt?

Es ist möglich, dass die Jahre und Jahrzehnte der Konfrontation zu diesem Überdruss geführt haben, den Sie in Bezug auf den Konflikt mit dem Baskenland ansprechen. Ich bin mir aber sicher, dass ein guter Teil der spanischen Bevölkerung für die Anerkennung des Selbstbestimmungsrechts der Basken ist oder sich ihm nicht widersetzen würde.

Es gibt etwas Paradoxes in Ihrem politischen Lebenslauf: Je stärker Sie sich ausschließlich für friedliche Wege einsetzen, umso öfter (viermal) werden Sie wegen »Terrorismusverherrlichung« angeklagt. Was geht hier vor?

Der irische Priester Alex Reid hat mir einmal in Belfast erklärt: Je vernünftiger eure Positionen sind, umso mehr Angriffe werdet ihr erleiden. Es ist in unserem Fall klar, auch in meinem speziellen Fall, dass sich dies bewahrheitet hat. Ein wesentlicher Grund dafür ist wohl, dass ich als Symbol für die Gesamtheit der abertzalen Linke stehe, weshalb ich besonders oft vor Gericht gestellt wurde und der einzige von uns bin, der wegen des Delikts der »Terrorismusverherrlichung« inhaftiert wurde.

In dieser speziellen und ausdauernden Verfolgung haben verschiedene Medien und einige Vertreter der Regierung eine besondere Rolle gespielt, wie Herr Urquijo[115] (eine Art apokalyptischer Prophet im Stil Jeremías, aber in der Version eines spanischen Nationalisten), der mich ständig anzeigte, wenn ich an einer politischen Versammlung teilnahm.

---

115 Carlos Urquijo ist Mitglied der PP und der Abgesandte der spanischen Regierung in der Autonomen Gemeinschaft (CAV).

ADRESSATEN: INTERNATIONALE ÖFFENTLICHKEIT UND BASKENLAND. VON BRÜSSEL NACH GERNIKA

Die neue Linie der baskischen Linken stützt sich auf zwei Pfeiler: Die baskische Bevölkerung und die internationale Öffentlichkeit. Beide sind Garanten für das Versprechen, »das Baskenland ausschließlich mit friedlichen und demokratischen Mitteln in die Unabhängigkeit zu führen«.

Aus den Erfahrungen der verschiedenen gescheiterten Versuche zur Bewältigung des spanisch-baskischen Konflikts, wie auch aus anderen Konflikten auf diesem Planeten, hat die baskische Linke die Konsequenz gezogen, die internationale Öffentlichkeit in den Prozess zur Suche einer Friedenslösung einzubinden. Durch die Einbeziehung von einzelnen international bedeutsamen Persönlichkeiten zu Beginn dieses Jahrhunderts beteiligten sich nach und nach auch andere Personen, die außer ihrer Funktion als Vermittler auch ihre Erfahrung, Ratschläge und Vertrauenswürdigkeit als Garanten für die Einhaltung der von den jeweiligen Seiten eingegangenen Verpflichtungen in den Prozess einbrachten. Mit anderen Worten: erfahrene Personen, die in der Lage waren, einen Konfliktbewältigungsprozess zu dynamisieren. Aus diesem Grund richtete sich die baskische Linke auch mit der Hoffnung an die internationale Öffentlichkeit, dass ihre Einbeziehung die Einhaltung getroffener Abkommen garantieren und Druck ausüben könnte, wenn versucht wird, den Prozess zu blockieren oder wenn er stagniert.

Das Scheitern des Verhandlungsprozesses 2005–2007, an dem mehrere europäische Regierungen und Institutionen beteiligt waren, hatte die internationalen Mediatoren nicht entmutigt, die – ganz im Gegenteil – ihre Aktivitäten und Initiativen nach und nach in einem Ausmaß steigerten, wie es bis dahin im Baskenland unbekannt war.

Am 29. März 2010 machen 21 international bekannte Persönlichkeiten, die an der Lösung von bewaffneten Konflikten in verschiedenen Teilen der Welt beteiligt waren – darunter mehrere Friedensnobelpreisträger – im Europäischen Parlament in Brüssel eine Erklärung öffentlich, in der sie die Resolution »Zutik

Euskal Herria« und die darin von der baskischen Linken eingegangene Verpflichtung, ausschließlich auf friedliche und demokratische Mittel zu setzen, begrüßen und lobend hervorheben. Die Unterzeichner der Brüsseler Erklärung betrachten diese Aussage als »grundlegenden Schritt zur Beendigung des letzten
Konflikts in Europa« und fordern die ETA auf, einen permanenten und verifizierbaren Waffenstillstand auszurufen. Ein solcher Schritt würde es ihrer Meinung
nach durch die daraus folgende Entspannung und »bei entsprechender Erwide-
rung der spanischen Regierung« möglich machen, dass »die neuen politischen
und demokratischen Anstrengungen an Boden gewinnen, die Differenzen beseitigt und ein dauerhafter Frieden erreicht werden kann«.

Die Brüsseler Erklärung ist u. a. unterzeichnet von der Nelson Mandela Stiftung, dem Friedensnobelpreisträger Desmond Tutu, dem Friedensnobelpreisträger und Ex-Präsidenten von Südafrika, Frederik W. de Klerk, der Ex-Präsidentin
von Irland, Mary Robinson, dem Nobelpreisträger John Hume, der an dem Friedensabkommen (Karfreitagsabkommen) in Irland beteiligt war, dem Ex-Premierminister von Irland, Albert Reynolds, Jonathan Powell, dem Kabinettschef des
britischen Ex-Premierministers Tony Blair, Nuala O'Loan, der ersten Ombudsfrau
zur Kontrolle der Polizeiaktivitäten in Nordirland, dem Ex-Generalsekretär von
Interpol, Raymond Kendal, sowie Betty Williams, die einen Friedensnobelpreis für
frühe Konfliktlösungsversuche in Nordirland bekommen hat.

Einen Monat später treten 200 bekannte Aktivisten der baskischen Linken
aus verschiedenen Zusammenhängen in Iruñea (Pamplona) auf und präsentieren ein Manifest unter dem Titel »Der Weg und die Schritte. Die baskische
Linke in Bewegung«. In diesem Papier bekräftigen sie den Weg, der mit der
Erklärung von Altsasu eingeschlagen wurde, das Bündeln verschiedener Kräfte
und politische Verhandlungen zur Konfliktlösung. Gleichzeitig erkennen sie den
internationalen Beitrag an und fordern in diesem Zusammenhang sowohl die
ETA als auch die spanische Regierung auf, die Schritte zu vollziehen, die in der
Brüsseler Erklärung vorgezeichnet sind.

Der Hauptadressat bleibt aber die baskische Bevölkerung selbst. Ihr Recht,
frei und unabhängig zu entscheiden, ist Dreh- und Angelpunkt der Strategie des
Zusammenschlusses von abertzalen und linken Kräften, um zu einer demokratischen Mehrheit zu gelangen. Die baskische Bevölkerung selbst ist unzweifel-
hafter Protagonist und Garant für die Entfaltung des demokratischen Prozesses.

Am 20. Juni 2010 unterschreiben die abertzale Linke und EA[116] im Euskalduna

---

116 Eusko Alkartasuna, »Baskische Solidaritätspartei«. Sie entstand 1986 aus einer Abspal-
     tung aus der großen PNV. Sie ist sozialdemokratisch orientiert und tritt, anders als die
     PNV, real für das Selbstbestimmungsrecht ein.

Palast in Bilbao ein strategisches Abkommen, um gemeinsam mit anderen gleichgesinnten Kräften einen baskischen Staat zu schaffen. Das Dokument »Grundlagen für ein strategisches Abkommen zwischen abertzalen politischen Kräften« wird bekannt unter dem baskischen Titel »Lortu arte«.[117] Das Abkommen räumt zwar den Kräften Vorrang ein, die für »die Schaffung eines baskischen Staates« eintreten, ist gleichzeitig aber offen für Gruppierungen, die ein Selbstbestimmungsrecht und soziale Gerechtigkeit verteidigen. In dem Abkommen wird die Notwendigkeit formuliert, »Wahlbündnisse zu bilden«, die eine Bündelung von Kräften in diese strategische Richtung ermöglichen.

Am 5. September verkündet die ETA öffentlich ihre Monate vorher getroffene Entscheidung, »keine offensiven bewaffneten Aktionen mehr durchzuführen«, und zeigt Madrid gegenüber die Bereitschaft, »die notwendigen demokratischen Minimalbedingungen« zu vereinbaren. Der einseitige und bedingungslose Waffenstillstand stößt auf ein breites internationales Echo. Zwei Wochen später wird ein weiteres Kommuniqué veröffentlicht, das an die internationale Öffentlichkeit – und da speziell an die Unterzeichner der Brüsseler Erklärung – gerichtet ist. Darin wird die Bereitschaft erklärt, die notwendigen Schritte zum Erreichen einer demokratischen Lösung zu analysieren, »einschließlich der Schritte, die die ETA unternehmen muss«.

Eine Woche später, am 26. September 2010, unterschreiben fünf politische Gruppierungen (die baskische Linke, EA, Aralar[118], AB[119] und Alternatiba[120]) gemeinsam mit 23 sozialen und gewerkschaftlichen Organisationen das »Abkommen für ein Friedensszenarium und eine demokratische Lösung« (Abkommen von Gernika). Es handelt sich dabei um ein Aktionsbündnis zum Erreichen einer

---

117 Deutsch: bis es erreicht ist

118 Den Prozess der Umwandlung von Herri Batasuna (HB) zu Batasuna ging die interne Strömung Aralar 2001 nicht mit. Sie trat wegen des ambivalenten Verhältnisses zur Gewalt der ETA aus, gründete eine eigene Partei und konkurrierte mit Batasuna. Vor allem in Navarra und nach dem Batasuna-Verbot konnte Aralar einige Wahlerfolge verbuchen.

119 Abertzalen Batasuna (Patriotische Union) ist eine linksnationalistische Partei, die im französischen Baskenland für die Unabhängigkeit und ein sozialistisches Programm eintritt. Sie sollte sich einst bei der Gründung von Batasuna 2001 in die neue gesamtbaskische Formation integrieren. Der Prozess scheiterte aber am ambivalenten Verhältnis zur ETA.

120 Alternatiba (Alternative) ist eine der Abspaltungen der baskischen Sektion der Vereinten Linken (Ezker Batua). Nach den Spaltungen verpasste Ezker Batua im Baskenland 2012 mit 1,5 % den Einzug ins baskische Parlament. Das ist gegen den Trend in Spanien, wo sie zu den Parlamentswahlen 2011 einen Achtungserfolg mit fast 7 % erreicht hatte.

Situation, die frei von jeglicher Gewalt ist, und die den Weg für einen Dialog und politische Verhandlung bereiten soll, um zu einer definitiven Konfliktlösung zu gelangen. Die Unterzeichner fordern im Rahmen ihrer Marschroute von der ETA die Erklärung eines »permanenten, einseitigen und von der internationalen Gemeinschaft überprüfbaren Waffenstillstands« und vom spanischen Staat die Abschaffung des Parteiengesetzes[121], die Veränderung der Haftpolitik, das Ende der Verlegungspraxis der Gefangenen[122] sowie die Anerkennung der Bürgerrechte und der politischen Rechte.

»Zutik Euskal Herria« richtet sich mit seiner neuen Politik an die baskische Bevölkerung und die internationale Gemeinschaft. Warum nur an diese beiden Gruppen? Bedeutet das, Spanien und Frankreich zu ignorieren?

Die neue Strategie auf die baskische Bevölkerung und die internationale Gemeinschaft zu stützen, hat einen speziellen Grund. Wir gehen davon aus, dass sie, im Unterschied zu den am Konflikt beteiligten Staaten, daran interessiert sind, einen demokratischen Prozess auf den Weg zu bringen, der sowohl zu einer Konfliktlösung als auch zur Vollendung des Prozesses der nationalen und sozialen Befreiung führt. Diese Feststellung schließt aber nicht aus, dass es für eine Konfliktlösung in einem demokratischen Prozess auch bilaterale Phasen mit diesen beiden Staaten geben muss.

Doch wenn wir uns bewusst sind, dass diese Staaten keinerlei Interesse an einer demokratischen Lösung haben, müssen wir uns folgende Frage stellen:

---

121   Das Parteiengesetz wird auch als »Lex Batasuna« bezeichnet. Es wurde extra geändert, um Batasuna 2003 verbieten zu können. 20 Jahre lang war es nicht gelungen, Herri Batasuna eine Verbindung zur ETA zu beweisen. Das Verfassungsgericht hatte deshalb 1999 sogar die kollektive Parteiführung wieder auf freien Fuß gesetzt. Mit dem neuen Gesetz wurden gängige Handlungen der Partei zu Verbotsgründen: Personen für Wahlen zu nominieren, die wegen »Unterstützung oder Mitgliedschaft in einer terroristischen Bande« vorbestraft sind. Die »Teilnahme an Ehrungen für Terroristen« wurde zu genauso zum Verbotsgrund, wie Anschläge der ETA nur zu bedauern, anstatt sie zu verurteilen.

122   Die baskischen Gefangenen werden meist fernab von ihren Heimatorten inhaftiert. Nur wer sich öffentlich von der ETA distanziert, kann darauf hoffen, die Haftzeit in der Nähe seiner Angehörigen zu verbringen. Die »Zerstreuung« verstößt gegen geltende Gesetze, die eine heimatnahe Strafverbüßung vorsehen und wird international als Doppelbestrafung angesehen, weil Freunde und Angehörige oft für kurze Besuche am Wochenende 2000 Kilometer Entfernung zurücklegen müssen. Dabei kommt es immer wieder auch zu tödlichen Unfällen.

Wie bringen wir sie dazu, ihre Verantwortung zur Überwindung des Konflikts zu übernehmen? Und unsere Antwort ist klar: Sie werden das nie aus Überzeugung oder aus eigenem Willen tun. Sie werden es nur dann tun, wenn unser einseitiges Vorangehen im Bündnis mit anderen und mit der Unterstützung der Staatengemeinschaft sie dazu zwingt.

Im März 2010 präsentieren international bedeutsame Persönlichkeiten die Brüsseler Erklärung.[123] Es ist die bisher bedeutendste Initiative dieses Typs. Sie richtet sich zu gleichen Teilen an die abertzale Linke und an die ETA sowie an die spanische Regierung. Wo und wie kam dieses internationale Engagement zustande?
Diese Erklärung war Teil einer Roadmap, in der internationale Akteure die Möglichkeit sahen, wieder zu einem Dialogprozess zu kommen. Nach Informationen, die mir dazu vorliegen, wurden alle Seiten über diese Initiative unterrichtet.

Welches politische Potenzial lag in der Brüsseler Erklärung? Wurde der baskische Konflikt auf die internationale Agenda gesetzt? War er zuvor nicht mehr auf dieser Agenda?
Das größte Potenzial lag darin, dass die internationale Gemeinschaft erneut ihre Bereitschaft gezeigt hat, die Suche nach einem gerechten und dauerhaften Frieden zu unterstützen. Unsere in der Schweiz vorgetragene Bitte, niemals das Interesse am Baskenland zu verlieren, trug erneut Früchte. Unser Konflikt war auch zuvor auf der internationalen Agenda, aber nach dem Ende des vorhergehenden Prozesses bewies diese Initiative, dass dieses Scheitern nicht zur Konsequenz hatte, die Suche nach einer Konfliktlösung aufzugeben. Das war eine gute Nachricht für uns.

Die Unterzeichner erkennen die Initiative der abertzalen Linken als »einen grundlegenden Schritt zur Beendigung des letzten verbleibenden Konflikts in Europa« an. Handelte es sich um eine internationale Bürgschaft oder um eine Vorbedingung für eine Unterstützung eines demokratischen Prozesses, wie Sie ihn eingeleitet haben?
Mit dieser Erklärung hat sich die internationale Gemeinschaft öffentlich für die Ehrlichkeit von Batasuna verbürgt, um eine definitive Lösung für die bewaff-

---

123 Die übersetzte Erklärung: http://www.info-baskenland.de/files/international_endorsers _peace_statement__press_note__german.pdf

nete Konfrontation zu suchen und sie durch eine demokratische Konfrontation zu ersetzen. Wenn wir nicht unsere Ehrlichkeit unter Beweis gestellt hätten, hätte es diese Initiative nie gegeben. Die Glaubwürdigkeit und Garantien unserer Aufrichtigkeit haben wir mit Taten gegenüber der internationalen Gemeinschaft bewiesen.

Als das Dokument schon verfasst war und sich immer neue Persönlichkeiten anschlossen, wurde ein französischer Polizist[124] bei einem Schusswechsel mit ETA-Militanten getötet. Die abertzale Linke forderte die bewaffnete Organisation auf, eine für einen demokratischen Prozess förderliche Position zu bestätigen.[125] Es war das erste Mal in der Geschichte, dass in dieser Weise Druck von ihr auf die ETA ausgeübt wurde. Brachte dieser tödliche Schusswechsel den anlaufenden Prozess in Gefahr?

Es war ein tragischer Tod, der nie hätte geschehen dürfen. Neben dem bedauernswerten Verlust eines Menschenlebens und der späteren Verhaftung und Inhaftierung von ETA-Militanten hat er zu einer großen Ungewissheit in der internationalen Gemeinschaft und in der baskischen Bevölkerung geführt, die sich die Frage stellten, ob unsere Positionen ehrlich gemeint sind. Der Prozess selbst war dadurch zwar nicht gefährdet, zwang uns aber zu einer eindeutigen Stellungnahme der ETA gegenüber. Ich möchte noch einmal unterstreichen: Es hätte niemals zu diesen Vorgängen kommen dürfen.

Hat die Staatengemeinschaft das Zusammentreffen gefördert oder Druck auf die Beteiligten ausgeübt? Wurde in irgendeiner Form Druck auf Sie ausgeübt? Und auf die spanische Regierung?

Eine der Fähigkeiten der internationalen Vertreter (vor allem aus der angelsächsischen Kultur) ist ihre Klarheit und ihr Sinn für praktisches Verhalten. Sie üben keinen Druck aus, finden klare Worte und stellen Bedingungen, wobei sie immer offen für Diskussionen und für eine Flexibilisierung ihrer Positionen sind. Ich möchte ein Beispiel geben: Glaubt irgendjemand, Jonathan Powell[126],

---

124 Erstmals in ihrer Geschichte hat die ETA in Dammarie-les-Lys (nahe Paris) am 16. März 2010 einen französischen Polizeibeamten getötet. Der 52-jährige Jean-Serge wurde bei einem Schusswechsel tödlich verletzt. (http://gara.naiz.info/paperezkoa/20100404/191964/es/ETA-subraya-que-tiroteo-produjo-contra-su-voluntad-que-inicio-Policia-francesa)

125 http://gara.naiz.info/paperezkoa/20100318/188924/es/La-izquierda-abertzale-insta-ETA-que-ratifique-su-posicion-favorable-desarrollo-proceso-democratico

126 Ex-Chefunterhändler des britischen Premiers Tony Blair im Nordirland-Konflikt.

Kofi Annan[127] oder Gerry Adams würden eine Erklärung wie die in Aiete unterstützen und sogar an der Friedenskonferenz dort teilnehmen, ohne umfassende Garantien darüber zu haben, dass – und in welcher Form – die ETA auf ihre Forderungen eingeht? Glaubt jemand, dass sie nicht mit der spanischen Regierung über ihre Teilnahme gesprochen haben? Wir sollten die internationale Beteiligung weder über- noch unterbewerten.

Als Element für die Reflexion und um einige unserer Positionen in einen entsprechenden Kontext zu stellen, stelle ich diese Frage in den Raum: Glaubt irgendjemand, dass internationale Akteure und Persönlichkeiten dieses Formats sich für das Baskenland einsetzen würden, wenn wir – oder ich – zweideutig in Bezug auf unseren Einsatz und die Unumkehrbarkeit unseres politischen Wegs geblieben wären?

Welche Rolle kommt der internationalen Gemeinschaft zu: Vermittler, Mediator, Zeuge, zur Absicherung des Prozesses, zur Garantie, dass geschlossene Vereinbarungen von beiden Seiten eingehalten werden...? Muss es eine Art Abkommen mit ihr geben?
Die internationale Gemeinschaft kann in bestimmten Phasen alle die von Ihnen angesprochenen Rollen übernehmen. Was mögliche Abkommen angeht, die wir erreichen können (die machbar und notwendig sind), soll zunächst daran erinnert werden, dass der Strategiewechsel zum Ziel hat, den Befreiungsprozess auf die entscheidende Ebene zu heben. Das heißt, ihn in die Phase zu bringen, in der es gilt, einen Staat für die Bevölkerung des Baskenlands aufzubauen. Nur aus dieser Perspektive (rigoros und ambitioniert) können und müssen wir verstehen, dass unser Wirken in der internationalen Gemeinschaft sich geändert hat. Wir brauchen einen Übergang von dem, was traditionell unsere internationale Politik war, hin zu einer wirklichen Außenpolitik (politisch, ökonomisch, etc.). Aus dieser Perspektive müssen wir zu verschiedenen Abkommen mit der internationalen Gemeinschaft kommen: Taktische Abkommen (in Bezug auf die Unterstützung zur Lösung des Konflikts) und zu einer strategischen Unterstützung (in Bezug auf unseren Prozess zur nationalen und sozialen Befreiung).

Von der internationalen Gemeinschaft zu sprechen, bedeutet Neutralität zu unterstellen. Doch einige dieser Akteure sind Vertreter europäischer Staaten und es ist kaum davon auszugehen, dass sie in eine Kon-

---

127 Ehemaliger UN-Generalsekretär.

frontation mit dem spanischen Staat oder französischen Staat treten. Warum vertrauen Sie ihnen?

Wir sollten uns nicht täuschen. Die Staatengemeinschaft vertritt natürlich eigene Ziele und Interessen und ist nicht neutral. Aber ihre Vertreter agieren klar und ehrlich und nach unserer Ansicht ist sie ein entscheidender und konstruktiver Faktor. In Bezug auf das Vertrauen kann ich Ihnen sagen, dass es nicht an Gelegenheiten gefehlt hat, in denen wir ihre Vertreter kritisiert haben, weil wir davon ausgingen, dass spanische Positionen gestützt wurden. Bei anderen Anlässen wurden sie von der spanischen Regierung kritisiert, weil sie unsere Position gestützt haben sollen. Damit möchte ich eine Feststellung treffen: Warum wollen die spanische Regierung, PP und PSOE nichts von der internationalen Gemeinschaft im Prozess der Suche nach einer demokratischen Lösung im Baskenland wissen? Warum sind ihre politischen Positionen ihr gegenüber – in der überwiegenden Zahl – so reaktionär, intolerant und undemokratisch? Natürlich werden damit unsere rationalen und demokratischen Positionen gestärkt. Zu verschiedenen Anlässen hat ihre Anwesenheit dazu geführt, dass die üblichen Argumente gegenüber dem Baskenland nicht verwendet werden konnten: In der Schweiz fiel es z. B. keinem Mitglied der spanischen Delegation jemals ein, das Recht auf Selbstbestimmung als eine Erfindung baskischer Nationalisten zu bezeichnen… Sie warfen dagegen auf, dass dafür eine Veränderung der Verfassung nötig sei, wofür man wiederum die Zustimmung der PP benötige, die keinerlei Bereitschaft dafür habe.

Seien wir ehrlich: Für uns ist die Beteiligung der internationalen Gemeinschaft nicht nur eine Frage des Vertrauens, es ist auch eine Frage der politischen Wirksamkeit.

Haben internationale Akteure auch in irgendeiner Form beim Prozess der internen Reflexion und strategischen Neubestimmung der abertzalen Linken geholfen?

Nicht direkt. Doch Freunde der republikanischen Bewegung aus Irland waren verschiedentlich im Baskenland, um uns ihre Erfahrungen zu vermitteln. Diese Treffen waren für uns sehr nützlich, weil sie uns erlaubten, weitere Aktivisten von der Notwendigkeit eines Strategiewechsels zu überzeugen.

Welche Rolle spielte Brian Currin in all diesen Jahren? Welche Aufgaben hat er auf Initiative von wem ausgeführt?

Es steht mir nicht zu, Details über die Initiativen und die herausragende Arbeit preiszugeben, die Brian Currin und die Mitglieder der Internationalen Kontaktgruppe für das Baskenland geleistet haben. Ich kann nur sagen, dass seine Aufgabe umfassend war und das Baskenland ihm viel zu verdanken hat.

Einen Monat nach der Brüsseler Erklärung treten in Iruñea 200 Aktivisten der abertzalen Linken aus verschiedenen Bereichen und Generationen vor die Öffentlichkeit und bestätigen den in Altsasu und mit »Zutik Euskal Herria« eingeschlagenen Weg. Sie schließen sich den Brüsseler Forderungen an die ETA und die spanische Regierung an und fordern »konstruktive Antworten«.[128] Es ist das erste Mal, dass von der ETA direkt gefordert wird, eine unbefristete Waffenruhe zu erklären...
Ja, es ist das erste Mal. Das macht den Reifegrad und das kollektive Bewusstsein in der abertzalen Linken in Bezug auf die eigene politische Verantwortlichkeit gegenüber der baskischen Bevölkerung deutlich. Dieser massive und pluralistische Ausdruck hat zweifellos deutlich gemacht, dass für die abertzale Linke der Zyklus der bewaffneten Konfrontation definitiv abgeschlossen werden sollte.

Die große Zahl von ehemaligen Gefangenen stach dabei heraus. Wie interpretieren Sie das?
Im Baskenland ist die politische und moralische Bedeutung bekannt, über welche die politischen Gefangenen in der Gesamtheit der abertzalen Linken verfügen. Ihre massive Teilnahme bei diesem Auftritt zeigte, dass sie ihr Gewicht in die Waagschale warfen, um für den Strategiewechsel der abertzalen Linken zu bürgen.

War das ein Ausdruck der Ergebnisse der Debatte in den Gefängnissen?
Es war kein direkter Ausdruck der Knast-Debatten. Aber wie ich schon zuvor erklärt habe, haben wir dafür gesorgt, dass an der Debatte eine große Zahl Ex-Gefangener beteiligt war. In Bezug auf die Debatte in den Knästen haben wir stets die offiziellen Wege benutzt, um unsere Positionen zu vertreten und um dafür zu werben, an der Diskussion teilzunehmen.

Mit dem exklusiven Einsatz friedlicher und demokratischer Mittel verschwand für viele der wichtigste Hinderungsgrund für eine Aktionseinheit unter allen Souveränisten. Am 20. Juni 2010 wird mit »Lortu arte«

---

128 http://gara.naiz.info/paperezkoa/20100425/195892/es/La-izquierda-abertzale-insta-ETA-Gobierno-espanol-responder-forma-constructiva-Declaracion-Bruselas

ein Abkommen mit EA unterzeichnet.[129] **Einige Monate später unter-
zeichneten beide Formationen im Januar 2011 mit Alternatiba das Abkommen »Euskal Herria ezkerretik«.**[130] **Welche Bedeutung haben diese
strategischen Allianzen? Welches Ziel verfolgen sie?**

Diese Allianzen starten einen dynamischen Prozess, der einen historischen
Block strukturieren und ihm Ausdruck verleihen muss. Er soll die Interessen
der Gesamtheit der linkspatriotischen Bevölkerung vertreten, eine Hegemonie
im Kräfteverhältnis schaffen, nicht nur in Bezug auf Wahlen, sondern auch sozial, ideologisch und kulturell, die es uns erlaubt, alle unsere Ziele zu erreichen.
Dieser große historische baskische Block ist die große gemeinsame Sache aller
linken Souveränisten im Baskenland. Seine Mission ist, über die Bündelung
der Kräfte, die Organisation und die Konfrontation mit den Staaten zu einem
ausreichenden Kräfteverhältnis zu kommen, das am Ende eines langen Wegs
zu einem baskischen Staat führt, der der Mehrheit und der Arbeiterschaft dient.

**Währenddessen kündigt die ETA im September 2010 an, »keine offen-
siven bewaffneten Aktionen durchzuführen«.**[131] **Die abertzale Linke
bewertete damit erstmals den demokratischen Prozess als »unumkehrbar«. Warum? Welche Verpflichtungen oder Garantien gab es dafür,
dass kein Weg mehr zurückführen würde?**

Mit dieser Ankündigung hat die ETA die Logik zur definitiven Überwindung
der bewaffneten Aktivitäten übernommen, auch wenn dies in diesem Moment
noch nicht explizit erklärt wird. Die Unumkehrbarkeit dieser Entscheidung lag
für uns einzig und allein in der Entscheidung, die in unserer Basis über den
exklusiven Einsatz demokratischer Mittel im nationalen und sozialen Befreiungsprozess gefallen war. Das Prinzip der Einseitigkeit und die Entscheidung
unserer Basis haben den Wechsel des Zyklus und der Strategie unumkehrbar
gemacht.

---

129 »Bis es erreicht ist«, nennt sich das Abkommen, mit dem die linke Unabhängigkeits-
     bewegung ein Bündnis mit der sozialdemokratischen Solidaritätspartei (EA) eingeht.
     Vereinbart wurde, gemeinsam die »nationale Souveränität« mit »ausschließlich friedli-
     chen, politischen und demokratischen« Mitteln erreichen zu wollen. (http://gara.naiz.
     info/agiriak/20100620_euskalduna.pdf)

130 »Das Baskenland von links« (http://euskoalkartasuna.org/upload/documentacion/eu/
     EuskalHerriaEzkerretik.pdf)

131 Die Erklärung dieser neuen Waffenruhe, die schon seit Monaten eingehalten wurde,
     ging an die britische BBC, die das ETA-Video veröffentlichte. http://www.youtube.
     com/watch?v=nRUqhr2IJsU, deutsche Übersetzung: http://www.info-baskenland.
     de/605-0-Erklaerung+ETA+September+2010.html

Auch die Entscheidung der ETA war einseitig und ohne Vorbedingungen, im Unterschied zu dem, was im vorhergehenden Friedensprozess des Jahres 2005 vereinbart worden war. Scheinbar wurde nun bedingungslos darauf verzichtet, über bewaffnete Aktivitäten in die Politik einzugreifen. Gab es Garantien, um diese Situation zu festigen?
Unsere einzige Garantie in Bezug auf den demokratischen Prozess liegt darin, dass die abertzale Linke, und die Linke allgemein, fähig sind, allein mit der Organisierung, dem zivilen Ungehorsam und dem demokratischen Kampf den Prozess zur nationalen und sozialen Befreiung entscheidend voranzutreiben. Niemand kann einen Sieg garantieren (auch wir nicht). Wir garantieren den Kampf auf breiter Front und daran glauben wir fest. Es ist unerlässlich das zu verstehen, um den Prozess zu verstehen, den wir vorschlagen.

In diesem Kontext übernimmt die ETA ebenfalls die Logik des einseitigen Vorgehens und das ist ein historisches politisches Ereignis. Erstmals in der Geschichte, wird das Schema durchbrochen, dass es zur vollständigen oder teilweisen Einstellung der bewaffneten Aktivitäten im Vorfeld zu Abkommen kommen muss. Diese Entscheidung war Teil der politischen und geistigen Revolution, die in der abertzalen Linken stattfand.

Was hatte sich zwischen den Positionen 2005 und 2010 verändert?
Zwei fundamentale Sachen: Batasuna hat die ideologische und politische Klärung über alles gestellt (Stichwort: interner Zusammenhalt) und dabei eine klare Selbstkritik über die Rolle im letzten Dialogprozess formuliert. Das führte praktisch dazu, die bisher eingesetzte Strategie abzulehnen und einen Gegenvorschlag für eine Alternative zu unterbreiten. Das vielleicht aufsehenerregendste Element darin war (aber nicht das wichtigste), den Zyklus der bewaffneten Gewalt der ETA einseitig zu beenden. Dazu kam, dass unsere Basis massiv unsere Vorschläge unterstützte.

Gingen die Positionen der ETA, die nicht an dem Diskussionsprozess teilgenommen hatte, in Richtung der Überlegungen von »Zutik Euskal Herria«?
Die Position der ETA (wenigstens soweit wir sie von ihr vermittelt bekamen) war zunächst vollständig gegen jeden Strategiewechsel. Aber in dem Maße, in dem unsere Basis immer massiver unsere Positionen unterstützte, hat sich die Position in der bewaffneten Organisation immer stärker in die Richtung verändert, wie sie die abertzale Linke eingeschlagen hat.

Einige Tage später zeigte die ETA gegenüber der internationalen Gemeinschaft und den Unterzeichnern der Brüsseler Erklärung ihre Bereitschaft, weitere Schritte zu gehen und neue Verpflichtungen einzugehen. Hat die Waffenruhe das internationale Engagement verstärkt?

Diese Waffenruhe machte klar, dass die ETA bereit war, die Logik und die neuen Ziele der abertzalen Linken zu übernehmen. In diesem Sinne hat sie deutlich dazu beigetragen, das Vertrauen der Staatengemeinschaft in die abertzale Linke in ihrer Gesamtheit zu stärken.

Wissen Sie, ob deren Vertreter im Hintergrund tätig waren, um zu diesem Stadium zu kommen?

Ja, mir ist bekannt, dass es Aktivitäten in diese Richtung gab.

Die ETA klagt in ihrer Erklärung an, dass die Regierung stets den bewaffneten Kampf als Ausrede benutzt habe, sogar in Zeiten von Waffenruhen, um Konfliktlösungen zu vermeiden. »Scheinbar«, sagte sie, »gibt es mit dem bewaffneten Kampf keine Option und ohne ihn gibt es keine Notwendigkeit mehr«. Teilen Sie diese Sichtweise?

Ich teile die Beurteilung, dass verschiedene spanische Regierungen sich meist unredlich in Verhandlungsprozessen verhalten haben. Und ich kann a priori die Angst und die ehrliche Sorge derer verstehen, die glauben, dass sich der Staat ohne den bewaffneten Kampf in der Position der Negation des Konflikts einigelt. Aber ich teile diese Position überhaupt nicht. Ich halte sie für einen Fehler der politischen Einschätzung. Denn den Konflikt zwischen dem Baskenland und den Staaten Spanien und Frankreich gab es lange vor der Entstehung der ETA und er wird auch nach ihrer Auflösung existieren.

Die Ursprünge dieses Konflikts, sein Kern, liegen darin, dass beide Staaten uns als Nation negieren. Die Konsequenz daraus ist, dass uns das Recht, frei und demokratisch selbst über unsere Zukunft zu entscheiden, verweigert wird. Die Protagonisten dieses Konflikts sind die baskische Bevölkerung, der spanische und der französische Staat.

Haben verschiedene ETA-Entscheidungen den Weg für zukünftige Allianzen oder Aktionseinheiten geebnet?

Ohne Zweifel haben alle ihre Entscheidungen immer bessere Voraussetzungen geschaffen, um zu einer Zusammenballung der Kräfte zu kommen und zudem wurde unsere politische Glaubwürdigkeit im Baskenland und in der internationalen Gemeinschaft deutlich größer.

Was macht das Abkommen von Gernika[132] möglich?
Das Klima des Vertrauens, das wir im Rahmen der Unumkehrbarkeit des Einsatzes der abertzalen Linken geschaffen haben.

Mit Forderungen nach einer dauerhaften und überprüfbaren Waffenruhe, nach einem Verhandlungsprozess, der allein in den Händen von politischen und sozialen Akteuren liegen soll, nach ersten Schritten in Richtung der Amnestie für die Gefangenen, mit dem Anschluss einstiger Abspaltungen und dem Vorschlag eines Abkommens für alle im Land vertretenen Strömungen... bietet das Abkommen von Gernika neuartige Aspekte. Es gibt Beobachter, die darin einen Wandel in der politischen Kultur im Baskenland sehen...
Ich würde mich nicht trauen, von einem endgültigen Wandel in der politischen Kultur im Land zu sprechen, wohl aber von dem Samen dafür, dass diese neue Kultur im Baskenland Früchte trägt. Die demokratische Revolution (das große Ziel unserer Strategie) muss frei von Parteigängertum, Sektierertum und Intoleranz sein. Es geht um ein Projekt der vollständigen Befreiung der Bevölkerung im Baskenland, unabhängig davon, wessen Ursprung sie ist, wo jeder einzelne geboren wurde und welcher Ideologie er oder sie angehörte oder angehört. Das ist unsere große Herausforderung.

Bedeutete das Abkommen von Gernika, die Einkreisung zu durchbrechen, in der die abertzale Linke nach der Illegalisierung gefangen war?
Es bedeutet – und ich will weder eitel, noch prahlerisch sein und auch kein bisschen übertreiben – den soundsovielten Beweis der absoluten politischen Unbesiegbarkeit der abertzalen Linken. Es gibt keine Zukunft im Baskenland ohne die abertzale Linke. Vor nicht einmal drei Jahren wurden wir für tot erklärt und heute ist die geeinte linke Unabhängigkeitsbewegung in der Lage, der PNV in den drei Provinzen der CAV die Hegemonie streitig zu machen. Im baskischen Süden – Navarra eingeschlossen – fehlten uns bei den Wahlen gerade mal 2.000 Stimmen, um zur stärksten Kraft zu werden. Glauben Sie mir, politisch sind wir für die Staaten unbesiegbar. Doch diese Überzeugung darf weder zu Selbstgefälligkeit führen, noch dürfen wir uns darin einrichten. Wie einst Fidel Castro in Bezug auf die kubanische Revolution sagte, können nur unsere eigenen Fehler uns scheitern lassen.

---

132 Mehr als 30 baskische Organisationen, darunter 5 Parteien, unterzeichnen am 25.10.10 in Gernika ein »Abkommen für ein Friedensszenario und für eine demokratische Lösung«.

Warum fließen hier Kräfte in einem Abkommen zur Konfliktlösung zusammen, die zum Teil untereinander deutliche Widersprüche haben?
Weil wir andere davon überzeugt haben, dass der Prozess zur Befreiung neue Verpflichtungen, neue Instrumente braucht und nicht allein neue Strategien.

Welches Bild ergab sich in Gernika?
Es ist das Bild eines historischen Ereignisses. Das Protokoll zur Geburt des historischen Blocks wurde hier geschrieben, der uns letztlich zur Umsetzung unserer politischen Ziele bringen soll. Das damals geschossene Foto wird eines Tages in unserem Unabhängigkeits-Museum gezeigt werden.

Was glauben Sie, was die baskische Gesellschaft vom Abkommen in Gernika erwartet?
Ich habe stets mit großem Interesse die europäischen Soziologen verfolgt, die eine Theorie vertreten, wonach sich die Gesellschaft um Vorgänge herum bewegt. Es ist eine sehr interessante Theorie. Nach ihr – und ich stimme damit überein – sind die Gesellschaft, das Volk, die Massen fähig, die Phänomene bzw. Vorgänge von anderen zu unterscheiden, die ihre eigene Existenz oder die Gesellschaft verändern werden. In diesem Sinne war das Abkommen von Lizarra-Garazi z. B. ein solches Ereignis, das starke positive Reaktionen auslöste. Warum? Weil die PNV und die abertzale Linke gemeinsam gegen Madrid auftraten. Das war ein Ereignis, das für sich die Zustände veränderte. Das gleiche gilt, als die ETA das definitive Ende ihres bewaffneten Kampfes verkündete. Auch dieser Vorgang verändert an sich schon die soziale Realität. Etwas Ähnliches geschieht, in geringerem Ausmaß, wenn der Staat zur Repression greift. Die Massen nehmen deutlich bei bestimmten Vorkommnissen (unserer Bestrafung z. B.) wahr, dass Hindernisse auf einem bestimmten Weg aufgebaut werden sollen. Dieser Theorie folgend schuf das Foto bzw. Ereignis in Gernika diese Hoffnung, denn die Bevölkerung wusste, dass hier etwas Großes geschah, das sich mit diesem Foto einige Sachen in ihrem realen Leben positiv verändern würden. Und die Leute sind sehr weise in derlei Fragen.

Neben den konkreten Forderungen setzt sich das Abkommen von Gernika zum Ziel, zu einem andere einschließenden Abkommen, der Anerkennung der nationalen Realität, des Selbstbestimmungsrechts, dem Respekt vor dem Willen der Bevölkerung über ein neues Modell im Verhältnis zu Frankreich und Spanien (die Unabhängigkeit eingeschlos-

sen) zu kommen. **Das scheint der Aufbau eines Prozesses zur Konflikt-lösung zu sein... das Vermächtnis aus Loiola?**
Es ist ohne Zweifel ein Teil der Erbschaft aus Loiola und eines Tages werden wir auf dieser Grundlage wieder einen konstruktiven Dialog zur Konfliktlösung führen. Das kann ich Ihnen versichern. Die Zustände in diesem Land werden sich verändern und sie müssen sich in eine Richtung verändern, die die Mehrheit der Bevölkerung im Baskenland interessiert.

Iñigo Urkullu sah im Abkommen von Gernika eine »Buchstabensuppe« und »Ausreden, um Zeit zu gewinnen«.[133] **Doch einige Tage später bot er sich als »Vermittler«**[134] **in einem Dialog an. Wie bewerten Sie dieses Verhalten?**
Ich möchte Ihnen zuerst sagen, dass derlei Erklärungen einer Angst und der Ungewissheit geschuldet sind, die das neue politische Szenario in der PNV hervorbringt. Sie ist besessen davon, um jeden Preis wieder die Regierungsmacht zu übernehmen.[135] Mir scheint, dass die PNV, wie es schon in der Phase des Abkommens von Lizarra-Garazi geschah, sich von Verpflichtungen mit der abertzalen Linken fernhält. Sie geht in einer rein parteiorientierten Analyse davon aus, dass jeder Fortschritt in einem Konfliktlösungsprozess die abertzale Linke stärkt, was dazu führt, ihre Hegemonie in Gefahr zu bringen. An diesem Punkt hat sie ähnliche Interessen und verfolgt eine ähnliche Strategie wie die PP.

Das ist die Realität, die sie manchmal zu übertünchen versucht, indem sie uns weismachen will, sie verfüge über einen entscheidenden Einfluss. Deshalb macht sie manchmal auch solche Vermittlungsangebote. Ich sage mit allem Respekt: Die abertzale Linke benötigt sie nicht, denn seit vielen Jahren verfügen wir über die notwendigen Kanäle, um offiziell oder inoffiziell mit aller Welt in Kontakt zu treten. Wir sollten also genau analysieren: Die PNV hat nicht am Abkommen von Gernika teilgenommen, weil sie vorrangig nicht die Bündnisse im Baskenland mit denen anstrebt, die für die Unabhängigkeit eintreten, sondern mit den spanischen Nationalisten in Madrid.

---

133 http://gara.naiz.info/paperezkoa/20100925/222557/es/Izquierda-abertzale-EA-Aralar-AB-Alternatiba-acuerdan-impulsar-escenario-paz-dialogo-politico

134 http://gara.naiz.info/paperezkoa/20100928/223172/es/Mesa-partidos-cosa-subversi-va-extrana

135 Die ist dem PNV-Chef Urkullu im Oktober 2012 gelungen. Er regiert seither in einer instabilen Minderheitsregierung die CAV.

Und von Seiten der PSOE und der PP wurde vertreten, es gäbe nichts Neues...

Das Problem der spanischen Nationalisten ist, dass sie (aus anderen Gründen) Ängste der PNV angesichts des neuen Szenarios teilen, wogegen sie allerdings weder über eine Alternative noch eine Agenda verfügen.

Wenn Sträuße ihre Meinung äußern würden, würden sie mit dem Kopf in der Erde ebenfalls noch kurz vor dem Moment sagen, an dem sie aufgefressen werden: »Es gibt nichts Neues«. Auch wenn man mir nicht glauben wird: Ich bin absolut davon überzeugt, dass es in unserer politischen Klasse Personen gibt, deren neuronale Aktivität noch unterhalb der von Sträußen liegt.

EINSEITIGKEIT, DIALOG UND ABKOMMEN

Der Schlüssel der neuen Strategie liegt darin, den notwendigen Szenenwechsel zu erkennen und unumkehrbar zu gestalten. Otegi formulierte das Ende 2008 so: »Wir haben es geschafft, das Instrumentarium des Staates zu verschleißen, aber es ist uns nicht gelungen, einen neuen Rahmen zu schaffen.« Um diesen Übergang zu schaffen, wird ein ideologisches und politisches Instrument entworfen: der »demokratische Prozess«.

Das bisherige Schema zur Konfliktlösung wird erstmals überwunden. Bisher wurden alle neuen Schritte immer in Abhängigkeit von Abkommen mit den jeweiligen Regierungen getroffen. Jetzt macht sich die Erkenntnis breit, dass sie damit die Möglichkeit erhalten, Lösungsprozesse zu blockieren.

Die Initiative für einen demokratischen Prozess muss deshalb von denen ausgehen, die eine Veränderung in diese Richtung wollen, auch wenn dafür einseitige Schritte notwendig sind. »Die Lösung«, wird in »Zutik Euskal Herria« ausgeführt, »liegt nicht darin, dass man weiß, was die anderen Beteiligten zu tun bereit sind, sondern darin, dass wir das tun, was unsere Pflicht ist.«

Mit dem Ziel, die Mauer zu überwinden, an der alle vorherigen Friedensprozesse gescheitert sind, setzt die abertzale Linke auf ein einseitiges Vorgehen, auf den Dialog und Abkommen mit anderen politischen Kräften, um eine Mehrheit zu erreichen, die den demokratischen Prozess in Richtung zu einem neuen Rahmen leitet, in dem alle Optionen bis hin zur Unabhängigkeit möglich sind.

Die Einseitigkeit ist zudem ein Mittel, um Vertrauen und Glaubwürdigkeit innerhalb der baskischen Bevölkerung zu gewinnen – um Abkommen mit anderen politischen Kräften und der internationalen Gemeinschaft zu schließen, um gleichzeitig die Unbeweglichkeit staatlicher Positionen in ein schlechtes Licht zu setzen. Der so genannte demokratische Prozess bedarf aber auch zwei- und mehrseitiger Abkommen taktischer und strategischer Art sowohl mit Parteien und sozialen Kräften als auch mit dem spanischen und französischen Staat.

Seit Beginn der internen Debatte Anfang 2009 hat die abertzale Linke ihrer Strategie eine neue Richtung gegeben, sie hat die Einbindung und Beteiligung ihrer Basis gefördert, ihre interne Organisation verändert und eine neue Bündnispolitik mit linken Kräften eingeleitet, die erste Früchte trägt.

Mit »Zutik Euskal Herria« werden Hindernisse für Bündnisse mit anderen Formationen aus dem Unabhängigkeitsspektrum aus dem Weg geräumt. Am 20. Juni 2010 unterzeichnen die abertzale Linke und EA[136] das strategische Abkommen »Lortu arte« mit dem Ziel, einen baskischen Staat aufzubauen. Ein paar Monate später einigen sich beide mit Alternatiba auf einen neuen Pakt, um gemeinsam die Souveränität und ein neues sozio-ökonomisches Modell für das Baskenland zu erreichen. Nach der Überwindung etlicher von der Justiz gestellter Hindernisse nehmen sie als Koalition unter dem Namen Bildu[137] an den Kommunal- und Provinzwahlen im Mai 2011 teil. Die erreichte Stimmenzahl ist spektakulär und stellt die bisherige Vorherrschaft der PNV in Frage.

Für die spanischen Parlamentswahlen im November des gleichen Jahres schließt sich ein neuer Bündnispartner, Aralar, der gemeinsamen Kandidatur an, die unter dem Namen Amaiur antritt. Amaiur ist die baskische Formation, die die meisten Abgeordneten (sieben) erringt. Im Juni 2012 stellt die Koalition das Wahlbündnis Euskal Herria Bildu vor, um als EH-Bildu für das baskische Parlament zu kandidieren.

Am 28. April 2012 war die Summierung der Kräfte auf dem Weg zu einer neuen demokratischen Mehrheit bereits auf eine höhere Stufe gestiegen, als auch Abertzaleen Batasuna (AB)[138] das strategische Abkommen unterschrieb.

Das Abkommen von Gernika im September 2010 trug bereits die Unterschrift dieser fünf Parteien, neben der von 23 anderen Vertretern sozialer Gruppierungen, denen sich später noch weitere anschließen sollten. Über einen Dialog soll »ein allumfassendes Abkommen zwischen sämtlichen politischen Kulturen des Landes sowie zur Anerkennung der Realität einer baskischen Nation und dem Selbstbestimmungsrecht« gelangt werden.

---

136   Baskische Solidaritätspartei (links-sozialdemokratisch)

137   Bildu (Sammeln) wurde aus dem Stehgreif zweitstärkste Kraft und stellt die meisten Gemeinderäte. Das Bündnis erreichte 22 % in der CAV und 13 % in Navarra. In der Provinz Gipuzkoa wurde sie mit fast 35 % mit Abstand stärkste Kraft und regiert mit Donostia erstmals eine Großstadt. Der Abstand zur großen Baskisch-Nationalistischen Partei (PNV) schrumpfte auf gut 16.000 Stimmen. Die PSOE und PP (in Navarra UPN) kamen gemeinsam auf knapp 232.000 Stimmen, etwa 85.000 weniger, als Bildu erzielte.

138   Die »Patriotische Union« ist eine linksnationalistische Partei im französischen Teil des Landes, die für die Unabhängigkeit eintritt und ein sozialistisches Programm vertritt.

Wurde die einseitige Vorgehensweise der abertzalen Linken irgendwann mit anderen Kräften »vereinbart«, mit der internationalen Gemeinschaft oder vielleicht sogar mit der spanischen Regierung?

Unser Entschluss für ein einseitiges Vorgehen ist das Ergebnis einer politischen Analyse. Er ist nicht die Konsequenz eines Abkommens mit irgendwem, auch wenn wir sicher waren (die Realität hat uns das bestätigt), dass unsere einseitigen Initiativen neue Räume für bilaterale oder multilaterale Abkommen mit anderen sozialen oder gewerkschaftlichen Akteuren im Baskenland oder mit der internationalen Gemeinschaft öffnen würden. In diesem dynamischen Prozess einseitiger Initiativen und multilateraler Abkommen geht es im letzten Schritt darum, zu beidseitigen Verhandlungen mit Spanien und Frankreich zu kommen.

Kann die Einseitigkeit dazu führen, dass andere in eine Wartehaltung oder in eine Statistenrolle gedrängt werden? Kann die spanische Regierung das als Ausrede benutzen, um eine Beobachterrolle einzunehmen oder um ihre Unbeweglichkeit zu rechtfertigen?

Im Gegenteil. Unsere einseitigen Initiativen schaffen neue soziale Voraussetzungen, Kräfte werden gebündelt, unsere Glaubwürdigkeit wird erhöht, die Massenkämpfe intensiviert, wir gelangen an die Regierungsmacht und wir verbessern unsere Voraussetzungen, um bei Wahlen vorne zu sein... Es ist also die soziale Realität, die sich ändert. Und in diesem Kontext wird die übergroße Bevölkerungsmehrheit erkennen, dass das Haupthindernis für die Entwicklung eines demokratischen Prozesses die spanische Regierung ist. Das wird sie letztlich dazu zwingen, sich konstruktiv in den Prozess zur Suche nach Lösungen einzubringen.

Aus welchem Grund sollte der Staat seine Einigelung oder seine Untätigkeit aufgeben und sich auf eine bilaterale oder multilaterale Dynamik einlassen?

Dafür gibt es nur einen Grund: Dass seine Unbeweglichkeit für ihn mehr Kosten als Nutzen zeitigt. Und unsere Aufgabe besteht darin, ihm so hohe Kosten wie möglich (durch Wahlergebnisse, in seiner Internationalen Reputation, durch sozialen Druck etc.) zu bescheren. Und dafür gibt es nur ein Rezept: Täglich besser organisiert zu sein und zu kämpfen.

Die neue Strategie benötigt aber für ihre Entwicklung »bilaterale oder multilaterale Abkommen«. Wo endet im aktuellen Konflikt die Einseitigkeit?

Die Einseitigkeit ist ein politisches Instrument, zu dessen Einsatz wir uns entschieden haben. Wir haben bestimmt, wann und wie sie eingesetzt wird. Den Beginn haben wir festgelegt und wir können auch das Ende bestimmen. Mit diesem Instrument werden drei Ziele verfolgt: Vertrauen und Glaubwürdigkeit innerhalb der baskischen Bevölkerung und der internationalen Gemeinschaft gewinnen, den Weg für neue Abkommen mit anderen politischen Kräften ebnen und den Kampf verstärken und gleichzeitig dem Staat einen immer höheren Preis für seine Unbeweglichkeit abzuverlangen.

Ist dieses Vorgehen intern auf Widerstände gestoßen?
Die gab es in der Vergangenheit, weil sich manchmal die Ansicht durchsetzte, wir würden stark in Vorleistung gehen, während der Staat zu keinem Entgegenkommen bereit wäre. Doch die Legalisierung von Sortu[139], das Urteil des Straßburger Gerichtshofs für Menschenrechte zur »Parot-Doktrin«, die Wahlergebnisse und weitere Elemente haben nur die Kurskorrektur und unser einseitiges Vorgehen bestätigt. Es ist sogar so, dass wir schon mehr erreicht haben, als im vorhergehenden Prozess, wo es eigentlich ja Garantien gab, denn wir können nun wieder legal politisch arbeiten und wieder an Wahlen teilnehmen. Auf diese Tatsachen beziehe ich mich.

Eine andere Säule der neuen Strategie sind ein Dialog und strategische Abkommen mit anderen Formationen auf dem Weg in Richtung der Unabhängigkeit. Welche Kriterien müssen für diese Allianzen erfüllt werden?
Zunächst glaube ich, dass der Zykluswechsel notwendigerweise mit einem Prozess der ideologischen Klärung im Land einhergeht. Diese Aufgabe wurde und wird intensiv im Linksblock der Souveränisten angegangen, während das auf die übrigen politischen Familien im Land noch nicht in diesem Grad abgefärbt hat.

Neben dem ideologischen Klärungsprozess muss es – zum großen Teil hat sich das schon ergeben – eine Vereinfachung des politischen Angebots und auch des Angebots bei Wahlen geben. Neben anderen Gründen hatte der Fortbestand des bewaffneten Kampfes der ETA zu einer gewissen Inflation auf die-

---

139 »Aufbauen« heißt die neue Partei des linksbaskischen Spektrums, die Anfang 2011 als
     neue legale Partei der abertzalen Linken gegründet wurde. Das spanische Verfassungs-
     gericht hob ein Verbot im Juni 2012 auf. Im Februar 2013 wurde auf dem Gründungs-
     kongress Otegi in Abwesenheit zum Generalsekretär gewählt, während Hasier Arraiz
     der Präsident ist.

sem Gebiet geführt. Da für uns mit dem Zykluswechsel verbunden ist, den Befreiungsprozess in seine entscheidende Phase zu heben, ist es nötig, eine breite
Front aufzubauen, in der sich die gesamte Linke und all diejenigen einreihen,
die für die Unabhängigkeit des Baskenlands eintreten. Wir können unsere Ziele
nur erreichen, das dürfen wir nicht vergessen, wenn wir überzeugen und eine
breite Bevölkerungsmehrheit hinter uns bringen. Deshalb müssen wir das Angebot in der Politik und für Wahlen bündeln, uns organisieren und gemeinsam
kämpfen.

**Das strategische Abkommen »Lortu arte«, das zwischen der abertzalen
Linken und EA geschlossen wurde, war das erste dieser Art zwischen
zwei sehr unterschiedlichen Strömungen in der baskischen Unabhängigkeitsbewegung, die sich zeitweise sogar feindselig gegenüberstan-
den. Gab es Vorbehalte? Wie wurde die Annäherung möglich? Welche
Überzeugung hatte die jeweilige Seite?**
Mit EA unterhielten wird Beziehungen, bevor ich aus dem Knast kam, und danach. Ja, es gab sogar einen Versuch, im Jahr 2009 gemeinsam zu den Wahlen
in der Autonomen Gemeinschaft (CAV) anzutreten. Doch das scheiterte. Aber
wir hatten eine stabile und flüssige Kommunikation über einen langen Zeitraum. Deshalb kam es zum ersten Abkommen mit EA, da wir schon einen Teil
des notwendigen Wegs zurückgelegt hatten. In beiden Formationen waren wir
uns zudem darüber bewusst, dass der von uns vorgeschlagene Strategiewechsel
es erforderte, ein politisches Angebot zu schaffen, das Mehrheiten auch bei
Wahlen gewinnen kann. Mit dieser Überzeugung wurde das Abkommen geschlossen.

**Wie wurde die Allianz aufgebaut? Waren Sie daran beteiligt? Unter
welchen Voraussetzungen wurde das durchgeführt? Musste man dabei
klandestin vorgehen?**
Ich war zu Beginn an den Vorgängen beteiligt, vor den angesprochenen Wahlen bis zu meiner Verhaftung. Und wir wurden bisweilen auch beschattet und
verfolgt, wenn wir auf dem Weg zu den Treffen waren. Sie verfolgten uns bis
nahe an den Treffpunkt heran. Doch ich glaube, sie haben nie herausgefunden,
in welchem Eckchen in unserem Bizkaia wir uns getroffen haben.

**EA setzte auf eine Allianz in schwierigen Zeiten und war sich des gro-
ßen Risikos bewusst. Man kann davon ausgehen, dass in der Partei viele
Schwindelgefühle überwunden werden mussten. Die Antwort der spani-**

schen Regierung (damals der PSOE) war eine Verbotsdrohung, falls EA
»mit ihrem Namen« die abertzale Linke schützen würde.[140] Wieso ging
EA diesen Schritt? Wie bewerten Sie dieses Verhalten?

Die EA-Führung war wirklich besorgt über diese Drohungen. Aber sie war
fähig, den Weg weiter zu gehen und dieses Verhalten wurde von unserer Basis
sehr geschätzt, wo eigentlich erwartet worden war, dass sie den Rückzug antreten würde. Deshalb möchte ich die Gelegenheit nutzen, um öffentlich für
das mutige und verantwortliche Verhalten zu danken. Einige Medien, die eine
gewisse »Bösartigkeit« an den Tag legten, brachten das mit einer angeblich fehlenden politischen Zukunft in Verbindung, falls EA im Alleingang zu Wahlen
antreten würde. Und diesem Faden der Drohungen gegenüber EA folgend,
erlaube ich mir an meine These zu erinnern, warum unsere aktuelle Strategie
siegreich ist: Hätten sie ihre Drohung umgesetzt und EA verboten, wäre die
Phase einer Autonomie in der CAV endgültig beendet worden. Es wäre zu
konkurrenzlosem Wahlbetrug gekommen, da nicht mehr nur die abertzale Linke ausgeschlossen worden wäre, sondern sogar eine Partei wie EA, die einen
Ex-Regierungschef in ihren Reihen hat. Also haben wir als Unabhängigkeitsbewegung gewonnen. Und wenn sie sich das nicht trauten (wir wussten, dass
die Kräfteverhältnisse für diese neue Qualität der Repression nicht gegeben
waren), würden die Bestrebungen zur Unabhängigkeit in dieser Phase gestärkt
und der Beginn des demokratischen Prozesses beschleunigt.

**Steht die abertzale Linke gegenüber EA in der Schuld? Und steht EA
gegenüber der abertzalen Linken in der Schuld?**

Niemand schuldet niemandem etwas. Wir haben schlicht das gemacht, was wir
in diesem Moment für das Baskenland für richtig hielten.

**Es scheint, die später erfolgte Einigung von beiden Formationen mit
Alternatiba war einfacher. Wie bewerten Sie, dass eine Partei, deren
politische Kultur in Spanien verwurzelt war, zu einem Abkommen für
die baskische Souveränität kommt?**

Ich habe diesen Vorgang aus dem Knast heraus verfolgt, doch ich kenne Óscar
Matute aus meiner Zeit als Abgeordneter in Gasteiz. Die Eingliederung von
Alternatiba in diesen großen historischen Block ist bedeutsam, weil wir um

---

140   http://ecodiario.eleconomista.es/espana/noticias/2247038/06/10/Ares-espera-que-
      EA-no-cometa-la-irresponsabilidad-de-dar-cobertura-con-sus-siglas-a-la-izquierda-
      abertzale.html

eine politische und soziale Kultur bereichert werden. Damit wird unsere Kapazität größer, um die von uns vorgeschlagenen Veränderungen umzusetzen.

Wie weit kann eine strategische Allianz im Baskenland gehen? Welchen Widersprüchen ist sie ausgesetzt?
Ich setze ihr keine Grenzen. Bisher dehnt sich diese Allianz weiter auf Aralar und AB aus, womit der gesamtbaskische Charakter stärker geworden ist. Das ist eine gute Nachricht und sie weist in die richtige Richtung. Es gibt keinen Befreiungsprozess ohne Widersprüche und es ist wesentlich, zwei Sachen dabei zu beachten: Man muss stets klar die grundsätzlichen Widersprüche von den sekundären unterscheiden und konstruktiv und intelligent mit ihnen umgehen.

Ist die PNV ausgeschlossen? Welche Bedingungen müssten gegeben sein, damit sie sich einer Allianz dieses Typs anschließt?
Wir schließen niemanden aus, auch nicht die PNV. Wie sollten wir auch? Sie vertritt einen bedeutenden Teil der patriotischen Geschichte in unserem Land, es ist die meistgewählte Partei in der CAV... Wer sie also ausschließen will, steht vor einer unmöglichen Aufgabe. Eine ganz andere Sache ist, dass die PNV selbst eine Zusammenarbeit mit der linken Unabhängigkeitsbewegung ablehnt.

Wir bleiben daher, gerade auch angesichts der Vorgänge in Schottland, dabei, dass wir zu einem Abkommen mit der PNV kommen sollten, um wenigstens einen nationalen Dialog in Gang zu bringen, der darin kulminiert, dass wir Basken unser Selbstbestimmungsrecht erreichen. Es liegt noch ein langer Weg vor uns, nicht nur mit der PNV, sondern mit all den Sektoren, die bereit sind für ein demokratisches Szenario im Baskenland einzutreten.

Impliziert die Bündelung der Kräfte auch eine Mentalitätsveränderung der abertzalen Linken in Bezug auf ihre Beziehungen zu den übrigen politischen Akteuren und dem Verhalten ihnen gegenüber?
Im gewissen Sinn müssen eine neue Kultur und eine neue politische Mentalität entstehen. Wir müssen verstehen, dass es für die Erreichung unserer Ziele notwendig ist, alle sektiererischen Ticks zu überwinden, damit aus einigen Sektoren, die unsere politischen Gegner waren, Partner im Prozess zur nationalen und sozialen Befreiung werden.

Das bedeutet auch, unser eigenes Organisations- und Führungsmodell einer gründlichen Überprüfung zu unterziehen, wie auch die Art unserer politischen und sozialen Beziehungen. Das gilt zunächst für uns selbst (wir müssen ein Beispiel für Transparenz und demokratische Mitbestimmung sein) und in zweiter Linie gegenüber unseren Allianzmitgliedern (mit Vertrauen und revolutionärer Tugend) und schließlich auch gegenüber unseren politischen Gegnern (ebenso mit Ehrlichkeit und Standhaftigkeit wie Respekt vor ihren politischen Projekten).

Kann ein Prozess zur sozialen und nationalen Befreiung gemeinsam von einer Allianz angeführt werden?

Zweifellos, denn nur der Aufbau eines historischen Blocks der linken Unabhängigkeitsbewegung, verstanden als Bündelung der Kräfte im Rahmen einer breiten Front, macht es möglich, dass sich der Befreiungsprozess letztlich erfolgreich durchsetzt.

Ist ein Wahlbündnis das wichtigste Terrain für die strategischen Abkommen? Existieren andere Bereiche?

Ein Wahlbündnis ist ein Bereich, aber es ist nicht der wichtigste für diese strategischen Abkommen. Ich möchte auf einer für mich grundlegenden Sache beharren: Wie ich meine, dass das endgültige Verschwinden des bewaffneten Kampfes eine notwendige Bedingung ist, die allerdings für die Entwicklung einer effizienten Strategie nicht ausreicht, so sage ich jetzt, dass eine allein auf die Institutionen ausgerichtete Strategie uns niemals zum Sieg führen wird.

Neben dem institutionellen Kampf müssen wir eine breite Kampffront in der Bevölkerung aufbauen, die auch mit zivilem Ungehorsam unsere sozialen und nationalen Rechte verteidigt. Wir müssen eine große Organisation aufbauen, die friedlich und ungehorsam in eine demokratische Konfrontation mit den Staaten tritt und sie über die Kultur, die Politik, die Mobilisierung herausfordert. Ohne diese Kampffront in unsere Strategie mit aufzunehmen, werden wir die Staaten nicht zu Veränderungen bewegen.

Bei den Wahlen zu Gemeinde- und Provinzparlamenten im Jahr 2011 wurde schließlich das Abkommen von drei Formationen in die Praxis umgesetzt. Kam hier die Formel, strategische Allianzen zu schmieden, zum Ausdruck?

Es war ein erster Schritt mit ausgezeichneten Ergebnissen, welche die Stärke der Unabhängigkeitsbestrebungen bewiesen hat. Er markierte auch das Scheitern des virtuellen Wandels, den das Tandem PSOE/PP zuvor verkündet hatte und er bewies gleichzeitig, wie falsch die These derer war, wir seien politisch am Ende.

Hat der Mangel, dass die abertzale Linke über keine eigene legale Formation zur Teilnahme an Wahlen verfügte, sich in irgendeiner Weise auf die Bildung der Koalition ausgewirkt?

Das hatte keinerlei Einfluss. Auch wenn die abertzale Linke über ein legales Instrument verfügt hätte, wäre auf die Bündelung der Kräfte gesetzt worden. Ich wiederhole: Wir befinden uns in einer Situation, die für uns die entscheidende Phase im Befreiungsprozess sein kann. Die Herausforderung besteht nicht darin zu zeigen, welche Partei bzw. Organisation eine größere Unterstützung hat. Die Herausforderung ist, zu zeigen, dass die Mehrheit im Baskenland links ist und die Unabhängigkeit will. Wir konkurrieren nicht miteinander oder sollten es jedenfalls nicht. Wir stehen in Konkurrenz mit den Staaten, die unsere nationalen Rechte negieren und uns in eine ökonomische Misere führen.

Was waren die Gründe für den Wahlerfolg von Bildu? Wie bewerten Sie den »Bildu-Effekt«?

Für mich gibt es drei Gründe für den Erfolg: Die Bevölkerung hat mit ihren Stimmen die klare Verpflichtung der abertzalen Linken belohnt, eine Friedenslösung zu finden, Bündnisse zu schließen und zudem einen Prozess gestartet zu haben, um eine wirkliche soziale und nationale Alternative im Baskenland zu schaffen.

Bedeutete der Sieg Bildus, die Blockierung und Isolierung zu durchbrechen? Haben die Wahlen zu einer drastischen Veränderung der Kräfteverhältnisse geführt?

Die Wahlergebnisse für Bildu ließen das Kartenhaus der PSOE und der PP zusammenbrechen, das sie im Baskenland aufbauen wollten. Es wurde klar, dass wahrlich nicht von einer angeblichen Schwäche der abertzalen Linken gesprochen werden kann, die lange sogar schon praktisch für politisch tot erklärt wurde. Aber damit nicht genug, es wurden die Bedingungen geschaffen, dass aus der linken Unabhängigkeitsbewegung eine politisch hegemoniale Macht wird. Unsere Prognosen, auf die wir mit dem Strategiewechsel gesetzt hatten, haben sich eindeutig bestätigt.

Haben Sie die Ergebnisse noch in der Wahlnacht erfahren? Welche Gefühle hatten sie dabei? Wie erlebten Sie den Wahlerfolg einsam in ihrer Gefängniszelle?

Der Genosse Santi Aragon, der bessere Haftbedingungen hatte, hat uns aus

seiner Zelle die Prognosen und Hochrechnungen zugerufen. Als sie sich bestätigten, war das eine unsägliche Freude für uns alle. Es war aufwühlend.

In den Zellen haben wir bis tief in die Nacht gefeiert. Speziell für Arkaitz
Rodríguez und für mich (wir beide saßen im Gefängnis von Logroño), war
es eine enorme Befriedigung, überprüfen zu können, dass all unsere Arbeit
draußen nun große Früchte trug. Es war schade, das nicht mit Sonia, Miren und
den Freunden draußen feiern zu können, die ebenfalls zum Strategiewechsel
beigetragen haben, und mit denen wir auch harte und schwierige Momente
hatten erleben müssen.

**Einige Monate später, als Amaiur zu den spanischen Parlamentswah-
len antrat, haben sich Bildu-Mitglieder ausdrücklich an Aralar und die
PNV gewendet, gemeinsam im Kongress die Basken zu vertreten. Die
PNV, die auch nicht am Abkommen von Gernika teilnahm, lehnte das
Angebot ab. Braucht die PNV mehr Zeit für eine Allianz der Souveränisten?**
Zunächst möchte ich klarstellen, dass dieses Angebot absolut kohärent war, und
dass wir es bei den kommenden Parlamentswahlen gegenüber der PNV und
anderen Formationen wiederholen werden, sich einer politischen Plattform mit
demokratischen Grundforderungen (Nation/Recht auf Selbstbestimmung) anzuschließen. Je nachdem, wie sich die Lage entwickelt, kann sie auch auf der
Maximalforderung Unabhängigkeit basieren, wenn wir davon ausgehen, dass
die Kräfteverhältnisse günstig für uns sind oder wir uns schlicht in einem Not-
stand befinden (was die Intervention in die Wirtschaft angeht, und wenn der
spanische Staat aus dem Euro austritt und 40 % der Sparguthaben verloren
gehen. Und ich versichere Ihnen, dass wir heute näher an einem solchen Szenario dran sind, als wir glauben). Die spanischen Parlamentswahlen sind der
geeignete Rahmen für derlei Angebote, denn es sind Wahlen, die für die Unabhängigkeitsbewegung weniger fundamental sind. Sie erlauben und erleichtern eine Verständigung und eine Zusammenarbeit statt einer Konkurrenz.
Deshalb werden wir das Angebot wiederholen, die Inhalte werden von der
jeweiligen Lage bestimmt. Gemäß dieser Philosophie sind wir vielleicht eines
Tages auf der Höhe der Verantwortlichkeit, die die Basken von uns verlangen,
und fähig, ein Bündnis ohne Ausschlüsse zu schmieden, das für ein gemeinsames nationales und demokratisches Abkommen im Baskenland eintritt. Wenn
aber die PNV ein ums andere Mal das Angebot ausschlägt, liegt das allein daran, dass sie weiter auf ein gespaltenes Baskenland setzt, das mit einer kleineren
oder größeren Autonomie zu Spanien oder Frankreich gehört.

Glauben Sie, dass es zu einer Verständigung kommen kann? In welchen Bereichen?

Der Aufbau eines unabhängigen Baskenlands braucht pluralistische Bereiche für eine Verständigung und für Abkommen. Eine eigene Nation zu werden, benötigt einen großen Grundkonsens in verschiedenen Fragen: Bildung, Sprache, Gesundheit, Symbole, Freiheiten, Spielregeln und natürlich auch in der Frage seines Sozialmodells. Die baskische Nation aufzubauen, benötigt neben anderen Aspekten die Sicherheit, dass unabhängig davon, wer gerade regiert, die allgemeinen Rechte, was Bildung, Soziales, Ökonomie, Sprache etc. angeht, nicht angegriffen werden. Eine solche Übereinkunft unter allen oder wenigstens mit einer großen Mehrheit erreichen wir nur nach einem langen nationalen Dialog.

Ist es leichter zu einer Verständigung mit Aralar zu kommen als mit EA? Wie bewerten Sie, dass Aralar sich am Projekt Amaiur beteiligt?

Ich vermute, was politische oder ideologische Fragen angeht, gab es keine speziellen Schwierigkeiten, um zu einer Übereinkunft mit Aralar zu kommen. Da es eine Abspaltung von uns war, ist klar, dass einige Wunden noch nicht verheilt waren. Auf der anderen Seite haben wir viele Jahre gemeinsam mit einem großen Teil ihrer Mitglieder gekämpft, was natürlich für das erneute Zusammengehen förderlich war.

Ich bin jedenfalls sehr zufrieden über die Zusammenarbeit. Ich bin davon überzeugt, dass Aralar einen wichtigen Beitrag zur sozialen und nationalen Befreiung leisten wird, der für die linke Unabhängigkeitsbewegung einen großen Gewinn bringt.

Mit der Zusammenarbeit waren verschiedene Episoden des Zerfalls von Nafarroa Bai[141] verbunden. Nachdem die ursprüngliche Formation aus-

---

141 »Ja zu Navarra« ist ein Bündnis, in dem sich baskische Parteien außerhalb der abertzalen Linken in Navarra vor den Regionalwahlen 2004 gegen den spanischen Nationalismus in Navarra zusammengeschlossen hatten. Neben der PNV gehörten Aralar, EA und kleinere Linksparteien und Einzelpersonen zu dem Bündnis. Doch EA verbündete sich mit der abertzalen Linken und später stieg auch Aralar aus NaBai aus. Bei den Regionalwahlen 2007 erreichte die Koalition mit 23,7 % der Stimmen 12 Sitze im Parlament von Iruña (Pamplona) und wurde zweitstärkste Kraft hinter der rechten spanisch-nationalistischen UPN, Schwesterpartei der PP in Navarra. 2011 erreichte NaBai (Aralar war noch drin, aber EA draußen) nur noch 15,8 % und Bildu (mit EA) kam auf 13,6 %.

einandergefallen war, wurde eine neue Wahlplattform in Navarra gebildet: Geroa Bai.[142] Wie erklärt sich dieses Phänomen?

Ich glaube, wir müssen eine gelassene und tiefgründige Analyse dessen vorneh-
men, was Geroa Bai für Navarra bedeutet. Es ist augenscheinlich, dass der lange Arm der PNV hinter der Vorgängen steckt und viel mit Unterstützung von
Medien geschieht, die nicht gerade patriotisch sind (Ser[143], Diario de Navarra[144]
u. a.), und dann ist da noch die starke Wirkung von Uxue Barcos[145] (ich nutze
die Gelegenheit, um ihr eine vollständige Genesung zu wünschen). Aber all
dies erklärt das Phänomen noch nicht vollständig. Meiner Ansicht nach nimmt
Geroa Bai einen doppelten Raum ein: Da sind Sektoren von EA, PNV und
sogar von Aralar, die sich aus politischen oder persönlichen Gründen (derzeit)
einer Bündelung der abertzalen Kräfte verweigern oder ihr abgeneigt gegen-
überstehen. Und auf der anderen Seite gibt es diejenigen (etwa die Nichtwähler
oder die PSE), die auf dem Weg sind, sich auf den historischen Block zuzube-
wegen und in Geroa Bai eine Zwischenstation gefunden haben.

**Es handelt sich scheinbar um ein Spektrum, das sich als patriotisch
und/oder progressiv versteht, das ebenfalls seinen Platz innerhalb Bildu
oder Amaiur finden kann. Was trennt diese beiden Strömungen in Navarra? Sind es Konkurrenten, Gegner oder doch Reisegefährten?**

Ich habe keinen Zweifel daran, dass sie zwar Gegner bei Wahlen sind, dass
wir aber letztlich Reisegefährten in einem Prozess sein müssen, um zu einem
demokratischen Rahmen im Baskenland zu kommen. Ich bin überzeugt davon,
dass wir letztlich auf dem Weg zusammenkommen, wenn wir uns nicht sogar
vereinen. Das wäre eine gute Nachricht für alle Frauen und Männer in Navarra.

**Sprechen wir von Amaiur. In welcher Form kann eine Formation der
linken Unabhängigkeitsbewegung im Madrider Parlament zur Lösung
des Konflikts beitragen?**

---

142   Aralar hatte angeregt, zur Stärkung auch Batasuna aufzunehmen. Die PNV weigerte sich,
      was Aralar zum Ausstieg aus NaBai und zur Gründung von Geroa Bai (Ja zur Zukunft)
      brachte, die nur 12,8 % der Stimmen erhielt. Amaur schlug bei den spanischen Parla-
      mentswahlen am 20. November 2012 mit 14,9 % Geroa Bai klar und wurde fünftstärkste
      Kraft im Kongress und stellt sieben Abgeordnete. Die PNV mit Geroa Bai nur sechs.

143   Spanienweite Radiokette, die den Sozialisten nahesteht.

144   Die »Tageszeitung von Navarra« steht eher der rechten, span.-nationalistischen UPN nahe.

145   Die Journalistin, die schwer an Krebs erkrankt war, sitzt für Geroa Bai im spanischen
      Parlament.

Neben der punktuellen Präsenz in den Institutionen Madrids oder unserer Teilnahme an der parlamentarischen Dynamik sollte sich unsere Arbeit darauf richten, politische Allianzen mit anderen Sektoren im Staat zu schmieden, die für dessen wirkliche Demokratisierung eintreten (hierzu gehören insbesondere auch die Anerkennung der Plurinationalität und das Selbstbestimmungsrecht). Zudem sollten Initiativen zur Information der Medien im Land und vor allem in Richtung der internationalen Medien und der diplomatischen Vertretungen der verschiedenen Länder gestartet werden.

Das wird eine Arbeit sein, die wir geplant und geduldig angehen müssen. Wie sollten nicht ungeduldig auf schnelle Erfolge aus sein.

Für die Unterzeichner des Abkommens von Gernika hat der politische Dialog zum Ziel, »ein integrierendes Bündnis unter allen politischen Kulturen im Land« zu schließen. Glauben Sie, dass bald ein Dialog unter verschiedenen Parteien möglich ist?
Wenn ich ehrlich bin, glaube ich nicht, dass bald ein integrierender politischer Dialog zur Konfliktlösung möglich ist. Weder ist die nötige Reife noch ausreichender Wille bei den spanischen Nationalisten dafür vorhanden. Doch mit absoluter Sicherheit wird es zu diesem Dialog in unserem Land kommen. Das sollte uns nicht beunruhigen. Unsere Sorge muss sein, dass wir als linke Unabhängigkeitsbewegung dann am besten eine führende Position einnehmen, wenn es zum Dialog kommt oder wir ihm sehr nahe sind. Dann können wir sicherstellen, dass das zu erzielende Abkommen ohne Zweideutigkeiten unsere kollektiven Rechte garantiert.

Der Dialog zur Konfliktlösung steht seit dem Jahr 2007 aus. Seit dem Abkommen von Gernika sagen die spanischen Sozialisten im Baskenland, »man kann über alles reden«, fügen aber an, »wenn die ETA nicht mehr existiert«. Ist das wirklich die letzte Schranke für einen Dialog?
Ich bin überzeugt davon, dass sie im Fall einer Auflösung der ETA neue Ausreden finden, um diesen Dialog zu unterlaufen. Klar ist aber, dass es sehr schwierig wird, sie zu finden und ihnen Überzeugungskraft zu verleihen. Schauen Sie sich die neuere Geschichte in diesem Land an. Da gibt es Leute, die behaupten, dass die strukturelle Unterdrückung, unter der dieses Land leidet, eine Konsequenz des bewaffneten Kampfes der ETA sei. Es gibt sogar einige, die noch darüber hinausgehen, wie Herr Urkullu, der bei mehr als einer Gelegenheit erklärt hat, dass die ETA verhindere, dass wir Basken frei entscheiden könnten. Doch wer verhindert das letztlich immer noch?

Die letzte und einzige Schranke für einen Dialog ist, dass die spanischen Nationalisten weder über eine Agenda noch über eine demokratische Alternative für einen Verhandlungstisch verfügen. Wenn wir dazu die Stärke der Unabhängigkeitskräfte zählen und das Verschwinden der großen Ausrede des »Anti-Terror-Kampfes« hinzurechnen, dann verstehen wir die Befürchtungen und Ängste, die das derzeitige politische Szenario bei spanischen Nationalisten erzeugt.

Welche Aspekte müsste ein Dialog zur Konfliktlösung angehen?

Zunächst müsste ein großes Abkommen darüber erzielt werden, an welche Regeln sich alle im demokratischen Kräftespiel halten. Es muss ohne Einmischung garantiert sein, dass die Zukunft in der CAV und Navarra, sowohl was die internen als auch die externen Beziehungen (mit den am Konflikt beteiligten Staaten, Europa und dem Rest der Welt) angeht, friedlich, demokratisch und ohne Einmischung von ihrer Bevölkerung entschieden werden kann. Wenn dieses Abkommen erreicht ist, müssen wir über den konkreten rechtlich-juristischen Rahmen diskutieren (Autonomie, Föderation, Konföderation, frei assoziierter Staat o. ä.), in dem diese Spielregeln geregelt sind. Von meinem persönlichen Standpunkt aus gesehen, ist die Phase der Autonomie für diesen Rahmen vollständig überholt.

Halten Sie ein demokratisches Abkommen mit dem spanischen Staat zur Überwindung der Ursachen, die zu diesem jahrzehntealten Konflikt geführt haben, für möglich?

Ich halte es für notwendig, aber nicht für möglich. Gegenwärtig ist der Staat nicht bereit für ein Abkommen dieser Natur. Der Staat hat keinerlei Willen, zu einem Abkommen zu gelangen, von dem nicht nur die Basken profitieren würden (wenn ihre Rechte als Nation und das Selbstbestimmungsrecht anerkannt werden). Davon würde auch die spanische Bevölkerung enorm profitieren, weil damit eine definitive Demokratisierung der staatlichen Strukturen verbunden wäre.

In der derzeitigen historischen Situation, in der der Staat, der gerade von einer PP verwaltet wird, die bereit ist, eine Politik mit antidemokratischer Aggression voranzutreiben, die wirklich reaktionär ist (wie die Veränderung des Zensus nach dem Vorbild Marokkos in der Westsahara) oder wenn uns eine neoliberale Agenda aufgezwungen wird, die definitiv unsere ökonomische Zukunft belastet, muss die Unabhängigkeitsbewegung entsprechende Antworten finden, die im Verhältnis zur Intensität dieser Aggressionen stehen. Diese Antwort kann ein großes demokratisches Abkommen für die Souveränität des Baskenlandes sein, dem sich auch fortschrittliche spanisch-nationalistische Kräfte anschließen könnten. Oder, wenn ein taktisches Abkommen mit dem Staat unmöglich ist, wären wir gezwungen, einen Block für die Unabhängigkeit zu bilden, der als Programm die einseitige Rückgewinnung der Souveränität haben müsste. Diese Szenarien einer wirklichen Notlage sind keine Hypothesen fernab jeglicher Realität. Wirtschaftlich und politisch stehen sie schon vor unserer Tür. Also sollten wir uns vorsehen und vorbereiten, um die beste Antwort dagegen parat zu haben.

Ist die abertzale Linke auf dieses Szenario vorbereitet?
Wir bereiten uns seit Jahrzehnten auf dieses Abkommen vor, aber um eine Verbindung zur vorherigen Antwort herzustellen, müssen wir uns auch auf die Entwicklung des Prozesses ohne Abkommen mit den Staaten vorbereiten.

Sehen Sie die abertzale Linke an Fragen von weitreichender Bedeutung mit denen arbeiten, die einst die extremsten Feinde waren oder noch sind?
Ja. Ich habe keinen Zweifel daran, dass das die Zukunft ist. In einigen Gemeinden findet das schon statt, was ich Ihnen zuvor schon erklärt hatte und Mario Zubiaga korrekt die »Verdichtung« nennt, die letztlich aber eine große Übereinkunft benötigt. Nur über diese großen Abkommen ist es möglich, eine Nation von allen für alle aufzubauen. Damit sie möglich werden, müssen die spanischen Nationalisten aber definitiv politische Verantwortung übernehmen. Doch auf diesem Gebiet, auch wenn es mir gefallen würde, sehe ich heute noch wenige Chancen. Für mich müssen die Sozialisten in der CAV und Navarra eine zentrale Rolle einnehmen, denn mit der PP (mit ihren derzeitigen Positionen) ist es schlicht unmöglich, »Räume der Begegnung« mit dem Staat zu schaffen. Wenn sich die Sozialisten auf Positionen der PP zubewegen, dann bleibt uns nur, auf einen einseitigen Prozess in Richtung Unabhängigkeit wie in Schottland … zu setzen. Und das werden wir dann zweifellos auch tun.

PROZESS UND URTEIL IM »BATERAGUNE-PROZESS«

Am 27. Juni 2011 beginnt am Sondergericht Audiencia Nacional in Madrid der Prozess gegen acht Beschuldigte im »Fall Bateragune«.[146] Sie sollen im Auftrag der ETA an der Zusammenführung der Kräfte gearbeitet haben, die für die Unabhängigkeit eintreten. Die Staatsanwaltschaft fordert dafür zwischen acht und zehn Jahren Haft. Nach zehn Sitzungstagen endet der Prozess am 7. Juli.

Seit der Razzia sind bis zum Prozesseröffnungstermin fast zwei entscheidende Jahre vergangen, in denen die von den Angeklagten entworfene strategische Neubestimmung in Gang gesetzt und die ersten Früchte geerntet worden sind.

Die abertzale Linke hat in historisch einmaliger Breite die neue Strategie beschlossen, ist strategische Abkommen mit anderen Formationen eingegangen und mit einem spektakulären Wahlerfolg unter Bildu in die Parlamente zurückgekehrt. Die ETA hat ebenfalls entscheidende Beiträge geleistet, um zu einem gewaltfreien Szenarium zu kommen. Im Januar 2011 gipfelt das in der Erklärung einer generellen, permanenten und verifizierbaren Waffenruhe. Die internationale Öffentlichkeit begrüßt die Veränderungen in der linken Unabhängigkeitsbewegung.

Im Baskenland häufen sich Stimmen, die den politischen Charakter des »Bateragune-Prozesses« anklagen, den sie als Versuch des spanischen Staates interpretieren, die Neuausrichtung der baskischen Linken zu verhindern. Sie fordern die bedingungslose Freilassung der Angeklagten. Und selbst einzelne Vertreter der PSE fordern, dass das Urteil die »soziale Realität« der neuen Zeit berücksichtigen soll.

Die Angeklagten benutzen die Anhörung im Prozess, um ihren Einsatz für den demokratischen Weg hervorzuheben, wobei sie minutiös den Verlauf der internen Debatte darstellen und ihren Anteil der Verantwortung dafür übernehmen.

Rufi Etxeberria betont bei seiner Zeugenaussage im Prozess die Bedeutung der internen Diskussion und versichert: »Das war die bedeutendste Debatte, die ich je im Laufe meiner politischen Geschichte erlebt habe. Zum ersten Mal

---

146   Bateragune bedeutet Ort zur Vereinigung oder Vereinigungspunkt.

in der Geschichte der abertzalen Linken hat die Basis eine Position zur ETA bestimmt.«

»Diejenigen, die keine politischen Argumente haben, müssen zwangsläufig betonen, dass Gewalt notwendig sei – wir nicht«, erklärt Otegi, der wie alle anderen täglich in Handschellen und von einem großen uniformierten Polizeiaufgebot umringt ins Gericht gebracht wird.

Am 16. September verkündet das Gericht unter dem Vorsitz von Angela Murillo zwar, dass es keinen Beweis für Kontakte mit der ETA beibringen konnte, beharrt aber auf »Indizien«, und das Urteil gegen die Initiatoren des Strategiewechsels lautet: 10 Jahre Haft für Arnaldo Otegi und Rafa Diez wegen »Leitungsfunktionen« in der ETA, 8 Jahre Haft für Miren Zabaleta, Arkaitz Rodriguez und Sonia Jacinto wegen »Mitgliedschaft« und Freispruch für Txelui Moreno, Amaia Esnal und Mañel Serra. Überraschung, Frustration, Empörung sind die Gefühle, die sich nach dem Urteilsspruch breit machen, der von führenden PNV-Politikern als »verrückt« oder »politisch-justizielles Absurdum«[147] bezeichnet wird.

Nach der Berufung bestätigt der Oberste Gerichtshof am 9. Mai 2012 das Urteil, reduziert aber das Strafmaß (von 10 auf 6½ im Fall von Otegi und Diez sowie von 8 auf 6 bei Rodriguez, Jacinto und Zabaleta). Das Urteil selbst ist unter bemerkenswerten Umständen zustande gekommen: von den fünf obersten Richtern haben es nur drei bestätigt. Einer argumentierte für eine Prozesswiederholung wegen offensichtlicher Parteilichkeit der Vorsitzenden Murillo, während der fünfte einen kompletten Freispruch forderte. Seiner Meinung nach war die politische Aktivität der Angeklagten das einzige, was während der Verhandlung nachgewiesen worden ist.

In welchem Gemütszustand gingen Sie und die übrigen Angeklagten in den »Bateragune-Prozess«? Waren sie optimistisch?

Was das zu erwartende Urteil angeht, überhaupt nicht. Es war zwar offensichtlich, dass es keinerlei juristische Grundlage gab, um uns zu bestrafen, aber es war sicher, dass wir verurteilt würden. Denn das entsprach dem politischen Drehbuch, das die Friedensfeinde geschrieben hatten. Wir sind aufrecht in das Verfahren gegangen, haben unsere politische Arbeit erläutert, die Wahrheit gesagt und erklärt: Wenn es ein Delikt ist, sich für den Frieden einzusetzen, dann sind wir schuldig.

---

147 http://www.deia.com/2011/09/16/politica/euskadi/egibar-cre-un-desproposito-y-un-escandalo-una-condena-a-otegi-por-el-caso-bateragune

Von der Verhaftung bis zum Beginn des Gerichtsverfahrens vergingen fast zwei Jahre, in denen die Strategie gewechselt wurde. Die ETA erklärte derweil eine umfassende Waffenruhe und Bildu brach ins politische Leben ein. Haben diese Umstände etwas an der Wahrnehmung dessen geändert, über das zu Gericht gesessen werden sollte?
Die Widersprüche zwischen dem, was die Anklage des Ministeriums für Staatsanwaltschaft[148] darlegte, und dem was wir erklärten, waren mehr als offensichtlich und die Entwicklungen hatten längst unsere Positionen bestätigt und ihre widerlegt. Das Urteil orientierte sich aber nicht an juristischen Kriterien, sondern an politischen... Und das hat sich am Ende ausgewirkt.

Was war Ihrer Meinung nach das Ziel des »Bateragune-Prozess«?
Das wichtigste Ziel war, uns aus dem Verkehr zu ziehen, um zu verhindern, dass es zum Strategiewechsel in der abertzalen Linken kommt. Diese Entwicklung sollte nur auf Kosten einer ernsthaften und tiefen internen Spaltung möglich sein. Das war das zweite große Ziel. Wir waren die Hauptschuldigen dieses Strategiewechsels (das erste große Delikt) und zudem ging er auch ohne interne Spaltung vonstatten (das zweite große Delikt).

Aber was ist Bateragune? Warum wurden Sie bezichtigt, dieser angeblichen Organisation anzugehören?
Gemäß dem Urteil ist Bateragune das Leitungsorgan von Ekin.[149] Das gleiche Urteil stellt aber fest, dass nicht bewiesen wurde, dass einer von uns Angeklagten ein Mitglied dieser Organisation war. Trotzdem war das Ergebnis: Haftstrafen von zehn und acht Jahren, die später vom Obersten Gerichtshof auf sechseinhalb Jahre gesenkt wurden. Dafür fehlen einem schlicht die Worte.

---

148 Teil der spanischen Regierung

149 Ekin (Machen) war einst die Jugendorganisation der PNV, die sich 1953 von ihr abspaltete und aus ihr entstand die ETA. Nach der Auflösung der Sozialistischen Alternative (KAS) 1998 soll Ekin angeblich ihr Nachfolger geworden sein. Richter Garzón ließ im September 2000 Führungsmitglieder als wesentlichen Teil der ETA verhaften. »ETA-Ekin« steuere »für die Terrororganisation die sozialen und politischen Organisationen« der Unabhängigkeitsbewegung. Die vierte Kammer der Audiencia Nacional erklärte zu seinen Ermittlungsergebnissen, es »existiert kein Hinweis auf eine Verwicklung zwischen ETA und Ekin.« Nach 15 Monaten wurden die sechs noch inhaftieren Ekin-Mitglieder freigelassen. Zwei Stunden nach dieser vernichtenden Niederlage verbietet Garzón die Organisation. Sie wird von Spanien auf die EU-Terrorliste gesetzt.

Sie begannen Ihre Aussage nach den Fragen des Staatsanwalts mit einem Satz, der alle Alarmglocken schrillen ließ: »Wenn es ein Verbrechen ist, eine Strategie voranzutreiben, die allein auf friedliche und demokratische Mittel setzt, dann sind wir schuldig«. Hatten Sie die Möglichkeit in Betracht gezogen, dass es zu einer harten Strafe kommen könnte?

Klar. Ich erwartete eine harte Bestrafung. Ich dachte aber niemals, und das sage ich ehrlich, dass man auch Rafa zu einer solchen Strafe verurteilen würde. Das hat mich wirklich überrascht. Das spanische Radio Cope[150] erklärte das Urteil perfekt: Das Ziel war, Leute wie uns, die sogar »die Wahlen im Autonomiegebiet gewinnen könnten«, für einige Jahre aus dem Verkehr zu ziehen. Rafa wurde als »Ideologe der MLNV[151]« bezeichnet und Arkaitz, Sonia oder Miren sollen unsere »Nachfolger« sein. In solchen Sachen nehmen die kein Blatt vor den Mund.

Alle Angeklagten – Sie im Besonderen – lieferten offen und transparent Details über die interne Debatte in der abertzalen Linken und übernahmen dafür die Verantwortung. Warum legten sie in einem politischen Verfahren ein solches Verhalten an den Tag? Glaubten Sie, sich mit der Wahrheit am besten verteidigen zu können?

Wir hatten nichts zu verbergen und entschieden, vor dem Gericht als das aufzutreten, was wir sind: Aktivisten der baskischen Unabhängigkeitsbewegung. Wir nutzten die Gelegenheit, um im Prozess der baskischen Bevölkerung und der internationalen Gemeinschaft den Vorgang zu erklären, der die abertzale Linke zum Strategiewechsel geführt hat. Wir haben uns nicht an das Gericht gewandt, sondern zur Bevölkerung gesprochen. Die Wahrheit war unsere definitive Verteidigungspolitik. Den Raum für Lügen und Manipulationen haben wir dem Staatsanwalt, der Nationalpolizei und der Guardia Civil überlassen.

Sie haben sogar politische Überlegungen über den bewaffneten Kampf angestellt, die bisher nie vor einem Publikum dargelegt worden waren…

Es war ein entscheidender Augenblick, um unumkehrbar Glaubwürdigkeit in der baskischen Gesellschaft und in der internationalen Gemeinschaft zu gewin-

---

150 Es handelt sich um eine rechtskonservative Radiokette, die mehrheitlich der katholischen Kirche gehört.

151 Als »Movimiento para la Liberación Nacional Vasco« (Baskische Befreiungsbewegung) wird die linke baskische Unabhängigkeitsbewegung bezeichnet.

nen. Es kann sein, dass einige diese Reflexionen als vernichtend ansahen. Für mich war es nur die Konsequenz aus den politischen Entscheidungen, die die abertzale Linke getroffen hat. Deshalb hatte ich mir vorgenommen, mir keinen Raum für Ambivalenz oder Selbstgefälligkeit zuzugestehen.

Wir haben auf einen Weg gesetzt, der in der Konsequenz zum Ende des bewaffneten Kampfes führt. Entsprechend haben wir uns in unseren Vorschlägen und auch im Gerichtssaal geäußert. In diesem Moment aber, als ich dieser großen strategischen Entscheidung, die unsere Basis getroffen hatte, Stimme und Gesicht verlieh, wandten wir uns nicht an das Gericht, sondern an die baskische Bevölkerung und die internationale Gemeinschaft.

Sie haben sogar eingeräumt, einst den bewaffneten Kampf innerhalb des Kontexts eines politischen Konflikts befürwortet zu haben. Was hat Sie dazu gebracht, ihn heutzutage als ein Hindernis dafür zu sehen, dass die Unabhängigkeitsbewegung ihre politischen Ziele erreicht?

Ich habe in der ETA bewaffnet gegen die Franco-Diktatur gekämpft. Es gibt außerordentliche politische oder soziale Umstände, in denen die Unterdrückten das legitime Recht haben, alle Instrumente zur Selbstverteidigung zu nutzen, auch den bewaffneten Kampf. Ich bin kein Heuchler, obwohl ich davon ausgehe, dass es das letzte Mittel sein muss und, wenn möglich nur in ganz besonderen Situationen, eingesetzt werden darf. Ich bin sicher auch niemand, der daraus einen Fetisch macht: »Argala« sagte einst, dass uns der bewaffnete Kampf – menschlich gesprochen – Schaden zufügt. Meine Entwicklung in Bezug auf den Einsatz von Gewalt und die Tatsache, dass ich ihren Einsatz ablehne, ist ethischen und politischen Gründen geschuldet. Um diese Überlegung abzuschließen: Wenn mich heute jemand um Rat fragen würde, welche Mittel im Kampf – unter welchen Umständen auch immer – eingesetzt werden sollen, dann würde ich ihm oder ihr mit aller Klarheit raten, aus ethischen und politischen Gründen friedlichen und zivilen Ungehorsam zu leisten.

Wieso kam die abertzale Linke nicht schon früher zu diesem Ergebnis?

Ich gehöre zu denen, die glauben, dass die abertzale Linke längst latent zu dieser Schlussfolgerung gelangt war, sie aber nicht aufblühen ließ. Es war an uns Frauen und Männern, sie mit allen Konsequenzen auf die Tagesordnung zu setzen. Es war hart, führte zu Spannungen, aber es war eine Übung revolutionärer Aufrichtigkeit. In einer gewissen Weise haben wir uns alle damit befreit. Ich weiß, dass z. B. Raúl Sendic (einstiger Anführer der Tupamaros) als erster in der Stadtguerilla Uruguays den bewaffneten Zyklus für beendet erklärte. Jahre später sagte ein guter Teil der Militanten, das Raúl »ihnen allen eine Stimme verliehen hatte«. Bei aller Unterschiedlichkeit glaube ich, dass wir dem übergroßen schweigenden Teil unserer Basis eine Stimme gegeben haben, als wir (die bei der Razzia am 13. Oktober Verhafteten) die Notwendigkeit der Beendigung des bewaffneten Zyklus auf die Tagesordnung setzten.

Glauben Sie, dass der bewaffnete Kampf in einem bestimmten Moment dem Staat als Vorwand diente, um seine repressive Politik zu rechtfertigen?
Ich glaube, mehr als der bewaffnete Kampf an sich, dient die baskische Unabhängigkeitsbewegung (manchmal auch die katalanische) als notwendiger »Feind im Inneren«, um das zusammenzuhalten, was spanische Nationalisten Spanien nennen. Denn wie in den Zeiten der Reyes Católicos (Katholischen Könige) oder der Zeit von Felipe II. ist Spanien ein Konstrukt, dass sich »gegen« andere richtet: Die Mauren, die Juden, die Morisken[152], die Marranen[153], die Hexen, die baskische Unabhängigkeitsbewegung… Wenn der »gemeinsame Feind«, verschwindet, bricht der Bruderkrieg aus. Das Goya-Gemälde »Duelo a garrotazos« zeichnet ein perfektes Bild dieser Kultur.

Glauben Sie, das Ende der ETA kann diese Strategie aushebeln?
Ganz im Gegenteil. Der spanische Nationalismus verfügt über keine strategische Alternative. Deshalb brauchen sie die ETA. Wenn sie sich auflöst, wird sie neu erfunden, wird von ihrem »Auftauchen« in diesem Dorf, dieser Schule oder Fabrik fabuliert werden. Deshalb wollen sie in keinerlei Dialog mit der ETA zur definitiven Entwaffnung treten. Deshalb wollen sie auch nicht, dass diese Entwaffnung von der internationalen Gemeinschaft überwacht und verifiziert wird. Sie müssen die Gegenwärtigkeit der ETA (in einem »latenten« Zustand, »im Schatten«…) als letzte Ausrede aufrechterhalten und daran werden sie sich bis zuletzt klammern.

---

152 Zum Christentum konvertierte Mauren, die nach dem Abschluss der so genannten »Rückeroberung« (faktisch eine Vertreibung) noch in Spanien lebten.

153 Verächtliche Bezeichnung für zum Christentum konvertierte Juden, die nach der Vertreibung der Juden verdächtigt wurden, trotz Verfolgung durch die Inquisition heimlich an ihren Traditionen festzuhalten.

»Zum ersten Mal in der Geschichte der abertzalen Linken hat die Basis eine Position zur ETA bestimmt«[154], erklärte Rufi Etxeberria in Bezug auf die interne Debatte, als er als Zeuge im Prozess aussagte. War es die Basis der abertzalen Linken, die die ETA dazu gebracht hat, die bewaffnete Strategie aufzugeben?

Unabhängig davon, dass auch die ETA die Lage eigenständig analysiert hat, ist für mich offensichtlich, dass unser Vorschlag, nachdem er von einer überwältigenden Mehrheit unserer Basis unterstützt wurde, die ETA dazu gebracht hat, endgültig den bewaffneten Kampf aufzugeben.

Wir sollten in dieser Frage klar sein: Die Einstellung des bewaffneten Kampfes durch die ETA ist nicht das Ergebnis einer polizeilich-militärischen Niederlage oder die Konsequenz der Repression durch die am Konflikt beteiligten Staaten, sondern allein die Konsequenz aus einer Entscheidung der Batasuna-Basis, einzig und allein auf demokratische Mittel zu setzen. Diese Entscheidung unserer Basis brachte die ETA dazu, ihre eigenen Entscheidungen souverän zu treffen.

Sie haben gesagt, »das M [in Bezug auf die Militärstrategie der ETA] ist überflüssig und stört«[155]... Haben Aktivisten der linken Unabhängigkeitsbewegung oder Genossen im Gefängnis Ihnen diese oder ähnliche Äußerungen vorgeworfen?

Sowohl die Freunde im Gefängnis wie die außerhalb der Gefängnismauern haben sich stets mit vollem Respekt an mich gewendet. Das soll aber nicht heißen, dass sie stets meine Ansichten und Analysen teilten. In diesem Fall wurde mir gegenüber auch geäußert, dass einige an meinen Äußerungen vor Gericht – sagen wir es so – »zu knabbern« hatten. Ich akzeptiere das.

Aber andererseits war ich schon überrascht, dass es zu Erstaunen führt, klar zu sagen, dass in der neuen Strategie das »M« stört. Das war schlicht und einfach das, was wir diskutiert hatten. Und ich wiederhole: Ich habe das nicht für das Gericht erklärt, sondern damit es klar und deutlich von der internationalen Gemeinschaft und der baskischen Bevölkerung vernommen wird.

Diese Erklärungen und diese Geste haben, von meinem bescheidenen Standpunkt aus gesehen, dazu beigetragen, dass in der baskischen Gesellschaft und in der internationalen Gemeinschaft jeder Zweifel über die absolute Un-

---

154   http://gara.naiz.info/paperezkoa/20110910/289953/es/Otegi-cumplira-martes-700-di-as-carcel-su-apuesta-politica

155   http://www.publico.es/espana/385858/otegi-la-estrategia-militar-de-eta-sobra-y-estorba

umkehrbarkeit unserer Politik zerstreut wurde. Das war das Ziel dieser Worte
und ich glaube aufrichtig, dass der gewünschte Effekt erreicht wurde.

**Bedeutet das, sich von einer politischen Kultur loszusagen, oder resul-
tiert die Logik eben aus dieser eigenen Geschichte?**
Es bedeutet, eine Strategie zur sozialen und nationalen Befreiung an die neuen
Bedingungen anzupassen und ihr damit Kontinuität zu verleihen. Wir geben
nichts auf, wir wollen nur siegen.

**Im Gerichtsverfahren drückten Sie ihre »Zweifel« aus, ob diese Über-
zeugungen etwas mit dem Alter zu tun haben. Haben sie? Beeinflusst
das Alter, die Biografie und Erfahrung diese ideologische Entwicklung?**
Ja. Es ist wahr, dass mir während meines Gefängnisaufenthalts in Martutene ständig ein Gedanke durch den Kopf ging. Ich fragte mich, ob meine politischen
Ansichten damals mit dem Lauf der Zeit, dem Alter…, zu tun haben könnten.
Das heißt, ob eher biologische als politische Gründe für sie verantwortlich wären.
Doch nach Verlassen des Knasts konnte ich mit Befriedigung feststellen, dass
deutlich jüngere Menschen meine Positionen geteilt haben. Diesen Aktivisten
kommt ein höherer Verdienst bei diesem Strategiewechsel zu, dazu gehören u.a.
Arkaitz, Sonia und Miren, denen Anerkennung dafür gebührt.

**Im Verfahren wurde eine Ihrer Redewendung allseits bekannt: »Wir
haben die Richtung des Überseedampfers abertzale Linke geändert«.
Sind Sie darauf stolz? War das mit hohen Kosten auf persönlicher Ebene verbunden?**
Ich bin mächtig stolz darauf und habe ein sehr reines Gewissen (es ist der
strengste Richter eines Revolutionärs), trotz der hohen Kosten, die wir auf persönliche Ebene bezahlen. Ich würde immer wieder so handeln.

**Sind Sie der Kapitän dieses Dampfers und damit für den Richtungs-
wechsel verantwortlich?**
Es wäre eitel von mir, eine solche Behauptung aufzustellen. Sagen wir es so: Der
vorgezeichnete Kurs dieses Dampfers hätte uns unerbittlich und sicher politisch
Schiffbruch erleiden lassen. Deshalb haben eine Gruppe junger Aktivisten (wie
Arkaitz, Sonia und Miren) und einige alte Seebären (wie Antton, Rafa, Rufi
und Txelui) das Steuer übernommen und das Ruder (nicht ohne Opposition)
herumgerissen. Es war keine einfache Aufgabe, es gab große Spannungen und
führte auch zu persönlichen Verschleißerscheinungen. Aber wichtig ist, heute

feststellen zu können, dass wir alle im gleichen Dampfer sitzen und in die gleiche Richtung steuern.

Haben die Einlassungen der Angeklagten im Prozess dazu beigetragen, die öffentliche Meinung in Spanien zu beeinflussen?

Ich glaube nicht. Zu viele Jahre der Desinformation können nicht mit ein paar Tagen oder in ein paar Jahren umgekehrt werden. Wir haben nicht einmal damit begonnen, von einer Mehrheit im Staat wahrgenommen zu werden. Das ist weiterhin eine Aufgabe, die wir mit revolutionärer Geduld angehen müssen. Lassen Sie mich in diese Richtung eine Prognose wagen: Je mehr Zeit ohne bewaffnete Aktionen der ETA vergeht, während sich gleichzeitig die Lebensbedingungen der Arbeiter und einfachen Leute in Spanien verschlechtern, desto größere Möglichkeiten zunächst zur Annäherung und später zur Verständigung mit breiten progressiven Teilen der spanischen Gesellschaft werden geschaffen. Das wird uns erlauben, das aufzuzeigen, was uns mit der Arbeiterschaft in Spanien eint: Es ist nicht die Zugehörigkeit zu einer Nation, sondern der Umstand, dass wir derselben Klasse angehören.

Und es kam das Urteil und fünf Angeklagte wurden bestraft. Haben Sie so etwas erwartet? Wie nahmen Sie es auf?

Ich will nicht abstreiten, dass es ein harter Schlag war. Zudem hat man uns extra nach Madrid geschafft, nur um uns schlussendlich das Urteil in dunklen Gefängniskellern zu verkünden. Ein ohnehin hartes Urteil wurde durch diese spezielle Grausamkeit uns gegenüber noch verstärkt. In diesen Augenblicken denkt man vor allem an die Familien und nicht an sich selbst. Danach muss man sich wieder aufrichten, zur Gelassenheit zurückfinden und wieder lächeln.

Welchem Interesse gehorchte das Urteil?

Durch das Urteil wurde unsere Analyse bestätigt: Der Staat oder die jeweilige Regierung ist nicht an einem Friedensszenario interessiert, weil man sich in Madrid darüber bewusst ist, dass in einer freien und demokratischen Konfrontation der Projekte das der spanischen Nationalisten im Baskenland nur eine Minderheit anspricht. So war das Urteil eine weitere »Einladung« an die abertzale Linke, zum vorherigen Szenario zurückzukehren. Es ging um Aufgabe, um Enttäuschung, wir sollen jede Hoffnung auf Befreiung verlieren.

Wenn die Wahrheit die beste Verteidigungsstrategie war, wie interpretieren Sie das Urteil?

Die Strafe hat nur erneut gezeigt, dass die Urteile nach politischen Kriterien und nicht nach juristischen gefällt werden. Die Schamlosigkeit hat einen Grad erreicht, dass sich sogar Herr José Antonio Pastor (Sprecher der Sozialisten im Baskenland) zu sagen traute, dass einige Urteile in die eine Richtung gefällt werden, um andere auszugleichen, die in die andere gefallen sind. Was sie als Rechtsstaat bezeichnen, basiert auf einem Geschacher und der Instrumentalisierung der Menschenrechte für politische Zwecke.

Ist eine demokratische Lösung ihr eigentliches Problem?
Sie erleben das als ein Problem, denn die Lebensfähigkeit Spaniens als Staat ist gefährdet, wenn die Nationen im Staat die Möglichkeit erhalten, freie Staaten zu werden. Sie wissen genau, dass ihr Staat nur durch Zwang lebensfähig ist und nicht durch die demokratische Verlockung, den Basken, Katalanen usw. ein Projekt anzubieten, das sie dazu bringt, im Staat verbleiben zu wollen. Das ist ihr großes und gravierendes Problem. Sie glauben selbst, unfähig zu sein, ein attraktives Angebot zu machen, weil sie nicht einmal darüber nachgedacht haben. Zu diesem strukturellen Defizit im spanischen Staat als politischem Projekt kommt aber noch hinzu, dass er aus wirtschaftlichen Gesichtspunkten nicht lebensfähig ist. Spanien wird eine umfassende Intervention[156] erleiden und es ist sicher, dass das Land bei einer möglichen Aufteilung der Eurozone in der Schwacheurozone landen wird (automatisch würde der Geldwert um 30 % oder 40 % sinken), wenn das Land nicht sogar dazu gezwungen sein wird, die Eurozone zu verlassen.

Diese Entwicklung muss die Unabhängigkeitsbewegung nutzen und das werden wir auch tun.

Als sie nach Madrid zur Urteilsverkündung in die Audiencia Nacional gefahren wurden, hatten sie Olivenzweige dabei, um sie dem Gericht zu überreichen. Was wollten sie damit ausdrücken?

---

156 Otegi bezieht sich auf Vorgänge wie in Griechenland, Irland und Portugal, die faktisch keine souveräne Politik mehr machen können, sondern von der Troika aus EU-Kommission, Internationalen Währungsfonds und Europäischer Zentralbank Auflagen im Rahmen von so genannten »Rettungsmilliarden« gemacht bekommen (Abbau von Sozialleistungen, Steuererhöhungen, Verschlankung des Staates, Privatisierungen etc.). Spanien erhielt im Sommer 2012 aus dem Rettungsfonds die Zusage von bis zu 100 Milliarden Euro zur Bankenrettung und erhielt entsprechende Auflagen. Das von Otegi geschilderte Szenario halten Ökonomen für wahrscheinlich, da die Krisenländer im Euro wenige Chancen haben, wieder auf die Beine zu kommen.

Wir haben einige Olivenzweige im Gefängnis von Navalcarnero abgeschnitten. Wir wollten mit der Übergabe klarstellen, dass wir keinen Millimeter vom eingeschlagenen Weg abweichen würden. Sie fürchten sich vor dem Frieden, wir nicht. Meinen Zweig bewahre ich noch in der Zelle auf. Er hängt neben dem Wappen des Baskenlands, einem roten Halstuch, dem Bild einiger Flüchtlinge auf der Île d'Yeu[157] und Fotos von meiner Familie und Freunden.

Wie hat die baskische Bevölkerung das Urteil aufgenommen?
Im Baskenland hat man das Urteil weder verstanden noch geteilt, so wie viele andere zuvor. Doch es gab einen Unterschied: Im Kontext des neuen politischen Szenarios konnten Vorgänge, wie die Urteile gegen uns, im täglichen Leben zeigen, wer für einen Frieden eintritt und wer nicht, wer alles tut, damit es zu einer Friedenslösung kommt und wer alles tut, um sie zu sabotieren. Durch den Einsatz der Macht und der Repression des spanischen Staats wird ihm im Baskenland darüber hinaus immer stärker die Legitimität entzogen, während unsere Positionen gestärkt werden. Es gewinnt nicht der, der die meiste Macht hat, sondern der, der die meiste Glaubwürdigkeit und Kapazität zum Überzeugen hat. Wir haben in diesen Jahren unseren Vorteil deutlich ausgebaut.

Hat das Urteil Zweifel innerhalb der abertzalen Linke darüber geschürt, ob die neue Strategie umsetzbar ist?
Nein. Warum sollte es auch? Dass wir auf Einseitigkeit unserer Strategie setzen, hat damit zu tun, dass wir uns darüber bewusst sind, dass den Staat eine Friedenslösung nicht interessiert. Deshalb wird er weiter zuschlagen, bis die Kosten seiner Strategie höher werden als die Gewinne, die er daraus zieht.

Hat das Urteil den eingeschlagenen Weg der abertzalen Linken in Gefahr gebracht?
In keiner Weise. Im Gegenteil hat es bescheinigt, dass unsere Analyse völlig korrekt war. Deshalb wurden wir darüber in unseren Überzeugungen nur bestätigt. Wenn es der Regierung gelänge, unser Vorgehen durch Repression oder

---

157   Die französische Insel im Atlantik liegt 20 Kilometer vor der Küste und ist die am weitesten vom Festland entfernte französische Atlantikinsel. 1916 wurden österreichisch-ungarische Kriegsgefangene auf das Eiland geschafft und 1940 auch französische Kommunisten dort interniert. Otegi spricht aber davon, dass Frankreich diverse baskische Flüchtlinge ab 1976 auf die Insel verbannt hat, darunter auch Argala. http://elpais. com/diario/1976/10/19/espana/214527616_850215.html Frankreich hat Basken auch in die Kolonien und in verschiedene Länder Lateinamerikas (Panama, Dominikanische Republik, Venezuela u. a.) deportiert.

Abb. 6 (oben): »Politika Askatu« (Freie politische Betätigung) fordern die Menschen über-
all im Baskenland, als Arnaldo Otegi und Rafa Díez zu zehn Jahren, Sonia Jacinto, Arkaitz
Rodríguez und Miren Zabaleta zu acht Jahren Gefängnis verurteilt werden. Das Foto zeigt
Demonstranten in der 3.000 Einwohner zählenden Kleinstadt Leitza.
Abb. 7 (unten): Demonstration von Angehörigen politischer Gefangener am 11.09.2009 in
Donostia. Da sie die Bilder ihrer inhaftierten Kinder nicht mehr öffentlich zeigen dürfen,
zeigen die DemonstrantInnen auf mitgeführten Plakaten nur Umrisse. Auf dem Transparent
heißt es »Politischer Status jetzt! – Politische Gefangene nach Hause!«

derlei Urteile zu ändern oder zu beeinflussen, dann hätten wir ein ernstes Problem. Wir sind es, die sie zwingen werden, ihre Strategie zu ändern.

[Am 9. Mai 2012 bestätigte der Oberste Gerichtshof das Urteil des Sondergerichts, auch wenn die Haftstrafen reduziert wurden. Im Unterschied zu den vorhergehenden Fragen wurden die folgenden erst nach Bekanntwerden dieser Entscheidung gestellt.]

Wie haben Sie persönlich aufgenommen, dass die Verurteilung bestätigt wurde?

Obwohl wir nicht überrascht wurden, da wir seit mehr als einem Monat sehr genaue Informationen über das zu erwartende Urteil hatten, hat man doch irgendwie etwas Hoffnung auf eine andere Entscheidung. Deshalb bleibt nur anzufügen, dass diese Urteile nur noch mehr Leiden erzeugen, vor allem für unsere Familien.

Welche Ziele werden mit dem Urteil verfolgt?

Ich glaube, das Urteil hat verschiedene Ziele: Das wichtigste war, der baskischen Bevölkerung im Allgemeinen und der abertzalen Linken zu zeigen, dass wir nicht fähig seien, die Position der Regierung zu verändern. Wir sollen zum Aufgeben gebracht werden. Es soll ein Klima der Frustration geschaffen werden und die Wirksamkeit unserer Strategie in Frage gestellt werden. Und letztlich (so haben sie das auch erklärt) sollte versucht werden, unsere Teilnahme an den Wahlen in der CAV zu verhindern, weil sie befürchteten, dass die abertzale Linke daraus als Wahlsieger hervorgehen könnte.

Wissen Sie, wie die internationalen Vermittler die Bestätigung der Bestrafung aufgenommen haben?

Ich bin mir sicher, dass die internationale Gemeinschaft längst vollständig meinem Rat angenommen hat, den ich ihren Vertretern einst gegeben habe: Versuchen Sie nicht, diesen Prozess aus einer angelsächsischen Rechtslogik zu verstehen, denn Spanien passt nicht in dieses Schema. Mir ist bekannt, dass die Verärgerung über das Verhalten der Regierung in der internationalen Gemeinschaft weiter wächst.

Glauben Sie, dass diese Urteile Einflüsse z. B. auf den Wahlprozess in der CAV haben können?

Sie könnten sie haben und sollten sie haben. Es sollte auch darüber klar werden, dass der Feind die PP-Regierung ist, die verzweifelt versucht, die Welle der linken Unabhängigkeitsbewegung aufzuhalten.

DIE KONFERENZ IN AIETE

Am 17. Oktober 2011 findet im Palast des früheren Diktators Franco in Donostia die Internationale Konferenz zur Lösung des Konflikts im Baskenland statt. Das Treffen wurde von Lokarri[158] und der Internationalen Kontaktgruppe durchgeführt und beteiligt waren die deutsche ›Berghof Foundation‹[159], das Friedenszentrum ›Conciliation Resources‹ (Großbritannien), die Stiftung ›The Desmond and Leah Tutu Legacy Foundation‹ (Südafrika) und der ›Norsk Ressurssenter for Fredsbygging‹ (Norwegen).

Als bekannt wurde, dass die Konferenz stattfinden wird, distanziert sich die spanische Regierung sofort davon und versichert, »damit nichts zu tun haben« und auch nicht teilnehmen zu wollen, obgleich sie die Initiative nicht kritisieren. Der Regierungssprecher betont seinen Eindruck, dass die Beteiligten »es diesmal ernst meinten«. Der Präsident der baskischen Regionalregierung Patxi López, der sich während der Versammlung in New York aufhält, »begrüßt« das Ereignis, meldet aber Zweifel an, ob es sich dabei nicht um »eine Propaganda-Aktion« der baskischen Linken handele. López verkündet, er werde nicht teilnehmen, da er nicht eingeladen worden sei. Das wird sofort als falsch entlarvt, da die Veranstalter ihm sogar eine Hauptrolle als Gastgeber zugedacht hatten. Die PP bewertet das Ereignis als »Beleidigung der Opfer des Terrorismus« und als einen »von der ETA organisierten Akt«. Sie steigert ihren beleidigenden Ton noch, als die Namen bedeutsamer internationaler Persönlichkeiten bekannt werden. Sie wirft ihnen vor, »keinen blassen Schimmer« davon zu haben, was im Baskenland vorgeht.

---

158 Baskisches Bürgernetzwerk für Einigkeit und Versöhnung

159 Die Berghof Foundation mit Sitz in Berlin vereint drei ehemals unabhängige Stiftungen: Die Berghof Stiftung für Konfliktforschung, das Institut für Friedenspädagogik und die Stiftung »Berghof Peace Support«. Letztere vertrat die Berghof Foundation bei der erwähnten Internationalen Konferenz. Vgl. dazu auch folgende Publikation, herausgegeben von Berghof Conflict Research/Berghof Forschungszentrum für konstruktive Konfliktbearbeitung: Urko Aiartza and Julen Zabalo: The Basque Country: The Long Walk to a Democratic Scenario (Berghof Series: Resistance/Liberation Movements and Transition to Politics, Nr. 7, 2010 (www.berghof-conflictresearch.org/documents/publications/transitions_basque.pdf)

Die Einbindung von immer höherrangigeren internationalen Persönlichkeiten hat eine Vorgeschichte. Nach der Unterzeichnung der Brüsseler Erklärung durch verschiedene Persönlichkeiten (darunter mehrere Nobelpreisträger), hatte sich im Februar in Bilbao die Internationale Kontaktgruppe vorgestellt, die große Erfahrung im Bereich der friedlichen Konfliktlösung in sich vereint: die Ex-Ombudsfrau Nordirlands Nuala O'Loan, der Ex-Generalsekretär von Interpol Raymon Kendall, die Kriminologin Silvia Casale, die Universitätsprofessoren Pierre Hazan und Alberto Spektorowski sowie, als Koordinator der Gruppe, der südafrikanische Anwalt und Mediator Brian Currln.

Ihre Aufgabe ist, Mittel zur Entspannung vorzuschlagen und ein Vertrauensklima zu schaffen, um einen Dialog und Verhandlungen zwischen sämtlichen baskischen Akteuren in Gang zu setzen. Gleichzeitig fordern sie die Legalisierung von Sortu, damit diese Partei unter normalen Bedingungen am Dialog teilnehmen kann. Ende September wird bekannt, dass eine Internationale Verifizierungskommission, die aus Experten in dieser Materie besteht, die Einhaltung der von der ETA erklärten Waffenruhe überwacht und sich mit verschiedenen Beteiligten im Baskenland trifft, um die Entspannungsmaßnahmen der baskischen Linken zu unterstützen. Einige Tage vor Beginn der Konferenz nimmt eine Delegation der baskischen Linken im Westminster-Palast in London an einem Treffen teil, das von verschiedenen Parlamentsgruppen zum Thema Friedenslösung politischer Konflikte organisiert worden ist.

Am 17. Oktober beginnt in Donostia die Konferenz im Stadtteil Aiete im Beisein von Ex-UNO-Generalsekretär Kofi Annan, Ex-Kabinettschef von Tony Blair und Verhandlungsführer im nordirischen Friedensprozess, Jonathan Powell, Sinn Féin-Präsident Gerry Adams, Ex-Premierministerin von Irland, Bertie Ahern, Ex-Premierministerin von Norwegen, Gro Harlem Bruntland und dem ehemaligen französischen Innen- und Verteidigungsminister Minister Pierre Joxe. Der britische Ex-Premierminister Tony Blair, dessen Teilnahme ursprünglich ebenfalls angekündigt war, erscheint nicht, da er in anderer Mission im Mittleren Osten weilt.

Die sechs Persönlichkeiten versammeln sich am Vormittag mit zahlreichen politischen, sozialen und gewerkschaftlichen Vertreterinnen und Vertretern aus dem Baskenland. UPN[160] und PP sind die einzigen Abwesenden bei dem Treffen, an dem auch Delegationen der französischen Parteien UMP[161],

---

160   Konservative Partei, die in Navarra die (Minderheits-)Regierung stellt.

161   Die UMP (Union für eine Volksbewegung) ist eine konservative Partei, die mit Nicolas Sarkozy zum Zeitpunkt der Konferenz das Land regierte.

MoDem[162] und PS[163] teilnehmen. Am Abend geben sie ihre Abschlusserklärung bekannt. Sie fordern einerseits die ETA auf, ihre bewaffneten Aktivitäten definitiv einzustellen. Andererseits wird von der spanischen und französischen Regierung gefordert, Gespräche mit ihr aufzunehmen.[164] Sie fordern Schritte zur Versöhnung und Anerkennung der Opfer und einen Dialog und die Bevölkerung über das Ergebnis entscheiden zu lassen. Sie betonen ihre Bereitschaft, die Einhaltung der Schritte auf beiden Seiten zu überprüfen. Die internationale Einbindung fand auf höchstem und bisher nie da gewesenem Niveau statt. Am Tag nach Veröffentlichung der Erklärung schließen sich ihr der Ex-US-Präsident Jimmy Carter, der britische Ex-Premierminister Tony Blair und der US-Senator George Mitchell, einer der Drahtzieher beim Friedensprozess in Nordirland, an.

Die Schlussfolgerungen der Konferenz werden von der breiten Mehrheit der politischen und sozialen Formationen im Baskenland positiv bewertet und mit Hoffnung aufgenommen. Die spanische Regierung fühlt sich weder »betroffen noch angesprochen«.

Die baskische Linke bezeichnet die Resolution als »Meilenstein in der Geschichte« und sagt ihre »vollständige und entschiedene Unterstützung« zu. Regierungschef López, der mit einer Gruppe von baskischen Unternehmern in die USA geflogen ist, gibt von dort aus eine kurze Bewertung ab. Er betont, »der baskische Konflikt heißt ETA«.

Welche Bedeutung hatte die Internationale Konferenz von Aiete?

Die Bedeutung liegt darin, dass die internationale Gemeinschaft sich hier als aktiver Teil der Suche nach einem gerechten, stabilen und dauerhaften Frieden im Baskenland etabliert hat. Sie ist ins Baskenland gekommen, und sie hat das mit der Absicht getan, hier zu verweilen.

Wie ist die Internationale Konferenz von Aiete zustande gekommen? Wie konnte man bis zu diesem Punkt gelangen?

Die Konferenz war das Ergebnis von vielen Jahren Arbeit, die die abertzale

---

162 MoDem (Mouvement démocrate, Demokratische Bewegung) ist eine zentristisch-liberale Partei, die im Mai 2007 auf Initiative des Politikers François Bayrou gegründet wurde.

163 Die Parti Socialiste stellt seit 2012 mit François Hollande den Staatspräsidenten.

164 Der Sinn Féin-Präsident Gerry Adams beschreibt in seinem Vorwort den Inhalt der »Erklärung von Aiete«.

Linke rund um den Planeten investiert hat. Diese Jahre der Arbeit – mit all ihren Fortschritten und schweren Rückschlägen (wie dem Abbruch des letzten Verhandlungsprozesses) – haben letztendlich zu der Konferenz von Aiete geführt. Hauptsächlich, weil wir viel Zeit und Kraft darauf verwendet haben, die Glaubwürdigkeit vor der internationalen Gemeinschaft zurückzugewinnen. Ich selbst habe einen Großteil meiner Zeit und Arbeit auf die Wiederherstellung unserer Glaubwürdigkeit verwandt, die unabdingbar war für die Einbindung der internationalen Gemeinschaft in die Suche nach einer neuen Möglichkeit für den Frieden im Baskenland.

Was konnte die baskische Linke von einer solchen Initiative erhoffen? Die Konferenz selbst war, sowohl vom hohen fachlichen Niveau der Teilnehmer als auch vom Inhalt her, ein Wendepunkt im bisherigen Prozess. Und mehr als zu hoffen waren wir eigentlich davon überzeugt, dass sie eine neue Etappe im politischen Leben unseres Landes einläuten würde.

Waren Sie über die Durchführung und den Entwicklungsstand der Konferenz informiert? Haben Sie selbst in irgendeiner Art dazu beigetragen?
Ja, ich wurde punktuell im Vorfeld der Konferenz, über die Bedeutung der Teilnehmer und auch über den Druck der spanischen Regierung, um bestimmte Persönlichkeiten zu einem Rückzug ihrer Teilnahme zu bewegen, informiert. Ich hatte Gelegenheit, meine Meinung und Vorschläge zu äußern, die hilfreich sein konnten, um zu erwartende Schwierigkeiten aus dem Weg zu räumen.

Es fällt schwer, sich vorzustellen, dass für die Durchführung der Konferenz nicht die Zustimmung der Regierung, zu diesem Zeitpunkt der PSOE, nötig war. Wissen Sie, ob Madrid die Durchführung gebilligt hat?
Soviel ich weiß, war die spanische Regierung über die Durchführung und über den Inhalt informiert. Und sie hat sich dem – um es diplomatisch auszudrücken – »nicht widersetzt«.

Wie erklären Sie sich die Abwesenheit der spanischen Regierung, die stattdessen das Ereignis zu entwerten oder ignorieren versuchte?
Dafür gibt es nur eine Erklärung: der Präsidentschaftskandidat Rubalcaba war der Meinung, dass Frieden im Baskenland kein lohnenswertes Ziel sei, oder zumindest keins, für dessen Erreichen man mutige Schritte gehen müsste. Er hatte schlicht analysiert, dass solche Schritte außerhalb des Baskenlands keine Wählerstimmen bringen würden. Deshalb hat er auch (über Rodolfo Ares)

dem sozialistischen Lehendakari[165] »empfohlen«, nicht teilzunehmen. Einmal mehr waren die baskischen Sozialisten nur vertreten, weil Jesús Eguiguren sich diesem Vorgehen verweigerte und aus eigenem Willen teilnahm. Ich glaube, Ministerpräsident Zapatero war anderer Meinung, doch zu diesem Zeitpunkt zählte in der PSOE nur der Wille von Rubalcaba.

Wissen Sie, ob auch die PP vorab informiert war? Und falls ja, haben Sie Informationen, ob sie etwas gemacht hat, um die Durchführung zu verhindern?
Mir ist bekannt, dass bestimmte Sektoren der PP das Erscheinen einer internationalen Führungsperson zu verhindern versuchten. Entsprechend ihrer Position blieb ihr nichts anderes übrig, als sich diffamierend und beleidigend über die Konferenz zu äußern.

Wurden die Inhalte der Konferenz vorab auf irgendeine Art abgestimmt?
Bei diesen Kongressen werden die Inhalte der Abkommen schon im Vorfeld umrissen. Ereignisse dieser Relevanz erfordern eine ungeheuer aufwendige und genaue Vorarbeit unter den einbezogenen Akteuren. Doch auch bei Konferenzen mit derartiger Bedeutung ist bis zum Moment der öffentlichen Abschlusserklärung nichts definitiv festgelegt.

Vor der Konferenz haben einige spanische Politiker erklärt, sie diene den Interessen der abertzalen Linken...
Derlei Erklärungen sind ein Zeichen dafür, welches Unbehagen und Missfallen internationale Führungspersonen in bestimmten staatlichen Instanzen hervorrufen. Das spricht nicht nur für sich selbst, sondern die Urheber hinterlassen nicht gerade positive Eindrücke in der internationalen Öffentlichkeit. Kann jemand, der im Vollbesitz aller geistigen Kräfte ist, allen Ernstes denken, dass Tony Blair, Kofi Annan oder auch der Senator Mitchell sich dem Willen der baskischen Linken unterwerfen würden?

Die Erklärung von Aiete fordert die ETA auf, definitiv die Waffen niederzulegen, und die Regierungen, den Dialog aufzunehmen. Man könnte das als den perfekten Rahmen für alle am Konflikt beteiligten ver-

---

165 Lehendakari ist die Bezeichnung des Ministerpräsidenten der Autonomen Baskischen Gemeinschaft (CAV). Die offizielle Bezeichnung ist Eusko Jaurlaritzako Lehendakari (»Ministerpräsident der Baskischen Regierung«).

stehen, um zu einem Ende der gewaltsamen Konfrontation zu gelangen. Bis jetzt ist aber nur die ETA auf die Forderungen eingegangen. Wird eine neue Gelegenheit verschmäht und ausgeschlagen?

Nein, es zeigt sich nur, wer Interesse daran hat, den Konflikt definitiv zu überwinden und wer daran interessiert ist, ihn aufrechtzuerhalten. Das ist der entscheidende Beweis, dass unsere Analyse korrekt ist: der Staat hat keinerlei Interesse an einem Friedensszenario und demokratischer Auseinandersetzung. Er wird sich dem bis zuletzt widersetzen, weil er glaubt, dass er in einem solchen Szenario nur verlieren kann, während wir, die wir für die Unabhängigkeit eintreten, gewinnen werden. Nur ein Nachlassen in unserem Engagement, in unserer Organisation und unserem Kampf könnte dazu führen, dass diese Chance verspielt wird… Das kann, darf und wird aber nicht passieren.

Die Erklärung – unterzeichnet von erfahrenen Personen – regt zu einer Verhandlung zwischen den Parteien und einer Volksbefragung an. Es gibt Leute, die das als politischen Preis für den Frieden interpretieren…

In diesem Punkt wollen wir ganz klar sein: Für das definitive Ende des bewaffneten Kampfes der ETA ist kein politischer Preis zu zahlen. Der Schritt ist einseitig, es gibt keinen Gegenpart. Allerdings ist es auch notwendig, mit der gleichen Unmissverständlichkeit zu betonen, dass es einen politischen Konflikt längst gab, bevor die ETA gegründet wurde – ein historischer Konflikt, der durch ein Abkommen gelöst werden muss, über das die Bevölkerung per Referendum entscheidet.

Bedeutet die konsequente Umsetzung der Empfehlungen von Aiete das Ende der Einseitigkeit?

Wenn die Staaten ihre Verantwortung für eine demokratische Konfliktlösung übernehmen würden, wäre tatsächlich der Moment für eine bilaterale Phase gekommen. Aber machen wir uns nichts vor, das ist nicht ihr Wille. Sie tun vielmehr alles, um diese Phase zumindest so weit wie möglich hinauszuschieben.

Wir müssen unsererseits aber auf beide Szenarien vorbereitet sein, mit oder ohne staatliche Abkommen. Und wir müssen diese Variable sehr genau und verantwortungsbewusst analysieren, und Bedingungen schaffen, die den nötigen Druck auf den Staat ausüben, bis er nicht mehr umhin kann, in den Lösungsprozess einzusteigen. Wenn wir uns dagegen in einer bestimmten Phase festfahren und nur auf Bilateralität beharren (für die es keine Bedingungen gibt), liefern wir dem Staat die Schlüssel frei Haus, um den Prozess weiter in der Sackgasse zu blockieren. Also gut aufgepasst.

Abb. 8 (oben): »Wir sind heute ins Baskenland gekommen, weil wir glauben, dass es Zeit und auch möglich ist, den letzten bewaffneten Konflikt in Europa zu beenden«, so beginnt die Erklärung, die Kofi Annan, Gerry Adams, Jonathan Powell, Gro Harlem Bruntland, Berti Ahern und Pierre Joxe vor dem Friedenspalast von Aiete in Donostia verlesen (Bild oben). Abb. 9 (unten): Viele baskische Organisationen beteiligen sich an der Konferenz (das Bild unten zeigt einen Blick in den Konferenzsaal). Der damalige Regierungschef der CAV, Patxi López (PSE), entzieht sich der Teilnahme durch eine Reise in die USA. Nur drei Tage nach der »Erklärung von Aiete«, am 20. Oktober 2011, verkündete ETA das Ende ihres bewaffneten Kampfes.

Die unterschiedlichen Akteure wie Jonathan Powell selbst oder die baskische Linke, wie auch die Organisatoren und eigentlich sämtliche Teilnehmer der Konferenz stimmten darin überein, dass hiermit ein neues Szenario eröffnet wurde, wo sich alle als Gewinner fühlen können. Wo liegt der Haken, dass der spanische Teil diesen allseitigen Sieg bis heute nicht genießen konnte?

Für den spanischen Teil ist es schwierig, in dem Lösungsszenario einen Vorteil für sich zu erkennen. Der Teil, der Spanien als nationales oder staatliches Projekt begreift, erlebt das mit Angst und als Tragödie. Dieses Gefühl, das an die Tragödie von 1898[166] erinnert, kann nur schwer überwunden werden. Es fehlt in Spanien an Intellektuellen oder Staatsmännern, die deutlich machen, dass die wirkliche Modernisierung und das einzig mögliche Staatsprojekt für »Spanien« allein über die Anerkennung seines plurinationalen Charakters und das Selbstbestimmungsrecht für Basken, Katalanen, Galicier laufen kann. Wahrhaftig keine leichte Aufgabe.

Die Protagonisten der Konferenz haben ihre Bereitschaft erklärt, den Dialogprozess sowie die Befolgung ihrer Empfehlungen unterstützend zu begleiten. Wissen Sie etwas darüber, ob dieses Engagement nach dem Treffen von Donostia weitergegangen ist?

Ich habe die Information, dass die internationale Gemeinschaft unverzagt weiter daran arbeitet, den Friedensprozess im Baskenland voranzubringen.

Haben Sie mit Ihnen kommuniziert? Wissen Sie etwas darüber, wie sie die neue Situation im Baskenland aufgenommen haben?

Ich halte indirekt Kontakt mit diesen Akteuren und mir ist bekannt, dass sie einerseits mit großer Befriedigung das neue Szenario aufgenommen haben, während sie gleichzeitig mit großer Sorge und Unverständnis die von der PP-Regierung zur Schau gestellten störrischen und gegen jeden gesunden Menschenverstand verstoßenden Verhaltensweisen beobachten.

War die Konferenz ein Mandat für den von der abertzalen Linken eingeleiteten demokratischen Prozess?

Ja, sie bedeutete einerseits die Gewährung dieses Mandats und bestätigte andererseits gleichzeitig das eindeutige Eintreten der internationalen Gemein-

---

166   1898 verlor Spanien im Krieg gegen die Vereinigten Staaten seine Kolonie Kuba. In der
        span. Geschichtsschreibung wird dieses Ereignis als das »Desaster von 98« bezeichnet.

schaft für die Überwindung des letzten bewaffneten politischen Konflikts in Europa.

Auffällig war, dass die baskische Sektion der PSOE nur ungern teilnahm. Vertreten waren nur – ausdrücklich als Privatpersonen und ohne Mandat aus Madrid – Jesús Eguiguren und der Bürgermeister von Ermua, Carlos Totorika, der eine extrem harte Erklärung verlas, die sogar die ausländischen Persönlichkeiten verblüffte. Von den spanischen Sozialisten und denen aus Navarra war niemand anwesend. Was wollten sie mit dieser Haltung ausdrücken?

Es war eine von Rubalcaba durchgesetzte Entscheidung, die einzig und allein auf Wahltaktik beruhte. Wann immer sie diese »würdigen« Mienen im Namen des Friedens aufsetzen, müssen wir uns bewusst sein, dass alles in erster Linie aus wahltaktischen Gründen passiert. Apropos, die PSOE erntete das schlechteste Wahlergebnis ihrer Geschichte, während die PP die absolute Mehrheit erhielt. Im Baskenland fehlten dem Unabhängigkeitsbündnis 2.000 Stimmen zum Wahlsieg. Daraus kann jeder gerne seine eigenen Schlussfolgerungen ziehen.

Wie bewerten Sie, dass die spanischen Nationalisten in Navarra, die PP und die Regionalregierungen der CAV und von Navarra nicht vertreten waren?

Im Fall des Tandems PP/UPN war klar, dass sie ihre kriegerische Position beibehalten mussten, um in einem verzweifelten Versuch Zeit zu gewinnen. Immerhin hatten sie auch unbeirrt daran festgehalten, dass die ETA hinter den Anschlägen vom 11. März[167] stand. Deshalb mussten sie vertreten, dass sich nichts verändert habe, um sich nicht an ein neues für sie politisch, wenn auch nicht persönlich, unbequemes Szenario anpassen zu müssen.

Die Abwesenheit der beiden Regionalregierungen belegt außer ihrer Kurzsichtigkeit auch die Größe ihrer Mitglieder. Wenn ein Ex-Generalsekretär der UNO, Ex-Präsidenten, Nobelpreisträger etc. dein Land besuchen, versteht sich ein wenn auch nur dekorativ protokollarischer Empfang eigentlich von selbst.

---

167 Gemeint sind die Bombenanschläge auf vier Nahverkehrszüge in Madrid am Morgen des 11. März 2004, drei Tage vor den spanischen Parlamentswahlen. Obwohl die Polizei am gleichen Tag ein Selbstbekenntnis von Al-Qaida erhielt, vertrat die PP bis zuletzt die These, dass ETA hinter dem Anschlag stehe. Damit sollte der Zusammenhang zum Irak-Krieg vernebelt werden, in den José María Aznar Spanien an der Seite von George Bush und Tony Blair gegen den Willen der Bevölkerung geführt hatte. Die Lügen der PP führten dazu, dass sie gegen alle Umfragen die Wahlen überraschend verlor.

Was denken Sie über die Anwesenheit von Vertretern französischer Parteien?
Das scheint mir zunächst mal bedeutend, weil es die Geografie für die Lösung umreißt, die alle baskischen Gebiete in beiden Zentralstaaten umfasst. Und damit macht es die Notwendigkeit eines gesamten nationalen Dialogs ohne Ausschluss deutlich.

Wie sehen Sie die Abwesenheit des Chefs der baskischen Regionalregierung? Hat dieses Verhalten nachträgliche Konsequenzen gezeitigt?
Meiner Meinung nach hat Patxi Lopez mit dieser Abwesenheit politisch Selbstmord begangen. Sie ist ihm über Rodolfo Ares direkt von Rubalcaba angeordnet worden. Die Entschädigung für dieses »Opfer« werden wir sicher bei den nächsten Wahlen zum baskischen Parlament sehen können, wo sie vom Regierungssitz in Ajuria Enea verschwinden werden. Ich denke nicht, dass ich mich da täusche, und falls doch, hätte ich kein Problem, mich öffentlich bei ihm zu entschuldigen.

In einigen vielbeachteten Erklärungen beklagte Jesús Eguiguren nach der Konferenz den fehlenden politischen Wagemut von López, der sich seiner Meinung nach stärker für den Friedensprozess hätte engagieren müssen. Desgleichen bedauerte er, dass seine Partei nicht wahrhaben wollte, dass der Frieden vor der Tür stand. Hat die baskische PSOE-Sektion eine Chance verpasst, um aus den Institutionen heraus den Friedensprozess auf dieser Konferenz anzuführen?
Ganz eindeutig. Und dann wunderten sie sich über unsere hervorragenden Wahlergebnisse und ihre eigenen verheerenden… Dabei haben sie immer noch nicht verstanden, dass die baskische Bevölkerung ganz klar gesehen hat und weiter sieht, wer den Friedensprozess ermöglicht hat (nämlich die baskische Linke) und wer ihn nur zu sabotieren versucht.

Am Ende der Konferenz betonte Iñigo Urkullu, dass es viele waren, die »wir die von uns verlangten Schritte gemacht haben, damit die baskische Linke dieses Wendemanöver vollziehen konnte«.[168] Hat die baskische Linke von der PNV diese Schritte verlangt und hat sie sich in diesem Prozess von ihr unterstützt gefühlt?

---

168   http://gara.naiz.info/paperezkoa/20111019/297968/es/Tambien-Urkullu-intenta-centrar-Conferencia-solo-que-ETA-acabe-ya

Zunächst einmal möchte ich hier eine Sache ganz klar lassen: Die baskische Linke hat dieses Wendemanöver auf den Vorschlag derer hin vollzogen, die wir im Oktober 2009 (u. a.) verhaftet worden sind. Die einzige Unterstützung kam dabei von unserer Basis und unserem Umfeld. Im Reifeprozess hat sich unsere Gruppe mit der internationalen Gemeinschaft getroffen, mit EA, der Gewerkschaft ELA u. a. – und ich glaube versichern zu können, dass es kein einziges Treffen mit der PNV gab. Die Verantwortung für das Wendemanöver lag bei uns und niemand konnte uns bei dieser Aufgabe helfen. Es war allein unsere Verantwortung und wir haben sie übernommen.

Und schauen wir uns die Fakten an: die PNV hat das Abkommen von Gernika nicht unterschrieben, beteiligt sich nicht an Demonstrationen für die Rechte der Gefangenen, hat antisoziale Abkommen mit Zapatero getroffen, mit PP und PSOE in Madrid eine Erklärung unterschrieben, deren »positive« Folgen das Urteil des Verfassungsgerichts über die »Parot Doktrin« sind…

Die PNV unterstützt permanent die jeweilige Staats-Regierung in Madrid (egal ob PSOE oder PP). Wenn jemand wissen möchte, wo die PNV steht, braucht er sich nur ihr Verhalten in der Diskussion um die Sparkasse Kutxa anzusehen, wo sie ein Abkommen mit der PP unterschrieben haben (Umwandlung der Kutxa in eine Bank, Verzicht auf ein baskisches Finanzierungssystem und Einsatz für einen spanischen Markt, der bankrott ist). Das ist ihr tatsächlicher Einsatz, alles andere ist Strohfeuer.

Haben Friedensgruppen wie zuerst Elkarri und später Lokarri dazu beigetragen, ein Klima des Dialogs zu schaffen?
Unsere schwierigen und turbulenten Beziehungen zu Elkarri und Lokarri sind bekannt. Aber wir müssen aufrichtig anerkennen, dass ihre Arbeit in diesem Rahmen positiv und konstruktiv war. Das möchte ich von hier aus öffentlich anerkennen.

Warum hat sich die internationale Gemeinschaft dieses Mal voll und ganz in eine Konfliktlösung im Baskenland eingebracht?
Hauptsächlich, weil wir sie von der Möglichkeit überzeugt haben, den letzten bewaffneten und politischen Konflikt in Europa zu überwinden, und zwar unumkehrbar. Allerdings bestimmt die aktuelle Krisensituation in der Welt auch die Rangordnung der Agenda der internationalen Gemeinschaft, was für uns gegenwärtig nicht gerade positiv ist. Soweit mir bekannt ist, arbeiten die internationalen Akteure trotzdem bislang mit der gleichen Intensität weiter.

Wann wurden erste Kontakte mit internationalen Organisationen in Richtung Einbeziehung in die Konfliktlösung geknüpft?

Die baskische Linke war auf dem Terrain immer sehr aktiv. Diese Aktivität war stets Teil unserer Arbeit. Ich kann Ihnen deshalb kein konkretes Datum nennen. Allerdings kann ich Ihnen versichern, dass dies Jahrzehnte zurückliegt.

Wie wurden Ihre Anfragen aufgenommen? Gab es Bedingungen für die Zusage?

Sie sind immer auf Respekt und Interesse gestoßen. Bedingungen oder Empfehlungen, die uns im Vorfeld gemacht wurden, haben im Laufe der Zeit variiert. Während im Zusammenhang mit dem bewaffneten Kampf anfangs immer von begrenzten Waffenstillständen die Rede war, wurden zuletzt Garantien für sein definitives Ende gefordert.

Wurden Hoffnungen auf einen befriedigenden Prozessverlauf, Verhandlungen und ein Konfliktlösungsabkommen gemacht?

Statt Hoffnung zu machen, bieten sie ihren Einsatz an, damit sich Dialog- und Verhandlungsprozesse ohne zeitliches Limit entfalten können, aber ohne Garantie für ein Ergebnis. Aus diesem Grund werde ich nicht müde, immer wieder zu betonen, dass die einzige Garantie für ein zufriedenstellendes Abkommen in unserer eigenen Kapazität für Organisierung und Kampf liegt.

Haben Sie irgendwann Verdacht gegen bestimmte Kommissionsmitglieder geschöpft?

Schon, irgendwann haben wir sogar mal gescherzt, welchem Geheimdienst er wohl seine Informationen zuspielen wird … und in einem Fall haben wir beobachtet, wie sich jemand immer wieder dafür einsetzte, die Positionen der Regierung zu stärken. Generell sind wir aber sehr zufrieden und dankbar für ihre Arbeit und ihren Einsatz.

Ist Europa der Rahmen für die Konfliktlösung?

Aus zwei Gründen ist das unabdingbar: Erstens ist das Baskenland unter zwei Mitgliedsstaaten der EU aufgeteilt. Und zweitens existieren innerhalb von Europa bestimmte Dynamiken und Lösungen (Irland und Schottland z. B.), die perfekt auf unseren Fall angewandt werden können.

DAS DEFINITIVE ENDE
DES BEWAFFNETEN KAMPFES DER ETA

Am 20. Oktober 2011 wird um 19 Uhr über ausgesuchte internationale und baskische Medien verbreitet, die ETA werde nach 52 Jahren den bewaffneten Kampf endgültig einstellen.

Die Erklärung erfolgt drei Tage nach der Internationalen Konferenz von Aiete. In einem Video-Kommuniqué[169], das den jeweiligen Medien zugespielt wurde, erklären drei ETA-Mitglieder auf Baskisch, Französisch und Spanisch, die von der Internationalen Konferenz unter Vorsitz von Kofi Annan verabschiedete Resolution beinhalte die Voraussetzungen für eine Gesamtlösung des Konflikts und werde von weiten Teilen der baskischen wie internationalen Gesellschaft unterstützt.

Die ETA-Sprecher sind der Meinung, dass für das Baskenland eine neue Zeit angebrochen ist, und dass »der jahrelange Kampf« die Möglichkeit für »eine gerechte und demokratische Lösung des politischen Konflikts« geschaffen hat. Die ETA beschließt deshalb das endgültige Ende ihrer bewaffneten Aktivität und fordert die Regierungen von Frankreich und Spanien auf, einen direkten Dialog aufzunehmen, um die Konfliktfolgen anzugehen und so »das Ende des bewaffneten Konflikts« zu erreichen. Sie betonen, ihre Entscheidung sei »eindeutig, unumstößlich und endgültig«.

Die Erklärung ist die positive Antwort auf die in der Resolution von Aiete drei Tage vorher gestellten Forderungen. Kurz darauf geben ETA-Sprecher im ersten Interview[170] nach der Entscheidung in der Tageszeitung GARA bekannt, dass sie monatelang in Kontakt mit internationalen Mediatoren standen und dabei »eine Reihe von Schritten« entsprechend einer festgelegten Marschroute eingegangen waren. Sie erklären, dass es noch kein endgültiges Abkommen gibt, dass die ETA aber auf keinen Fall ein Hindernis in einem Friedensprozess sein wird.

---

169 http://www.info-baskenland.de/958-0-ETA+erklaert+Ende+ihres+bewaffneten+ Kampfes.html; http://www.publico.es/espana/402547/eta-anuncia-el-cese-definitivo-de-su-actividad-armada

170 http://gara.naiz.info/paperezkoa/20111111/302741/es/Euskadi-Ta-Askatasuna-nunca-sera-una-amenaza-para-proceso-resolucion-politica

»Die baskische Linke«, führen die ETA-Sprecher weiter aus, »hat weder ihre politischen Ziele verändert noch aufgehört zu kämpfen. Im Gegenteil ist die Unterstützung dieser Ziele gewachsen, wie auch die Glaubhaftigkeit des eingeschlagenen Weges. Die Unabhängigkeitsbewegung hat ihre Beständigkeit unter Beweis gestellt und neue Wege aufgetan.« Reaktionen auf diese historische Erklärung folgen schnell. Die Mehrheit der Organisationen im Baskenland unterstreicht die Bedeutung dieser Entscheidung. Positiv sei die Entschlossenheit, zum Frieden zu gelangen. An einigen Parteizentralen wird überschwängliche Freude beobachtet.

In den Zentralen der beiden großen spanischen Parteien, der PSOE (die ihre letzten Stunden an der Regierung verbringt) und der PP (die als sicherer Nachfolger bei den anstehenden spanischen Parlamentswahlen gilt) herrschen dagegen Zweifel und Besorgnis angesichts der neuen Situation vor. Der noch amtierende Ministerpräsident Zapatero weicht Fragen zum Gesprächsangebot aus und schiebt die Entscheidung dem kommenden Wahlsieger zu. Die Kandidaten von PSOE und PP bewegen sich zwischen Unklarheit und der Forderung nach »endgültiger Auflösung«. Die französische Regierung lässt durch ihren Außenminister verkünden, sie werde die Position von Madrid unterstützen.

Eine der auffälligsten Reaktionen kommt vom Präsidenten der baskischen Regierung Patxi López. Er setzt seine Reise durch die USA fort, die er während der Friedenskonferenz von Aiete begonnen hatte. Die Kritik, in entscheidenden Momenten abwesend zu sein, wird so stark, dass er schließlich seine Reise überstürzt beendet, um sich mit den verschiedenen Parteien zu beraten und wieder an Boden zurückzugewinnen.

Neben der historischen Bedeutung der ETA-Entscheidung darf nicht vergessen werden, dass sie eine Vorgeschichte hat. Am 29. März 2010 unterzeichnen vier Nobelpreisträger und sechzehn weitere bedeutsame Persönlichkeiten die so genannte Brüsseler Erklärung. Der Weg der baskischen Linken, im Dokument »Zutik Euskal Herria« dargelegt, wurde positiv bewertet und von der ETA ein »permanenter und verifizierbarer Waffenstillstand«[171] und von der spanischen Regierung eine entsprechende Antwort darauf gefordert.

Schon am 5. September 2010 erklärt die ETA in einem Video, das sie dem britischen Fernsehsender BBC und der baskischen Tageszeitung GARA zuschicken, dass bereits vor Monaten entschieden wurde, keine Angriffe mehr vorzunehmen. Unterstrichen wurde ihr »Eintreten für eine demokratische Lösung«.[172]

---

171   http://gara.naiz.info/agiriak/20100329_declr_firm.pdf

172   http://gara.naiz.info/paperezkoa/20100906/219207/es/ETA-anuncia-que-hace-varios-meses-decidio-no-realizar-acciones-armadas-pide-implicacion-todos-agentes

Die Regierungen wurden aufgefordert, »notwendige demokratische Minimalbedingungen« zu vereinbaren.

Am 25. September forderten die Unterzeichner des Abkommens von Gernika die ETA zu einer »dauerhaften, einseitigen und überprüfbaren Waffenruhe«[173] auf. Am 10. Januar 2011 erfüllt die ETA die Forderungen der Unterzeichner der Brüsseler Erklärung und des Abkommens von Gernika und erklärt einseitig eine »permanente und verifizierbare allgemeine Waffenruhe«[174] als entscheidenden Schritt für eine endgültige Konfliktlösung.

Am 28. April teilt die ETA dem baskischen Arbeitgeberverband mit, dass sie auf das Eintreiben der »Revolutionssteuer« verzichten werde. Und am 2. Oktober erklärt sie, mit der Internationalen Kommission zur Verifizierung des Waffenstillstands zusammenzuarbeiten. Am 20. Oktober, drei Tage nach der Friedenskonferenz, erklärt sie das definitive Ende des bewaffneten Kampfes.

Erinnern Sie sich noch, was sie am Abend des 20. Oktober 2011 gemacht haben? Wie haben sie vom Ende des bewaffneten Kampfes der ETA erfahren?

Nach der Konferenz von Aiete habe ich auf diese Ankündigung gewartet. Als ich dann im Radio hörte, dass Gerry Adams in Irland eine öffentliche Erklärung abgeben würde, ahnte ich, dass es soweit war – und so war es dann auch.

Was war Ihr erstes Gefühl? Erinnern Sie sich an etwas Spezielles?

Auf der einen Seite war da zunächst eine große Befriedigung. Schließlich hatten wir unaufhörlich auf dieses Ziel hingearbeitet. Gleichzeitig überfiel mich das Gefühl einer großen Verantwortung, die jetzt auf uns zukam. Wir mussten beweisen, dass unsere alternative Strategie effizienter war.

Zuerst dachte ich an meine Familie, an die Familien der vielen Gefangenen und Toten, an die Opfer des Konflikts; an die, die nun etwas freier leben konnten, an die, die weiter gezwungen waren, in Unfreiheit zu leben, an alle Männer und Frauen, die ihr Körnchen zu diesem fantastischen Projekt eines freien und sozialistischen Baskenlands beigetragen haben.

---

173 Deutsche Übersetzung: http://www.info-baskenland.de/894-0-Baskische+Organisationen+schliessen+Abkommen+zur+friedlichen+Konfliktloesung.html

174 Deutsche Übersetzung: http://www.info-baskenland.de/723-0-ETA+Erklaerung+in+deutscher+Uebersetzung.html

Alle heute in Euskal Herria lebenden Generationen sind in einer bewaffneten Konfrontation aufgewachsen. Was verändert sich jetzt im Leben der Basken?
Es steht außer Frage, dass das definitive Ende des bewaffneten Kampfes der ETA ein Ereignis von großer politischer, menschlicher und kultureller Bedeutung ist, das somit das Leben der baskischen Bevölkerung substanziell verändert hat.

Was bedeutet das definitive Ende des bewaffneten Kampfes in politischer Hinsicht?
Einen ehrenhaften, verantwortlichen, revolutionären und großzügigen Beitrag ihrerseits, um eine neue Phase einzuleiten.

In einem späteren Interview drückten ETA-Sprecher ihre »Hoffnung für das neue Szenario, das sich im Kampf eröffnet hat«[175], aus. Hat das definitive Ende des bewaffneten Kampfes den von der abertzalen Linken eingegangenen demokratischen Prozess bestärkt? Ist es eine Folge davon?
Das definitive Ende bewaffneter Aktivitäten war unabdingbar, um den demokratischen Prozess in Gang zu setzen. Es ist die Konsequenz der von der Basis der abertzalen Linken getroffenen Entscheidung, einzig und allein auf friedliche und demokratische Mittel zu setzen.

Die ETA erklärte das drei Tage nach der Konferenz von Aiete. Sie antwortete auf die Forderungen der internationalen Gemeinschaft. Das nährte Hoffnung auf einen Lösungsprozess. Einige Stimmen sagten aber, dass die bevorstehenden spanischen Parlamentswahlen eine Antwort der Regierung verhinderte, und die PSOE davon Abstand nahm, diese neue Gelegenheit in Angriff zu nehmen...
Die PSOE-Regierung hatte ausreichend Zeit für Gesten (die sie meines Wissens der Staatengemeinschaft versprochen hatte) wie z.B. eine Lösung für schwer und dauerhaft erkrankte Gefangene. Auf Anordnung des Präsidentschaftskandidaten Rubalcaba geschah nichts, weil er davon ausging, ein Friedensprozess koste die PSOE außerhalb des Baskenlandes Wählerstimmen.

Aber egal, ob Verpflichtungen eingegangen wurden oder nicht – das Ende

---

175   http://www.resumenlatinoamericano.org/index.php?option=com_content&task=
      view&id=3027&Itemid=99999999&lang=es

des bewaffneten Kampfes wäre auf jeden Fall erfolgt, weil der Schritt unerlässlich für die neue Strategie war. Für uns waren dafür keine Gegenleistungen oder Vorabkommen mit dem Staat nötig. Das war eingebettet in eine einseitige Dynamik ohne Vorbedingungen, deren einzige Adressaten die baskische Bevölkerung und die internationale Gemeinschaft waren.

Die spanisch-nationalistischen Parteien proklamierten sofort einen Sieg über die ETA, weigerten sich aber, den Beginn einer neuen Phase anzuerkennen und darauf einzugehen. Wurden Sie überrascht? Handelte es sich um eine vorab beschlossene Verzögerung?
Das war Teil eines längst geschriebenen Drehbuchs, um sich in einem Szenario zu bewegen, auf das sie nicht vorbereitet waren. Ich kenne in der Geschichte kein Beispiel dafür, dass jemand einen Sieg (militärisch, politisch, sportlich) verkündet, aber offensichtlich seinen ganzen Ärger und Unbehagen zeigt. Die Wahlresultate von Bildu wischten dann endgültig die These von der Niederlage der abertzalen Linken vom Tisch.

In dem erwähnten Interview erklärte die ETA, dass es kein Lösungsabkommen gäbe, dass man aber einen Entwurf für die »Abfolge notwendiger Schritte für einen Lösungsweg« habe. Welche Stationen müssen durchlaufen werden?
Die Stationen, die die baskische Linke vorgezeichnet hat, laufen über eine erste Etappe der Konflikthumanisierung, eine zweite der Überwindung der Konfliktfolgen hin zu einer dritten, in der die Wurzeln des Konflikts angegangen werden müssen, um zu einer Konfliktlösung zu gelangen. Wir dürfen diesen Prozess aber nicht statisch verstehen sondern dialektisch und flexibel. Die Schemata, Etappen und Marschrouten sind nur Instrumente, um unsere Ziele zu erreichen. Entscheidend sind die Ziele; das Handwerkszeug muss ständig veränderbar sein.

Im Kommuniqué fordert die ETA die französische und spanische Regierung zum Dialog auf, um die Konfliktfolgen anzugehen. Bedeutet das definitive Ende des bewaffneten Kampfes den Verzicht von Seiten der ETA, in den politischen Prozess einzugreifen? Ist das das definitive Ende einer politisch-militärischen Strategie?
Es ist schlicht kohärent zu den von der baskischen Linken getroffenen Entscheidungen. Es heißt auch, dass die ETA ihre politisch-militärische Strategie endgültig beendet.

War die Möglichkeit zu diesem Entschluss jemals von der bewaffneten Organisation in Betracht gezogen worden?

Es war eine der Fragen, die im Lauf der ETA-Geschichte zu den meisten Diskussionen und Spaltungen geführt hat. Ich glaube, die Möglichkeit des Endes war im Grunde immer präsent. Ehrenhalber muss ich aber auch dazu sagen, dass die Bedingungen, unter denen es letztendlich dazu kam, absolut neuartig waren. Nie zuvor hatte man eine einseitige Beendigung des bewaffneten Kampfes in Betracht gezogen. Gleichzeitig stellt das den hohen Verantwortungs- und Reifegrad der abertzalen Linken unter Beweis und belegt den Wert der sicherlich nicht leichten Entscheidung der ETA.

Was bedeutet dieser Beschluss für den »zivilen« Teil der Unabhängigkeitsbewegung? Eröffnen sich hier neue Möglichkeiten?

Die Entscheidung schafft neue politische Ausgangsbedingungen für unseren Befreiungsprozess. Für uns stellt es eine enorme Herausforderung und historische Verantwortung dar, um unter diesen Bedingungen unserer Ziele zu erreichen.

Es sind tausende von Personen, die auf die eine oder andere Weise zur Existenz der ETA beigetragen haben und vermutlich Zigtausende, die ihre bewaffnete Strategie gutgeheißen haben. Sie selbst waren in ihrer Jugend Mitglied. Was bedeutet die ETA in soziologischer und politischer Hinsicht für die Geschichte des Baskenlands?

Man darf nicht vergessen, dass ETA mitten in der Diktatur entstanden ist. Die Geschichtsschreibung stimmt darin überein, dass ihre Entstehung ein Meilenstein auf dem Weg zur Rückgewinnung des nationalen Bewusstseins einer baskischen Bevölkerung war, die vom Franquismus besiegt, erniedrigt und massakriert worden war. In diesem Sinn führen Historiker aus, dass ihr Hoffnung zurückgegeben wurde. Ferner wurde gezeigt, dass man die Diktatur bekämpfen kann. Das Denken der Unabhängigkeitsbewegung wurde erneuert und um eine neue Komponente, den Klassenkampf, erweitert.

Woher kommt die ETA? Hat der Konflikt mit ETA begonnen?

Der politische Konflikt ist nicht mit der ETA entstanden, es gab ihn längst. Die ETA ist das Ergebnis einer historischen Konstellation in einer konkreten Konfliktphase. Es ist die organisierte Antwort der kämpferischsten Teile der Bevölkerung gegen den Faschismus im spanischen Staat, der eine Strategie des kulturellen, linguistischen und politischen Genozids gegen die Basken entwickelt hatte. Wenn wir einen Blick in die Geschichte werfen, stellen wir fest, dass dieser Konflikt Jahrhunderte überdauert hat. Auf den Punkt gebracht lässt er sich so zusammenfassen: die baskische Nation (Navarra eingeschlossen) wird von den mächtigen Staaten Spanien und Frankreich negiert, die ihr das Recht verweigern, frei über ihre Zukunft zu entscheiden.

Die ETA bedeutet mehr als nur bewaffneter Kampf: Nationalbewusstsein, Sprache, Klassenkampf, internationale Einbindung etc. Wird man eines Tages nüchtern ihre politische Bedeutung analysieren können?
Zweifelsohne. Heute erzeugen Diskussionen über die ETA, je nach Richtung, auf der einen oder anderen Seite Schmerz und Leid. Die Wunden sind noch frisch. Wenn wir es schaffen, Hass und Groll zu überwinden (was einige schon erreicht haben), und wenn der Lauf der Zeit uns die nötige geistige Ernsthaftigkeit verleiht, werden wir freier und gerechter darüber reden, was die ETA für die Geschichte der Basken bedeutet.

Hat der bewaffnete Kampf eine politische Kultur geschaffen?
Ohne gegen die intellektuelle und historische Genauigkeit zu verstoßen, können wir festhalten, dass der bewaffnete Widerstand seit Jahrhunderten Teil der politischen Landschaft hier war. Das hat zweifellos eine politische Kultur geprägt, die tief in der baskischen Gesellschaft verwurzelt ist. Der bewaffnete Kampf hat uns in gewisser Weise politisch und kulturell geprägt.

Wird es schwer sein, gewohnte Verhaltensweisen abzulegen, die von der bewaffneten Konfrontation geprägt wurden?
Natürlich. Aber es war auch extrem schwierig, uns vor den Spiegel zu stellen und unsere politischen Fehler zu akzeptieren. Wir haben das aber verantwortlich, angemessen und begründet getan. Wenn wir das geschafft haben, dann gibt es nichts, was wir nicht angehen und zu Ende bringen könnten. Zur Überwindung unserer Trägheit müssen wir immer klar haben, woher wir kommen und wohin wir gelangen wollen. Dafür müssen wir auch die alten Formen von Leitung und Organisation überwinden, weil sie nicht zu der neuen Situation passen.

Der bewaffnete Kampf hat auch Leid und dramatische Situationen bei den Feinden der ETA sowie in anderen Teilen der baskischen und spanischen Gesellschaft hervorgerufen...
Ohne Zweifel, und das ist etwas, was wir in revolutionärer Art und Weise angehen müssen. Für einen Revolutionär gibt es keinen strengeren Richter als

sein eigenes Gewissen. Unser Gewissen war in vielen Situationen moralisch sehr streng, während wir in anderen eigenes Verhalten wahrscheinlich zu lax bewertet haben. Deshalb gibt es eine klare ethisch-revolutionäre Komponente bei unserer Entscheidung für den Strategiewechsel.

Die abertzale Linke erkennt den verursachten Schmerz an. Ich will aber noch einen Schritt weiter gehen. Wenn ich in meiner Eigenschaft als Sprecher (und ich spreche im Namen aller Batasuna-Sprecher) irgendwann den Schmerz, das Leiden oder die Demütigung der Angehörigen von ETA-Opfern auch nur etwas verstärkt habe, möchte ich sie von hier aus aufrichtig um Verzeihung bitten und dem mein aufrichtiges Bedauern hinzufügen, das von ganzem Herzen kommt.

Die Konfrontation hat auch viel Leiden in den eigenen Reihen der ETA, in ihrem sozialen Umfeld und der baskischen Gesellschaft verursacht. Dieses Drama ist heute nicht einmal beendet...
Auch dieses Leiden ist nicht beendet. Es gibt Dutzende von toten ETA-Mitgliedern, tote Gefangene, tausende wurden gefoltert (wie ich selbst)... Wir fordern deshalb: jegliche aufrechte, humanistische und ehrliche Initiative, die ergriffen wird, um die Folgen des Konflikts zu überwinden, muss die von allen Seiten angewandte Gewalt, alles Leiden und alle Menschenrechtsverletzungen in unserem alten Baskenland betrachten. Der baskische Regierungschef López hat von Wahrheit, Gerechtigkeit und Erinnerung gesprochen. Ich bin damit einverstanden, wenn wir ein kleines Wort hinzufügen: die ganze Wahrheit, die ganze Gerechtigkeit und die ganze Erinnerung.

Die Nachricht vom Ende des bewaffneten Kampfes wurde von der baskischen Gesellschaft fast einmütig mit Erleichterung, Befriedigung und Hoffnung aufgenommen. Es gab aber keine Feiern oder Jubel. Woran liegt das?
Das könnte zwei Gründe haben. Erstens haben Enttäuschungen nach den vorhergehenden Prozessen bei unseren Mitbürgern vermehrt zu einer Art »Anti-Frustrationsschutz« geführt, der in weiser Voraussicht eine Abwartehaltung bedingt. Und zweitens glaube ich, dass der nicht-lateinische Charakter der Basken und Baskinnen eine gewisse Nüchternheit bei Meinungsbekundungen bedingt.

Regierungschef López verfolgte die Ereignisse aus den USA, wo er in einem fahrenden Zug eine Dringlichkeitserklärung abgab, ehe er überstürzt ins Baskenland zurückkehrte. Später stellte sich heraus, dass auch

er, wie viele Personen über die anstehende Erklärung informiert war. Was glauben Sie, warum er darauf verzichtet hat, zu dem Zeitpunkt hier zu sein?

Die Abwesenheit war ein bewusster Akt, der die politische Größe von Herrn López verdeutlicht. Er folgte den Anweisungen von Ares und Rubalcaba, was sich als schwerer politischer Fehler herausstellte. Es war allein das wahltaktische Kalkül, das López daran hinderte, auf der Friedenskonferenz in Aiete zu sein.

War die PSOE – die damals Spanien regierte – stets über geplante Schritte im so genannten Demokratischen Prozess und über die Beteiligung internationaler Akteure informiert? Hat sie die Chance verspielt, in eine bessere Ausgangsposition angesichts eines neuen Szenarios zu kommen?

PSOE und Regierung waren über alle Ereignisse, die im Baskenland anstanden, vollständig und genau informiert. Über alles ohne Ausnahme.

Ihr Vorgehen führt nicht nur zu einem starken Stimmenverlust (was natürlich konjunkturbedingt sein kann), sondern die PSOE verzichtet darauf, eine entscheidende und strategische Rolle in der neuen politischen Zeit zu spielen. Und ich möchte in dem Zusammenhang eine Vorhersage machen: Wenn die Sozialisten in der CAV und in Navarra nicht ihre eigenen Debatten über ihre Rolle in der baskischen Politik führen (mit Entscheidungsfreiheit), werden sie eine Krücke der baskischen Rechten bei der Verwaltung unserer Institutionen bleiben. Sie werden somit zu einem Anhängsel der PSOE-Zentrale verkümmern, das nur die Interessen des jeweiligen Kandidaten bei Wahlen unterstützen darf. Meiner Meinung nach braucht das Baskenland auch eine PSOE mit progressiven Positionen in der baskischen Frage. Ich fürchte, dass sie erneut eher in die entgegengesetzte Richtung gehen werden.

Bei Rajoy, zu dieser Zeit spanischer PP-Präsidentschaftskandidat, wurde seine besonnene Reaktion hervorgehoben... Hat er sein Verhalten verändert?

Wenn ich ehrlich sein soll, verwundert mich, dass man bei einem Präsidenten einer europäischen Regierung hervorhebt, dass er angesichts des definitiven Endes des bewaffneten Kampfes der ETA und der internationalen Beobachtung besonnen handelte... Hat jemand vielleicht sogar eine andere Handlung erwartet? Die von der abertzalen Linken geschaffenen Bedingungen, die Friedenskonferenz und die ETA-Erklärung ließen nichts anderes übrig als eine besonnene Handlung und eine Veränderung seines gewohnten Diskurses zu; das ist alles.

Von spanisch-nationalistischen Parteien, den der PP nahestehenden Opferorganisationen und bestimmten Medien wurde sofort verbreitet, die ETA sei vom Rechtsstaat besiegt worden. Gibt es Sieger und Besiegte?

Ich will mich dazu nicht weiter ausbreiten... Diese Dialektik ist zum Scheitern verurteilt. Sie ist nicht konstruktiv und leistet keinerlei positiven Beitrag. Es ist nur ein letzter Peitschenhieb derjenigen, die große Angst vor dem Frieden haben.

Der spanisch-nationalistische Block hatte zuvor stets das Ende der bewaffneten Aktivitäten gefordert, um in einen Dialog zu treten. Nach dem definitiven Ende wurde diese Forderung umgewandelt in ein »nicht ausreichend« über »das einzige, was zählt, ist die definitive Auflösung« bis hin zu »um Vergebung bitten«. Wird die spanische Seite immer neue Bedingungen stellen?

Das ist eine Kette ohne Ende... Sie versuchen dadurch, die veränderte Situation nicht anzuerkennen, weil sie sonst ihre Strategie ändern müssten (und das wissen sie). Deshalb werden sie immer neue Forderungen stellen. Sie wissen nur zu gut, dass ihnen kein demokratisches Argument bleibt, um uns das Recht der Selbstbestimmung zu verweigern, wenn sie erst einmal aus der Logik des »Antiterrorismus« zu einer politisch-demokratischen Logik kommen. Und dieses Szenario macht ihnen Angst.

Existiert das Risiko, dass mit dem Ende der bewaffneten Aktivität das Problem als gelöst erklärt wird und man ein Alibi hat, den Dialog über Ursachen und Folgen, der eine Voraussetzung für eine wirkliche Konfliktlösung ist, zu verweigern?

Diese Möglichkeit bestünde, wenn die baskische Bevölkerung, ihre politischen, sozialen, gewerkschaftlichen Organisationen und Gruppen aufhören würden, sich als Nation zu betrachten und ihre kollektiven und sozialen Rechte einzufordern. Aber glauben Sie mir, das wird nicht eintreten. Ich bin im Gegenteil davon überzeugt, dass die Konfrontation Baskenland – Spanien in den nächsten Jahren zunehmen wird, u. a. weil es gut möglich ist, dass Europa der Geburt neuer Staaten (z. B. Schottland oder Flandern) beiwohnen wird. Dazu zeigt die Wirtschaftskrise uns, dass wir auch aus strikt ökonomischen Gründen gut beraten sind, einen eigenen Weg einzuschlagen – fernab von der Bevormundung durch einen Staat, der uns die Anerkennung als Nation verweigert und zudem ein Klotz am Bein für unsere ökonomische Entwicklung ist.

Kann der Prozess unter diesen Bedingungen weiterhin einseitig sein?

Er kann und muss es solange sein, bis wir durch die Organisierung, die Bündelung der Kräfte und den Kampf ein Kräfteverhältnis geschaffen haben, das den Staat zum Einlenken zwingt. Wenn wir es in politische Begriffe fassen, heißt das, dass der Prozess einseitig sein kann, bis wir z. B. am Ende in der Bevölkerung eine ausreichende Mehrheit für die Unabhängigkeit haben.

Die Entwicklung der Krise (die mindestens zur Intervention der Troika im spanischen Staat führen wird) zusammen mit bestimmten Symptomen der politischen Involution (Zentralisierung, Zunahme des Autoritarismus, Verweigerung der demokratischen Konfliktlösung, Blockierung der Gefangenenfrage etc.) kann wahrhaft zu Notstandssituationen im Baskenland führen. Wir müssen darauf vorbereitet sein. Sie bieten sogar ungeahnte Möglichkeiten für qualitative Sprünge in Sachen Verteidigung und Wiedergewinnung unserer Souveränität. Das müsste entweder mit dem Staat vereinbart werden (wenig wahrscheinlich) oder einseitig durchgesetzt werden. Die Einseitigkeit hat so gesehen noch einen langen Weg vor sich.

Glauben Sie, die spanische Regierung wird sich im Kontext einer Entwaffnung und Auflösung der ETA auf einen demokratischen Prozess einlassen?

Die spanische Regierung hat kein Interesse an diesem Szenario. Deshalb hat sie sämtliche Angebote der ETA, der baskischen Linken oder der internationalen Gemeinschaft zur Eröffnung eines Dialogs, der zur Entwaffnung und Auflösung der ETA führen soll, abgelehnt. Für die Friedensgegner ist das ein absolut ungewünschtes Szenario.

Müsste es für eine Entwaffnung der ETA bestimmte Bedingungen geben? Ist vorhersehbar, dass das kurzfristig geschehen wird?

Eines ist klar: eine Organisation wie die ETA, die das definitive Ende ihres bewaffneten Kampfes erklärt, wird sich auch darüber im Klaren sein, dass der nächste Schritt die Entwaffnung und die Auflösung der militärischen Struktur sein wird. Es ist logisch, dass die erste Entscheidung die zweite in sich trägt.

Dieser Prozess benötigt aber bestimmte Garantien zur Verifizierung, was gut von der internationalen Gemeinschaft durchgeführt werden könnte. Das heißt, man bräuchte unabhängig von der spanischen Regierung handelnde Notare (selbst wenn diese daran beteiligt ist). Mit der Auflösung und Entwaffnung der ETA würde die letzte Ausrede für die Regierung hinfällig. Deshalb wird sie diesen Prozess zu verfälschen oder behindern versuchen. Ohne die ETA, ohne Gewalt, ohne »antiterroristisches« Schema und entsprechende Strategie müssten sie zeigen, was sie sind: antidemokratische Parteien, die weiterhin gewillt sind, uns einen Rahmen aufzuzwingen, der uns unsere Rechte verweigert.

Die französische Regierung hat angekündigt, den Schritten Madrids zu folgen. Auf die Aufforderung im März [2012], in einen direkten Dialog zu treten, hat Paris ausweichend geantwortet... Was kann man in dieser Richtung erwarten?
Es ist zu erwarten, dass sie ihre historische Position aufrechterhält. Das heißt, dass weiterhin die Existenz eines baskischen Problems im französischen Staat geleugnet wird. Ich hoffe, dass der Einzug der französischen Sozialisten ein wenig die Position verändern könnte.

Glauben Sie, dass spanische und baskische Parteien angemessen auf die Vorgänge der letzten Monate reagiert haben? Ist das eine Frage von Mentalität, Interessen, historischer Unbeweglichkeit...?
Leider gab es angemessene Reaktionen auf diese historischen Ereignisse nur als Ausnahmen. Das ist eben Teil einer sozialen und politischen Realität, die getreu die Mittelmäßigkeit einer politischen Klasse widerspiegelt, die sich nur im Rahmen von Wahl- oder Machtinteressen bewegt. Die Konfliktlösung muss gleichzeitig auch eine neue politische Kultur ermöglichen, die dem Leben in unserem Land etwas Sauerstoff zuführt.

PRIORITÄTEN

Die Abfolge der Ereignisse während – zumindest – der letzten zwei Jahre leitet Ende 2011 den Beginn eines neuen politischen Zyklus und eine spürbare Veränderung des Kräfteverhältnisses ein. In Madrid stehen vorgezogene Parlamentswahlen an. Das baskische Linksbündnis hat ein neues Mitglied bekommen und wird unter dem Namen Amaiur von der Bevölkerung an den Urnen belohnt. Es wird mit sieben Sitzen zur stärksten baskischen Gruppe.

Der Rückhalt für die neue Zeit wird auch im wachsenden Druck auf die PP deutlich, um sie aus ihrer Unbeweglichkeit herauszuholen. Die Partei von Mariano Rajoy, die die Wahlen mit absoluter Mehrheit gewinnt, entschließt sich für die Strategie, den »Druck aushalten« – wie sich einige ihrer baskischen Parteivertreter ausdrücken. Der Druck kommt von den Gruppen, die im Baskenland eine Normalisierung und Frieden wollen. Allgemein wird von einer »historisch einmaligen Gelegenheit« gesprochen.

Arnaldo Otegi beschreibt im Gefängnis die Prioritäten für die abertzale Linke. Im Zusammenhang mit der Konfliktlösung verweist er auf die Marschroute, die durch das Abkommen von Gernika und die Internationale Konferenz von Aiete vorgegeben ist. Beide setzen auf den Dialog zwischen der ETA und den Regierungen Frankreichs und Spaniens. Um die Konfliktfolgen anzugehen, wird auf Schritte zur Versöhnung gesetzt. Verursachter Schmerz und Schaden sollen anerkannt werden, um zu einem Abkommen zu kommen, über das die Bevölkerung per Referendum entscheiden soll.

Die linke Unabhängigkeitsbewegung setzt auf eine Gesamtstrategie, die Einbeziehung neuer Kräfte und den ideologischen, institutionellen und Massenkampf, um neue Mehrheiten zu schaffen und das Projekt eines unabhängigen Staates weiterzuentwickeln.

Die illegalisierte abertzale Linke benötigt weiterhin eine legale Formation, um unter egalitären Ausgangsbedingungen ihre Projekte entwickeln zu können. Das ist bereits in der Resolution »Zutik Euskal Herria« als vorrangig benannt und später noch einmal von rund 300 Aktivisten der baskischen Linken bestätigt worden. Die Absicht war, eine legale Partei im Einklang mit ihren ideologischen Prinzipien und den notwendigen legalen Voraussetzungen zu gründen.

Am 7. Februar 2011 stellt der Sprecher Rufi Etxeberria die Prinzipien vor, auf denen die neue Partei fußt. Er versichert, dass die Voraussetzung der Legalisierung auf Basis des Parteiengesetzes Ergebnis einer »selbständigen und autonomen Reflexion, Debatte und Entscheidung der baskischen Linken« ist, die ein historisches »Vorher und Nachher« markiert.

Einen Tag später stellen in Bilbao zehn Personen, die vorher nie öffentlich für die abertzale Linke in Erscheinung getreten sind[176], die Partei Sortu vor, die sie als Unabhängigkeitspartei definieren, die »ausschließlich auf politischen und demokratischen Wegen zur Konstituierung eines baskischen Staates innerhalb der Europäischen Union«[177] gelangen will. Ihre Statuten lehnen Gewalt und jegliches »die Menschenrechte oder Freiheit« verletzendes Verhalten »eindeutig« ab.

Die neue Partei bricht explizit mit vorherigen Organisationsformen und jedweder illegalisierten oder aufgelösten Formation. Betont wird, die Sortu-Statuten erfüllten »bis ins Kleinste die gesetzlich festgelegten Voraussetzungen«.

Am nächsten Tag legen die Sprecher dem Innenministerium in Madrid die Statuten zur Registrierung im Parteienregister vor. Die Einschreibung wird verweigert und stattdessen der Oberste Gerichtshof mit einer Prüfung beauftragt. Generalstaatsanwalt und die Staatsanwaltschaft[178] legen sofort Einspruch gegen die Legalisierung ein. Ihre Argumentation: der Veränderungsprozess in der abertzalen Linken sei auf Anweisung von ETA erfolgt. Die Staatsanwaltschaft versteigt sich gar zu der Behauptung, Sortu erfülle legale Anforderungen, um das Gesetz zu hintergehen.

Der Gerichtshof lehnt die Registrierung von Sortu als Partei mit dem Argument ab, sie trete die Nachfolge der verbotenen Batasuna an. Die Verteidigung zieht vor das Verfassungsgericht und ein Jahr später, im Mai 2012, als allgemein mit vorgezogenen Neuwahlen zum baskischen Parlament gerechnet wird, vertagt das Verfassungsgericht die Entscheidung, weil es mit Personalfragen und Neubesetzungen beschäftigt ist.

Am 20. Juni 2012 verkündet das Verfassungsgericht dann sein Urteil: Mit

---

176   Das ist im Kontext einer angestrebten Legalisierung wichtig, da bislang alle neuen Parteigründungen nach der in Spanien geltenden Gesetzgebung illegalisiert worden sind, wenn Personen kandidierten, die vorher irgendetwas mit anderen illegalisierten Parteien oder Wählerlisten zu tun hatten.

177   http://gara.naiz.info/paperezkoa/20100906/219207/es/ETA-anuncia-que-hace-varios-meses-decidio-no-realizar-acciones-armadas-pide-implicacion-todos-agentes

178   Ministerium für Staatsanwaltschaft, das Teil der Regierung ist.

6 zu 5 Stimmen gestehen die Richter Sortu »das Recht zur Registrierung als Partei« zu, sodass sie sich verspätet dann doch als legale Partei konstituieren kann.

Was sind für Sie im Moment die politischen Prioritäten?

Ich hatte schon ausgeführt, dass wir ökonomisch und politisch authentischen Notstandssituationen ins Auge blicken werden, die uns um Jahrzehnte zurückwerfen können, aber gleichzeitig ungeahnte Möglichkeiten für das Wiedererlangen unserer Souveränität bieten. Unsere vorrangige Aufgabe besteht deshalb darin, uns genauestens auf alle Möglichkeiten vorzubereiten. Wir müssen uns dafür von der Vergangenheit lösen (von vorheriger Unbeweglichkeit) und uns die notwendige Zeit nehmen, um auf die Ebene des »strategischen Denkens« vorzustoßen.

Als zweite Priorität würde ich hervorheben, dass wir dafür Strukturen und Organisationsmodelle benötigen, die sich fundamental von denen unterscheiden, in denen wir uns bislang bewegt haben. Ohne strategische Leitung, die vor allem die aktive Beteiligung der Bevölkerung als einzigen Protagonisten im Befreiungsprozess fördert, werden wir nicht weit kommen.

Sind diese beiden vorrangigen Aufgaben erfüllt, steht die Bestimmung unserer Gesamtstrategie an. Diese muss die Kräfte bündeln und gleichzeitig die Staaten mit einem Kampf konfrontieren, der über den Massenkampf auf institutioneller, ideologischer und kultureller Ebene hinausgeht und zum zivilen Ungehorsam mit pazifistischen, aber radikalen Mitteln gelangt. Oder anders ausgedrückt: Wir müssen eine Alternative aufbauen (in theoriemäßiger und organisatorischer Hinsicht), die es uns ermöglicht, die Staaten politisch herauszufordern.

Diese Globalstrategie muss sich den beiden getarnten Plänen entgegenstellen, die gegen uns als Arbeiter und Bevölkerung angewandt werden: dem neoliberalen Plan, uns über Erpressung und Angst (»es gibt keine Alternativen«) ein autoritäres gesellschaftliches Modell aufzuzwingen. Und dem Plan der Friedensgegner (PP, Sicherheitsfanatiker u. a.), die versuchen, den Friedensprozess zu blockieren und zu sabotieren.

Die baskische Linke war zehn Jahre lang illegalisiert. Was hat der spanische Staat damit bezweckt?

Der spanische Staat hat stets nur die Zerschlagung der abertzalen Linken vor Augen, weil sie der Motor für die nationale und soziale Befreiung ist. Die Ver-

bote waren nur ein repressives Instrument für dieses Ziel. Die letzten Wahlergebnisse legen aber Zeugnis für das grandiose Scheitern dieser Strategie ab.
Jetzt versuchen sie, den Zensus zu manipulieren, da sie wissen, dass sie im Baskenland in der Minderheit sind. Das macht erneut deutlich, dass ihr politisches
Projekt sich in diesem Land nur mittels Zwang aufrechterhalten lässt.

Ich möchte die Gelegenheit nutzen und betonen, dass wir uns dem nicht widersetzen, dass diejenigen an den Wahlen teilnehmen können, die durch Daten
und Fakten nachweisen, dass sie durch Aktionen der ETA gezwungen wurden,
Euskal Herria zu verlassen. Das ist ihr gutes Recht. Wir prangern den Versuch
an, nun zigtausende Kolonisten[179] ins Wahlregister aufzunehmen, um die Wahlergebnisse zu manipulieren.

Wie beurteilen Sie die Legalisierung von Sortu?
Die aufbrausenden Reaktionen von Seiten der PP auf das Urteil des Verfassungsgerichts zeigen einmal mehr ihr absolutes Desinteresse an einer Friedenslösung. Machen wir uns nichts vor – ihr Wille ist, uns weiter in der Illegalität
zu halten. Wir waren aber fähig, genügend Kräfte im Baskenland zu sammeln
und auf internationaler Ebene ausreichende Unterstützung zu gewinnen, was
letztlich den Ausschlag für eine Legalisierung gab.

Ist das ein Schritt in Richtung politische Normalisierung?
Man könnte die Legalisierung von Sortu als großen Schritt in Richtung der
politischen Normalisierung verstehen, wenn ein konstruktives Verhalten der
Regierung gefolgt wäre. Da wir feststellen müssen, dass sie weiter ständig mit
einer erneuten Illegalisierung droht, können wir daraus nur schließen, dass die
Legalisierung ein gesellschaftlicher Schritt nach vorn ist, der gegen die Regierung der Friedensgegner vollzogen wurde.

**Die Parteistatuten von Sortu erfüllen haarklein die Anforderungen des
Parteiengesetzes. Bezahlen sie einen politischen Preis, das Gesetz zu
akzeptieren, das Sie vorher angeprangert haben?**
Für mich ist klar, dass alle unsere Entscheidungen immer positive und negative
Aspekte haben, oder anders ausgedrückt, Risiken und Möglichkeiten in sich
tragen. Deshalb ist es so wichtig, richtige Fragen zu stellen, um bei den Antworten nicht falsch zu liegen. Im Rahmen der Legalisierung haben wir uns folgende Frage gestellt: Braucht die baskische Arbeiterschaft ein legales Instrument,

---

179   Span.: colonizadores; dt.: Kolonisten oder Siedler.

um sich zu organisieren und unter besseren Bedingungen kämpfen zu können? Und da die Frage bejaht wurde, folgte als zweite: Geben wir unsere strategischen Ziele auf, wenn wir das erreichen? Natürlich nicht – also nichts wie los.

Als ich jünger war, habe ich Politkader gehört, die angesichts von Ereignissen oder Situationen von der »notwendigen revolutionären Nutzung der bürgerlichen Legalität« sprachen…

In dem Strategiepapier »Zutik Euskal Herria« wird ausgeführt, dass eine neue Strategie auch neue Formen der Organisation und Leitung benötigt. Wie ist das zu verstehen? Handelt es sich um eine Partei klassischen Zuschnitts?

Diese Organisation muss auf allen Ebenen beispielhaft die Werte des alternativen Gesellschaftsmodells vertreten. D.h. sie muss radikaldemokratisch und partizipativ aufgebaut werden und funktionieren, und sich deshalb von allen Kontrollversuchungen sowie jedem falsch verstandenen Avantgardismus entfernen.

Ein großer Teil alter Denkweisen und Modelle hat in dieser entscheidenden Phase des Befreiungsprozesses ausgedient. Die neue Strategie benötigt neue Instrumente und es wäre ein schwerwiegender Fehler, einfach nur die früheren Strukturen aus der Zeit vor der Illegalisierung für diese neue Phase zu »klonen«. Sie müssen einer radikalen Prüfung unterzogen werden.

Für die institutionelle Arbeit ist die abertzale Linke in zwei Koalitionen eingebunden. Wird die neue Partei ihren weiteren Weg im Alleingang beschreiten oder im Bündnis mit anderen?

Von verschiedenen Seiten werden Gerüchte verbreitet (der Dieb denkt, alle hätten den gleichen Charakter wie er), dass wir uns in dem Moment, in dem wir über legale Strukturen verfügen, von denen lossagen, mit denen gemeinsam wir ein gutes Stück dieses letzten Weges zurückgelegt haben… Nichts falscher als das: unser ganzer Einsatz richtet sich auf die Bündelung der Kräfte. Die Zeit wird zeigen, dass wir uns auch in dieser Hinsicht von den übrigen Organisationen unterscheiden.

Die baskische Linke hat sich im Widerstand unter feindlichsten Bedingungen gestählt. Wie wird der Übergang zu einem anderen Konzept von Kampf und Organisation verlaufen?

Er wird sicherlich nicht ohne Schwierigkeiten, aber auch nicht ohne Anreize verlaufen. Er muss sich mit viel Geduld vollziehen, wobei die Fähigkeiten unserer Führung und unserer Aktivisten eine entscheidende Rolle spielen werden.

Aufgabe der Leitung ist es, unserer Basis alle Schlüssel in die Hand zu geben, um zu verstehen, woher wir kommen, warum wir diesen Strategiewechsel vollzogen haben, wie unsere Analyse der Entwicklung der Ereignisse aussieht, und welches die elementaren Bestandteile der neuen Strategie sind. Nur so werden wir diesen absolut notwendigen Übergang vollziehen können.

Ist die abertzale Linke vorbereitet, Regierungsverantwortung zu übernehmen?

Das in Frage zu stellen, ist Teil der Strategie von PNV, PSOE und PP. Sie beobachten entsetzt, wie die abertzale Linke mit immer größerem Anteil an der Macht oder an Regierungen beteiligt ist. Unsere Herausforderung besteht aber darin, zu beweisen, dass es alternative Regierungsformen gibt, mit denen die Institutionen in den Dienst der Mehrheit gestellt werden. Dabei haben wir die Chance, den befreienden Charakter unseres Projektes zu zeigen. Ich habe keinen Zweifel daran, dass wir das schaffen werden.

Kann die Beteiligung an Institutionen demobilisieren? Ist Regierungsbeteiligung kompatibel mit Massenkampf?

Die Beteiligung an den Institutionen ohne Mobilisierung der Basis würde uns zu ungewollten Szenarien führen. Institutionelle und Regierungsarbeit in Einklang zu bringen mit dem Massenkampf ist fundamentaler Bestandteil einer alternativen Art zu regieren. Es gibt eine kleine Anekdote, die das sehr schön verdeutlicht. Als US-Präsident Roosevelt sich im Weißen Haus mit den Gewerkschaftsführern traf, gab er ihnen Folgendes zu verstehen: »Ich bin mit Ihnen einverstanden. Und jetzt gehen Sie raus auf die Straße und zwingen Sie mich, mich auch so zu verhalten!« Ich erwähne hier das Beispiel von Herrn Roosevelt, weil er nicht gerade als gefährlicher Bolschewiki gilt – das nur, um bestimmte Personen zu beruhigen…

Zwingt die institutionelle Arbeit die baskische Linke zu einer ideologischen Aufrüstung?

Wir brauchen sie für die aktuelle ideologische Situation. Ich weiß, dass der institutionelle Rahmen Misstrauen hervorrufen kann (und falsche Komplexe) hinsichtlich der Gefahr, dadurch in Reformismus abzudriften. Deshalb möchte ich zwei Dinge hervorheben: Ich denke, die abertzale Linke hat ihre ideologischen Instrumente fein genug geschliffen, um das zu vermeiden. Ich bin fest davon überzeugt, dass so etwas nicht eintreten wird – vorausgesetzt wir vergessen nie, woher wir kommen und wer wir sind. Mit absoluter Aufrichtigkeit sage

ich Ihnen, dass ich in unserer Generation nicht das geringste Anzeichen dafür
sehe, dass unsere Prinzipien oder unsere Ziele gefährdet sind. Das müssen wir
verantwortungsbewusst an die kommenden Generationen weiterleiten.

**Eine anstehende Aufgabe ist das Thema der Gefangenen und Exilier-
ten. Welche Schritte müssen in diesem Bereich unternommen werden?
Welche Aspekte sind am dringlichsten?**

Das ist genau der Bereich – wir können ihn als Konfliktfolgen bezeichnen –,
an dem die Regierung versucht, den Prozess zu blockieren, damit wir nicht zur
nächsten Stufe gelangen, zu der Stufe, auf der es um die Ursachen des Konflikts geht. Wir sind uns bewusst darüber, dass sie momentan den Schlüssel (für
unsere Freiheit) in der Hand haben, und sicher werden sie ihn nicht zu unserer
Befreiung nutzen, sondern um das Schloss weiter zuzudrehen.

Es gibt skandalöse Vorgänge, die dringend beseitigt werden müssen, wie
z. B. das Thema der kranken Genossen, der »Parot-Doktrin«, der Gefangenen,
die am weitesten entfernt von Euskal Herria einsitzen, diejenigen, die schon
länger als 25 Jahre sitzen…

Nur die Herausforderung in der Politik, bei Wahlen sowie Mobilisierungen
und ziviler Ungehorsam kann ihnen diesen Schlüssel streitig machen und sie
zwingen, ihn für konstruktive Zwecke zu benutzen. Wir müssen es schaffen,
die soziale Bewegung auf das gleiche pluralistische und transversale Niveau
der Zeit der »transición« zu heben, als es möglich wurde, die Gefangenen den
Knästen zu entreißen.

**Wie schätzen Sie die Mobilisierungskraft und Sensibilität dafür in der
baskischen Bevölkerung ein? Handelt es sich dabei wirklich um ein
transversales Phänomen?**

Die Mobilisierung für die Januardemonstration in Bilbao war überwältigend, und
im Mai haben wir die verschiedenen Plätze in Euskal Herria gefüllt… Ich sehe
alle diese Aktionen als Wegbereiter für diese massive und transversale Initiative,
die ohne Komplexe eine Kampagne unter dem Namen »Ongi etorri«[180] aufbaut,
damit alle Gefangenen und Exilierten nach Hause zurückkehren können…

**Die Freilassung der Gefangenen und die Rückkehr der Deportierten
und Exilierten – selbst wenn es schrittweise passierte – würden eine
aktive Rolle im Friedensprozess spielen?**

---

180 Dt.: Herzlich Willkommen

Es ist eine zwingende Notwendigkeit im Rahmen eines demokratischen Friedensprozesses, da es sowohl für ihn und für die Demokratisierung insgesamt entscheidend ist. Ich denke aber auch, dass wir das mit hinreichender Intelligenz und Sensibilität handhaben müssen, damit es nicht von einem Teil der Bevölkerung als Erniedrigung oder Leiden erlebt werden kann, sondern als Beitrag von allen zum friedlichen Zusammenleben.

Glauben sie, die spanische Gesellschaft ist darauf vorbereitet, derartiges zu akzeptieren?

Ich glaube, dass heute ein guter Teil (wahrscheinlich die Mehrheit dort) nicht vorbereitet ist, solche Entscheidungen zu akzeptieren. Immerhin werden sie seit Jahrzehnten mit gegenteiligen Botschaften bombardiert. Trotzdem bin ich davon überzeugt, dass die spanische Bevölkerung diese Vorgänge letztlich unter Anwendung der nötigen pädagogischen Dosis akzeptieren wird.

Die Verpflichtungen, die bestimmte Persönlichkeiten aus verschiedenen Bereichen (Politik, Kultur usw.) hinsichtlich einer Konfliktlösung eingegangen sind, sind da sicherlich positiv und hilfreich. Das zeigt auch, dass die wahre Demokratisierung des spanischen Staates ein Ziel ist, für das gleichermaßen die baskische Bevölkerung wie die fortschrittlichsten Teile der spanischen eintreten.

Auch das Ende der Ausnahmemaßnahmen wird als vorrangig angesehen: die Gefangenenpolitik, ihre Zerstreuung, Prozesse, Verhaftungen etc. Warum werden diese Maßnahmen immer noch angewandt? Und was würde ihre Aussetzung bedeuten?

Die Maßnahmen werden weiter benutzt, weil weder Wille noch Interesse daran besteht, dass der demokratische Prozess in Gang kommt. Die Friedensgegner haben sich in der Nicht-Lösung verbunkert. Deshalb kommen wir keinen Schritt weiter, wenn wir an die Beidseitigkeit appellieren, ohne die Bedingungen dafür geschaffen zu haben. Wir würden ihnen vielmehr die Schlüssel in die Hand geben, um den Prozess zu blockieren. Die Aussetzung dieser Mechanismen ist allein möglich, wenn wir ausreichend Druck aufbauen, um den Friedensgegnern diesen Schlüssel zu entreißen.

Kann die spanische Justiz zu Frieden und Versöhnung beitragen?

Sie könnte – aber machen wir uns nichts vor: die spanische Justiz folgt (bis auf wenige Ausnahmen) der Marschroute, die von den Friedensgegnern mit der PP-Regierung an der Spitze vorgegeben wurde.

Würden Sie von der ETA ihre Auflösung verlangen?
Ich gehöre (zusammen mit meinen ebenfalls vom Obersten Gerichtshof verurteilten Genossen und Genossinnen) zu dem kleinen Kreis von Personen, die zu der bisherigen Strategie eine Alternative erarbeitet haben, die das Ende des bewaffneten Kampfes einschließt. Anschließend ist es uns gelungen, unsere Basis von der Notwendigkeit und den Möglichkeiten dieser Strategie zu überzeugen. Das Resultat ist das definitive Ende des bewaffneten Kampfes der ETA.
    Es gibt für mich kein anderes Szenario als die Abwicklung ihrer militärischen Strukturen. Das ist das einzige Szenario, das wir uns wünschen und die Auflösung der militärischen Strukturen, dafür bin ich ebenfalls, sollte von der internationalen Gemeinschaft betreut und überwacht werden.

[Frage an Otegi, bevor das Urteil des Europäischen Gerichtshofs für Menschenrechte bekannt wurde, das die spanische Regierung wegen ihrer Gefangenenpolitik verurteilte.]
Das spanische Verfassungsgericht hat die »Parot-Doktrin« des Obersten Gerichtshofs bestätigt, die erlaubt baskische politische Gefangene länger in Haft zu halten, als ursprünglich vorgesehen war. Wie interpretieren Sie das?
Aus juristischer Sicht ist das ein Skandal, der sicherlich von europäischen Instanzen korrigiert werden wird. In politischer Hinsicht ist es Teil der von PP/PSOE und den Sicherheitsfanatikern benutzten Agenda, um den Prozess zu blockieren. Aus humaner Sicht erscheint mir das eine extrem grausame Maßnahme, die gleichzeitig sehr gut den Charakter des spanischen Staates beschreibt, dem wir unterworfen sind.

[Frage nach Bekanntwerden des Urteils]
Der Europäische Menschengerichtshof hat auf Grund einer Klage der Baskin Inés del Rio ein Urteil gefällt, das im Grunde die so genannte »Parot-Doktrin« außer Kraft setzt. Wie interpretieren Sie es, dass die spanische Regierung sich weigert, den europäischen Rechtsspruch zu akzeptieren?
Als absolute Schwäche und extremen Fehler in ihrem politischen Kalkül. Es ist eine Haltung, die vor der gesamten baskischen Bevölkerung und der internationalen Gemeinschaft ihren antidemokratischen und autoritären Charakter aufzeigt. Dieser politische und juristische Skandal macht deutlich, dass die Legalisierung von Sortu und dieses Urteil wie Torpedos in ihre strategische Linie eingeschlagen sind, deren Ziel es war, den Friedensprozess im Bereich der Konfliktfolgen zum Zusammenbruch zu bringen.

Abb. 10: Die von der Parteibasis gewählte Führung von Sortu wird am 23.2.2013 in Iruña vorgestellt. Ganz links steht der neue Vorsitzende Hasier Arraiz. Nur der gewählte General-sekretär, Arnaldo Otegi, fehlt. Er sitzt etwa 100 Kilometer entfernt im Knast von Logroño.

Welche Folgen hätte die unmittelbare Aussetzung der »Parot-Doktrin«?
Unmittelbar müssten zig inhaftierte Genossen und Genossinnen freigelassen werden. Das wäre auch eine enorme Erleichterung für ihre Familien und für unsere gesamte Bevölkerung. Dieses Szenario werden wir erleben, auch wenn die definitive Entscheidung nach dem spanischen Widerspruch noch aussteht.

Ich möchte aber hier auch zur Besonnenheit aufrufen. Unsere Freude und Befriedigung über die Freiheit dieser Gefangenen darf sich nicht in Formen aus-drücken, die legitime Gefühle von ETA-Opfern verletzen oder sie erniedrigen könnte. Wir müssen lernen, uns in ihre Lage zu versetzen, um unsere enorme Freude zu relativieren, die wir bei jeder Rückkehr eines Gefangenen verspü-ren. Wir müssen die Gefühle dieser Sektoren respektieren und aufpassen, dass unsere Festakte sie nicht verletzen. Ich weiß, dass wir auch das schaffen werden.

Im Februar [2012] haben PP, PSOE und PNV im spanischen Parlament ein Abkommen über »den Weg zum Ende der ETA« verabschiedet – ausdrücklich unter Ausschluss von Amaiur. Darin wird vom »Sieg der Demokratie« über die ETA gesprochen und die Regierung in Madrid aufgefordert, mit den Regionalregierungen in der CAV und in Navarra in einen Dialog zu treten, um einstimmig die Auflösung der ETA unter strikter Berücksichtigung geltender Gesetze zu fordern. Wie interpretie-ren Sie diese Initiative?
Vergessen wir nicht den Kontext: Die abertzale Linke und ihre Verbündeten hatten monatelang die Agenda und die Initiative bestimmt. Die Demonstration

von Bilbao[181] hat sie klar in die Defensive gedrängt. Sie fühlten, wie der ständige Druck immer näher auf sie zukam. Also mussten sie so tun, als würden sie sich bewegen, ohne sich wirklich zu bewegen. Das ist die Erklärung für diese Initiative.

Und die Beteiligung der PNV?
Die PNV hat erneut gezeigt, dass es immer dann, wenn sie behauptet eine eigene Marschroute zu verfolgen, nur davon ablenkt, dass sie das Abkommen von Gernika nicht unterstützt oder sich nicht am Block der Souveränisten beteiligt. Es gibt keine eigene Linie, sondern es geht ihr um ein gemeinsames Vorgehen mit PP und PSOE, egal ob es sich um den Friedensprozess dreht oder um eine Kürzungspolitik. Deshalb muss die PNV ihre diskreten Kontakte mit Rajoy als heiße Luft verkaufen. Im Kern geht es darum, sich der Unterstützung von PSOE und PP zu versichern, weil sie sie brauchen, um wieder die Regierung in Gasteiz zu stellen.

Sie müssen deshalb suggerieren, dass Rajoy eigentlich gewillt ist, sich zu bewegen. Andernfalls würde ihre eigene Basis immer weniger verstehen, warum sie vor der Einheit mit den Souveränisten fliehen, während sie mit den spanischen Nationalisten kooperieren. Mit der Rückendeckung der PNV kann die PP die Blockierung mit Maßnahmen wie der »Parot-Doktrin«, Verbotsdrohungen, Zerstreuung etc. fortsetzen.

Die Teilnehmer an der Friedenskonferenz haben mittels ihres Sprechers Jonathan Powell neulich in einem Akt im Europäischen Parlament die spanische Regierung aufgefordert, sich zum Dialog zu verpflichten, um zu einem gerechten und dauerhaften Frieden zu gelangen. War das eine Rüge angesichts ihrer Untätigkeit?
Sicherlich, und sie spiegelt den wachsenden Unmut mit der spanischen Regierung auf Seiten der internationalen Gemeinschaft wider. Ich habe gehört, dass die Unzufriedenheit mit der unverantwortlichen und provokativen Haltung Madrids wächst. Die neuen Unterschriften unter die Erklärung von Aiete (von Parlamentariern u. a. aus der Schweiz und Deutschland) sind großenteils Ausdruck dieses Unmuts mit dem unverständlichen Vorgehen der spanischen Regierung.

---

181 Im Januar 2012 demonstrierten über 100.000 Menschen in Bilbao für eine Lösung der Gefangenenfrage, insbesondere für ein Ende der strafverschärfenden Sondergesetze, denen ausschließlich die baskischen politischen Gefangenen unterworfen sind.

Powell bezog sich vor Repräsentanten verschiedener Länder und einer Delegation aus dem Baskenland auf die Madrider Regierung, als er sagte: »Ein Konflikt verschwindet nicht einfach dadurch, dass man sein Verschwinden herbeiwünscht. Man erreicht das nicht durch Zauberei.« Halten Sie eine stärkere Einbindung der EU in eine Konfliktlösung für wünschenswert?

Natürlich wäre sie wünschenswert, und sie wird sich sicherlich bald ergeben. Wir dürfen aber auch nicht vergessen, dass momentan die ökonomische Krise die Agenda bestimmt. Das ist ein zusätzliches Problem. Wir dürfen uns da nichts vormachen und müssen unsere diplomatischen Bemühungen intensivieren. Soviel ich weiß, sind wir schon dran, und das wird Früchte tragen.

In dem im Februar vorgestellten Grundsatzpapier »Viento de solución«[182] betrachtet die abertzale Linke »den Dialog und das Abkommen über einen zukünftigen juristischen Rahmen als unaufschiebbar«. Auf welcher Basis oder nach welchen Prinzipien soll sich dieser Dialog vollziehen?

Das Abkommen muss zwei Punkte beinhalten: die Anerkennung des nationalen Charakters und der Identität der Basken sowie das Recht derjenigen, die dort leben und arbeiten, frei und demokratisch über ihre Beziehungen untereinander (territorial/intern) als auch über ihre Beziehung zu den Staaten (externe Selbstbestimmung) zu entscheiden. Ich will hier erneut betonen, dass wir aufgrund der brutalen Konsequenzen der Wirtschaftskrise unter Umständen vor einer historischen Beschleunigung des Befreiungsprozesses stehen, worauf wir vorbereitet sein müssen.

Werden die demokratischen Lösungen mit den politischen Projekten verwechselt?

Auf Seiten spanischer Nationalisten, ja. Für sie besteht die Lösung darin, dass wir akzeptieren, zwischen zwei Staaten und zwei Autonomien aufgeteilt zu sein. Das ist ihr politisches Projekt. Unseres besteht im Aufbau eines unabhängigen und sozialistischen Staates. Die demokratische Lösung ist einfach: das Volk soll entscheiden, welches Projekt es will, und wir alle respektieren diese Entscheidung, egal wie sie ausfällt. Anstatt von demokratischer Normalisierung zu sprechen, würde ich lieber von demokratischer Normalität sprechen: das Volk entscheidet.

---

182   http://www.ezkerabertzalea.info/es/2012/02/viento-de-solucion/

DIE FOLGEN DES KONFLIKTS

Die Verständigung über die Folgen des Konflikts steht als weiteres vorrangiges Thema auf der Tagesordnung der Konfliktlösung. Gefangene, Exilierte und Opfer sind Bestandteil der Diskussionen und der Anstrengungen aller Vermittler, aber auch Druckmittel im Machtkampf. Die Härte spanischer Gefängnispolitik hat viele baskische Gefangene, die an schweren Erkrankungen leiden, in Extremsituationen gebracht, die nach einer dringenden Lösung schreien.

Das Abkommen von Gernika beschrieb schon im September 2010 eine Reihe von Maßnahmen als erste Schritte in Richtung Amnestie (Ende der Verlegungspraxis, Entlassung schwerkranker Gefangener, Freilassung auf Bewährung von allen Gefangenen, die die legalen Voraussetzungen dafür erfüllen[183], und Abschaffung der Ausnahmegesetzgebung für politische Delikte). Ein Jahr später, am Jahrestag der Unterzeichnung, schließt sich das Kollektiv der Gefangenen (EPPK) dem Abkommen an, um gemeinsam den Weg zu Frieden und definitiven Lösungen »bis zum Ende«[184] zu gehen.

Auch die Erklärung von Aiete schlägt vor, die Konfliktfolgen am Verhandlungstisch zwischen der ETA sowie der französischen und spanischen Regierung anzugehen. Dabei umreißen sie ein Szenario für Schritte in Richtung Versöhnung und Wiedergutmachung für die Opfer.

Die Forderung danach, die Rechte der politischen Gefangenen zu respektieren, findet ihren größten Ausdruck in der Demonstration vom Januar 2012 in Bilbao mit 110.000 Teilnehmern – mit Sicherheit die größte Demonstration, die je im Baskenland stattgefunden hat.[185]

---

183 Normalerweise werden Gefangene, die zwei Drittel der Strafe abgesessen haben, auf Bewährung entlassen. Für die politischen Gefangenen gilt diese Regel – wenn überhaupt – nur in Ausnahmefällen, und auch nur dann, wenn sie sich öffentlich von der ETA lossagen.

184 http://gara.naiz.info/paperezkoa/20070222/4627/es/EPPK/reitera/que/proceso/avanzara/cuando/aborde/acuerdo/politico

185 Ein Jahr später, am 12. Januar 2013, wird diese Zahl trotz unaufhörlichen Regens noch übertroffen. Die Demonstration kann sich praktisch nicht vorwärtsbewegen, da die Straßen Bilbaos komplett verstopft sind (http://info-baskenland.de/1192-0-Ralf+Streck+Ueber+100000+demonstrieren+fuer+baskische+Gefangene.html); siehe auch Abb. 11.

Abb. 11: Bilbao steht still. Unter der Losung »Menschenrechte, Lösung, Frieden – Baskische Gefangene ins Baskenland« demonstrierten am 12.01.2013 mehr als 115.000 Menschen für ein Ende der Sondergesetze, denen die etwa 700 baskischen politischen Gefangenen immer noch unterworfen sind. Aufgerufen hatte die parteiübergreifende Plattform Herrira (nach Hause). Im September 2013 stürmte die spanische Polizei die Geschäftsräume von Herrira, verhaftete führende Aktivisten und nahm ihre Webseiten aus dem Internet. Das Foto bildet den Hintergrund des Buchcovers.

Die Antwort der Regierung beschränkt sich auf ihr bekanntes Verharren in der Unbeweglichkeit oder sogar im Sabotieren des Friedensprozesses. Wurde zuvor stets das Ende des bewaffneten Kampfes als unabdingbare Bedingung für eine Veränderung der Haftpolitik gefordert, ist das nach der Erfüllung vergessen. Neue Forderungen werden stattdessen gestellt, das öffentliche Abschwören gefordert. Die PP-Regierung formuliert mit ihnen nahestehenden Vereinigungen der Terrorismus-Opfer einen neuen Diskurs, der auf der bedingungslosen Auflösung der ETA basiert, öffentlichen Reuebekundungen sowie der Bitte um Verzeihung. Jegliche Art von Anerkennung der Opfer staatlicher Gewalt wird dagegen abgelehnt.

Gleichzeitig verkünden die spanischen Nationalisten im baskischen Parlament, vor allem aber das Regierungskabinett von López, die These von Siegern und Besiegten und von der »Schlussbilanz« in der Absicht, der ETA die alleinige Verantwortung für den Einsatz von Gewalt zuzuschreiben und zu verhindern, dass die bewaffnete Organisation »den Frieden gewinnt«, wie es einige Politiker ausdrücken.

Die baskische Linke geht ihrerseits in der Anerkennung der Opfer und des angerichteten Schadens einen Schritt weiter und ergreift einseitig die Initiative auf dem Weg in Richtung Frieden, als sie in einem feierlichen Akt das Dokument *»viento de solución«* (Der Wind weht in Richtung Lösung) präsentiert. Darin bedauert sie »zutiefst das nicht beabsichtigte« Leid[186], das sie durch ihre Haltung den ETA-Opfern zugefügt habe, und erklärt zugleich ihre Bereitschaft, »die Versöhnung auf der Grundlage der gegenseitigen Anerkennung« der jeweils ausgeübten Gewalt anzugehen. »Angesichts der Brutalität des Konflikts hat es uns daran gemangelt, allen Opfern die gleiche Sensibilität entgegenzubringen«, wird ausgeführt. Keine politische Kraft könne der Anerkennung ihres Teils der Verantwortung ausweichen.

Die internationale Öffentlichkeit fordert in verschiedenen Botschaften die spanische Regierung auf, im Bereich Gefängnispolitik Änderungen vorzunehmen, um den Lösungswillen unter Beweis zu stellen. Am selben Tag, an dem der Unterzeichner der Erklärung von Aiete, Jonathan Powell, diese Botschaft in Brüssel formuliert, bestätigt das spanische Verfassungsgericht die so genannte »Parot-Doktrin«. Die Nachricht wird im Baskenland mit Entsetzen aufgenommen.

Das Kollektiv der Gefangenen EPPK gibt unterdessen die Namen ihrer neuen Sprecher und Unterhändler bekannt und bestätigt ihre Bereitschaft, mit den französischen und spanischen Verantwortlichen in einen Dialog zu treten. EPPK schließt sich vollständig der Strategie der baskischen Linken an, einschließlich der Entscheidung der ETA zum Ende des bewaffneten Kampfes. Das Kollektiv

---

186 http://gara.naiz.info/agiriak/20120226_ezkerab.pdf

fordert die Haftentlassungen im Zusammenhang mit einer »Gesamtlösung« des Konflikts und erkennt erstmals »den vielfachen während des Konflikts verursachten Schmerz« an.

Im Juli 2012 verkündet der Europäische Gerichtshof für Menschenrechte ein Urteil, das auf eine Rechtsbeschwerde der Gefangenen Inés del Rio zurückgeht. Demnach verletzt die so genannte »Parot-Doktrin« Garantien und Rechtsprinzipien der Gefangenen. Er ordnet die sofortige Freilassung der baskischen Gefangenen an. Die spanische Regierung verweigert sich und legt Einspruch ein.

Was bedeutet die Haft für einen politischen Aktivisten?
Leider ist das Gefängnis für alle revolutionären Kräfte der Welt ein Teil des Lebens. Die Inhaftierung ist für jeden Aktivisten immer eine schmerzhafte Angelegenheit, vor allem weil sie auch Auswirkungen auf seine Familie hat. Haft kann aber auch eine Möglichkeit sein, um eigene Überzeugungen zu vertiefen und zu verstärken. Darüber, und über die Gewohnheit, dass uns das Thema baskische Gefangene fast als normal vorkommt, sollten wir aber nie vergessen, dass unser natürlicher Platz die Freiheit ist.

Kann man sich einen Frieden vorstellen, wenn die Gefängnisse in Spanien und Frankreich voll sind von baskischen Gefangenen?
Der gesunde Menschenverstand, die internationale Erfahrung sowie die Forderungen nach Gerechtigkeit und Demokratie selbst, die notwendigerweise einen solchen Konfliktlösungsprozess begleiten müssen, fordern, die Gefangenen freizulassen, um gemeinsam mit den Exilierten nach Hause zurückzukehren und sich den Anstrengungen für eine definitive und unumkehrbare neue Zeit im Baskenland anzuschließen. Und das alles, ohne dabei die Würde der Opfer anzutasten.

Im Verhandlungsprozess der Jahre 2005 bis 2007 räumte die spanische Regierung dem Thema der Gefangenen Vorrang ein, um politische Fragen zu umgehen. Jetzt blockiert sie das Thema, um den Prozess zu bremsen. Hat der Strategiewechsel der abertzalen Linke die Rangordnung verändert? Haben jetzt die Folgen mehr Gewicht als die Ursachen?
In gewisser Weise haben wir nun unseres stärkeres Gewicht auf die Konfliktfolgen gelegt und damit die Rangordnung verändert. Wir dürfen das aber nicht statisch verstehen, sondern im dialektischen Sinn. Der Prozess selbst kann nämlich Bedingungen hervorbringen, die uns zwingen, zeitweilig dieses Schema zu verändern oder zu variieren, ohne dabei die Prioritäten außer Acht zu lassen.

Abb. 12: In Madrid finden seit Oktober 2013 zwei Massenprozesse gegen insgesamt 76 Aktivisten der baskischen linken Unabhängigkeitsbewegung statt. Die 40 Jugendlichen, die das Foto zeigt, werden der Mitgliedschaft in Segi (Weitermachen) bezichtigt. Die Jugendorganisation wurde in Spanien 2007 als ETA-nah verboten, in Frankreich blieb sie legal. Den Jugendlichen droht für ihre politische Arbeit, für das Organisieren von Konzerten und Sommercamps eine mehrjährige Gefängnisstrafe. Auf ihren T-Shirts steht »Libre« (Frei).

Um ein Beispiel zu nennen: die Regierung versucht derweil gerade im Bereich der Konfliktfolgen, den Prozess insgesamt zu blockieren und zu sabotieren, weil sie sich in diesen Bereich – in dem die Zweiseitigkeit notwendig ist – geflüchtet hat, um sich da in ihrer Nicht-Lösung einzuigeln. In diesem Zusammenhang brauchen wir eine wahrhaftige Offensive sowohl im Bereich der Konfliktfolgen (mit einseitigen Initiativen auch im Bereich Gefangene und Flüchtlinge) als auch beim Thema der Ursachen.

In welchem Bereich sollen die Fragen der Gefangenen, Exilierten und Deportierten behandelt werden? Ist das allein Thema der ETA und der Regierungen?
Zunächst einmal müssen wir festhalten, dass es sowohl im Gefangenenkollektiv als auch bei Flüchtlingen ETA-Mitglieder gibt und viele andere, die wie ich nicht zur ETA gehören. Das vorausgeschickt würde ich zunächst schon sagen, dass diese Frage global im Dialog zwischen der ETA und den Regierungen angegangen werden sollte. Ich möchte aber auch dazu betonen, dass unsere Perspektive (wie schon zuvor bei den erwähnten Prioritäten) immer dialektisch und nicht statisch sein muss. Das Wesentliche sind nicht die Bereiche oder die Bezeichnungen, sondern die Ziele – in diesem Fall die Knäste zu leeren und die Exilierten nach Hause zu holen. Und wir dürfen auch nie vergessen, dass wir Basken das mit unserer Kraft, mit Organisierung und Kampf erreichen werden. Andernfalls werden wir nie vor Strafende rauskommen.

Bei einer Gelegenheit haben Sie über die baskischen Gefangenen mal gesagt: »In erster Linie sind das Personen, und in zweiter Aktivisten, die große Opfer erbringen.« Welche Verpflichtung hat die abertzale Linke ihnen gegenüber?

Bisweilen habe ich zu diesem Thema eine Position vertreten, die bei einigen Gesprächspartnern eine gewisse Überraschung hinterlassen hat. Mich persönlich beruhigt es überhaupt nicht zu wissen, dass die Hauptverantwortung dafür, dass einige nun schon weit über 30 Jahre sitzen, beim Staat liegt. Es ist unsere Verantwortung, ihn daran zu hindern. Und es ist unsere Aufgabe, ihnen so schnell wie möglich die Freiheit zurückzugeben.

Wird es die ETA geben, solange es Gefangene und Exilierte gibt?

Das ist eine Überlegung, die seinerzeit Jesús Eguiguren angestellt hat und die ich teile – und die Regierung ebenfalls. Die Frage, die wir uns in diesem Zusammenhang stellen müssen, ist: Hat die Regierung der Friedensgegner ein Interesse daran, dass die ETA weiter präsent ist? Die Antwort ist ein klares Ja, weil es ihnen ermöglicht und einen Vorwand bietet, nicht nur unbeweglich zu bleiben, sondern sogar Rückschritte zu machen. Das ist ein Thema, das wir ernsthaft analysieren müssen.

Das Gefangenenkollektiv hat angekündigt, keine Freilassungen zu akzeptieren, sofern diese nicht kollektiv erfolgen. Der Staat hat entgegnet, das sähen die Gesetze nicht vor und jeder Fall werde nur individuell behandelt. In Irland wurden Fall-für-Fall alle Gefangenen freigelassen. Kann diese Formel auch hier angewandt werden?

Das Irland-Modell kann perfekt auf unseren Fall angewendet werden. Zum Thema Einzel- oder Kollektivlösung denke ich, dass wir das vereinfachen und auf eine andere Ebene heben müssen: das Kollektiv sollte allgemeine Entscheidungen für alle seine Mitglieder treffen, die anschließend in individueller oder persönlicher Form angewandt werden.

Was heißt Amnestie?

Taktisch verstanden (wie es in der Alternative KAS formuliert war) ist das die Freilassung aller Gefangenen und die Rückkehr der Exilierten. Im strategischen Sinn die Lösung der Ursachen, die zur Existenz dieser Repressionsopfer geführt haben.

Die Verhandlungsmitglieder des Gefangenenkollektivs haben angekündigt, weiterhin die Freilassung kranker Gefangener sowie die Ver-

legung aller Gefangenen ins Baskenland zu fordern. Was halten Sie
davon? Können individuelle legale Möglichkeiten wie Veränderung
des Haftgrades, Freigang, Freilassung auf Bewährung, Entlassung etc.
ein Weg sein, um Lösungen zu erreichen, die das gesamte Kollektiv
umfassen?
Bezüglich der ersten Frage denke ich, dass das genau die Gesten sind, die in
einer ersten Phase zur Humanisierung eines Teils der Konfliktfolgen gehören.
Als zweites möchte ich betonen, dass meines Erachtens legale Wege in unserer
Strategie für eine schrittweise Haftentlassung der politischen Gefangenen genutzt werden müssen.

**Was denken Sie über Haftvergünstigungen, welche die spanische Regie-
rung für ein Abschwören anbietet?**
Der Staat stellt extreme Bedingungen, weil er kein Interesse daran hat, im Zusammenhang der Konfliktfolgen zu gemeinsamen Punkten und Lösungen zu
kommen. Es ist klar, dass damit die Blockierung und der Abbruch des Prozesses gesucht wird, was wir über Massenkämpfe, Dialog und einseitige Initiativen
des Gefangenenkollektivs aushebeln müssen.

**Gibt es in diesem Rahmen Verhandlungen oder Aktivitäten – evtl. auch
auf internationaler Ebene?**
Mit Sicherheit sind alle, die für die Unabhängigkeit eintreten und speziell die
abertzale Linke in dieser Richtung aktiv. Ich glaube aber, dass diese Schritte angesichts der Brutalität gegenüber kranken Gefangenen stärker auf die Einbindung von internationalen Organisationen (Rotes Kreuz, Amnesty International
usw.) ausgerichtet sein müssten.

**Der Ausnahmezustand bei den Haftbedingungen zieht auch die Familien-
angehörigen in Mitleidenschaft. Welche Rolle haben die Angehörigen in
all diesen Jahren gespielt?**
Als ich selbst 1990 aus der Haft entlassen wurde, war ich einer der Verantwortlichen
der Organisation Senideak.[187] Von daher weiß ich genau, wie Zweifel, Hoffnungen,
Frustrationen und die unglaublichen menschlichen und politischen Beiträge unserer Angehörigen ausgesehen haben. Jahrzehntelang waren sie Stütze, Zeuge und

---

187 Senideak (Angehörige) wurde 2001 mit Gureak (Unsere) aus dem französisch-baski-
     schen Teil zu Etxerat (Nach Hause) wie viele anderer Organisationen zu einer gesamt-
     baskischen Vereinigung verschmolzen.

Aktivposten. Ohne sie wäre all das nicht möglich gewesen. Und ich fürchte, dass wir ihnen niemals all das zurückgeben können, was wir ihnen schulden.

Sind die Familienangehörigen ebenfalls Opfer des Konflikts?

Das ist eine delikate Frage. Es ist offensichtlich, dass sie diese Situation nie aus freien Stücken gewählt haben und trotzdem vom Staat bestraft werden.[188] Gleichzeitig betrachten sich viele selbst als Teil der Unabhängigkeitsbewegung (und sind es auch). Ich habe deshalb keine eindeutige Antwort darauf.

War die baskische Linke unsensibel gegenüber dem von der ETA verursachten Leid?

Obwohl ich der Meinung bin, dass ein Revolutionär gegenüber menschlichem Leiden sensibel sein muss, bin ich sicher, dass unsere Handlungen und politischen Positionen in der baskischen und der spanischen Bevölkerung teilweise diesen Eindruck vermittelt haben. Das muss uns zum Nachdenken bringen. Es ist die Aufgabe von Verantwortlichen der abertzalen Linken, diese Tatsache mit aller Bescheidenheit anzuerkennen und im Rahmen unserer Möglichkeiten wiedergutzumachen. All denen, denen wir unter Umständen unsensibel erschienen sind, müssen wir mit aller Aufrichtigkeit sagen, dass es uns wirklich leidtut.

Haben Positionen der abertzalen Linken bezüglich tragischer Folgen des bewaffneten Kampfes zusätzliches Leid erzeugt? War das vielleicht sogar eine Quelle für die Erniedrigung der Opfer?

Das war zweifellos so, und jeder von uns muss das in erster Person so annehmen und anerkennen. Und ich hoffe, dass wir lieber früher als später in der Lage sein werden, um uns von Angesicht zu Angesicht sagen zu können, was wir wirklich gefühlt haben und fühlen. Ich glaube, dass unsere Seite bereits jetzt dazu in der Lage ist.

Was bedeutet das im Februar 2012 von der abertzale Linken vorgestellte Papier »Viento de solución« in Bezug auf Opfer und Konfliktfolgen?

Es ist ein weiterer Beweis, dass wir für Frieden einstehen. Meiner Meinung nach hätten wir schon lange den Diskurs von Opfern der Gewalt auf beiden

---

188 Gemeint ist u.a., dass die Angehörigen lange Wege für kurze Besuche zurücklegen müssen, weil Spanien die vorgeschriebene heimatnahe Haftverbüßung, wie sie die spanische Verfassung vorschreibt, meist nicht umsetzt. Es gibt zudem immer wieder Tote und Verletzte bei Autounfällen auf dem Weg von oder zum Gefängnis.

Seiten aufgeben müssen, um in erster Person unsere Verantwortung für das Leid bei einem Teil unserer Generation zu übernehmen. Das zu tun war ein mutiger, ehrenhafter und verantwortlicher Schritt, der keinen Gegenpart verlangt. Auch auf diesem Gebiet sind es andere, die sich krämerisch weigern, ihren eigenen Anteil daran anzuerkennen.

Unabhängig davon müssen wir unsererseits aber weitere Schritte unternehmen. Wir haben die Aufgabe, Kommunikationswege (direkte und indirekte) zu öffnen, um alle Opfer anzuhören. Ich bin sicher, dass dieser Dialog Raum schaffen wird für gegenseitiges Verständnis, das unabdinglich ist für das demokratische Zusammenleben im Baskenland. Das ist eine ausstehende Aufgabe, die allein uns zukommt und die wir verantwortlich und ehrlich angehen müssen.

Welche Schritte müssen die Regierung – oder die Parteien – im Zusammenhang mit den Opfern staatlicher Gewalt unternehmen?

Auch sie müssen verursachtes Leiden anerkennen und ihre Verantwortung übernehmen. Allerdings werden sie aus einem einfachen Grund in dieser Frage ihre unbewegliche Position beibehalten. Die Anerkennung ihrer Verantwortlichkeit würde nämlich ihre ständigen Anstrengungen sprengen, eine Geschichte festzuschreiben, die nichts mit der Realität zu tun hat. Hinter der Forderung an uns, unsere Schuld einzugestehen, verbirgt sich in Wirklichkeit, dass wir sie von jeder Schuld reinwaschen sollen. Das werden wir natürlich nicht tun, weil es in diesem Konflikt keine Seite gibt, die frei von Schuld ist.

Trotzdem wird uns das nicht davon abhalten, unseren eigenen Weg zu gehen – und zwar einseitig! Und wir tun das nicht, damit sie im Gegenzug das Gleiche tun. Wir machen das, weil es unsere Pflicht und ein Beitrag für den Lösungsprozess und ein friedliches Zusammenleben ist.

Sind die ETA-Opfer parteipolitisch für eine Seite benutzt worden?

Meiner Meinung nach ist es offensichtlich, dass die Opfer benutzt wurden und werden, um den Lösungsprozess zu blockieren und zu sabotieren. Das Tandem Aznar / Mayor Oreja[189] hat die Opfer im Zentrum ihrer »antiterroristischen«

---

189 Jaime Mayor Oreja, Innenminister unter José María Aznar. Der Europaparlamentarier wollte auch in einem Interview mit der Zeitung La Voz de Galicia den Franquismus nicht verurteilen, »weil er einen breiten Sektor der Spanier repräsentierte« und viele Familien die Diktatur »natürlich und normal erlebt haben«. Oreja verherrlichte die Diktatur als »Situation außerordentlicher Behaglichkeit«. http://www.lavozdegalicia. es/espana/2007/10/14/0003_6226393.htm. Dass er damit nicht allein stand, hatten

Strategie positioniert. Aber nicht wegen ihrer besonderen Sensibilität den Opfern gegenüber sondern einzig und allein aus parteipolitischem Kalkül. Ausgehend von einer Hetzkampagne, die primitive Gefühle wie Hass und Rache
schürt, ist es aber unmöglich, zu vernünftigen Lösungen zu kommen. Genau
dies zu verhindern, ist aber ihr politisches Ziel.

**Was würden Sie einem ETA-Opfer und einem Opfer staatlicher Gewalt
sagen, wenn Sie die Möglichkeit hätten, sich mit beiden zu treffen?**
Zunächst einmal würde ich gar nichts sagen, sondern mich darauf beschränken,
ihnen zuzuhören… Danach würde ich ihnen sagen, dass mir die durchlebte
Tragödie unendlich leidtut. Und zum Schluss vielleicht, dass alle unsere Anstrengungen in die Richtung gehen, dass Tragödien wie die von ihnen erlebten
sich niemals wiederholen werden.

**Kann ein politischer Konflikt in Begriffen wie Um-Verzeihung-Bitten
und Bereuen gelöst werden?**
Früher wurde ewig eine »Verurteilung«[190] gefordert. Heute ist diese Floskel
durch andere ersetzt worden, in der Regel unaufrichtig und mit der Haupt-
zielrichtung des Zerstörens… Die Suche nach Szenarien von Sieg/Niederlage
und Erniedrigung sollte eingestellt und durch andere ersetzt werden, die die
Konfrontation ab- und die gemeinsamen Positionen aufbauen, ohne dabei Ab-
striche von ethischen Anforderungen zu machen.

**Der erste Schritt in Richtung Wiedergutmachung eines Opfers ist seine
Anerkennung. Der Staat und die Regierungsparteien weigern sich aber
nach wie vor anzuerkennen, dass sie Opfer und Leid in der Bevölkerung verursacht haben. Glauben Sie, dass sie das Leid irgendwann anerkennen werden?**
Kurz- oder mittelfristig kann ich mir das nicht vorstellen, denn das würde bedeuten, den Konflikt anzuerkennen, die Existenz von zwei Seiten darin und das

---

PP-Europaparlamentarier im Vorjahr gezeigt. Mit anderen Rechtsradikalen votierten
sie gegen die erdrückende Mehrheit und die eigene Fraktion der europäischen Volks-
parteien gegen eine Entschließung, am 70. Jahrestag des Militärputschs diesen zu verurteilen. http://www.elmundo.es/elmundo/2006/07/04/espana/1152045701.html

190 Nach jeder Aktion der ETA oder auch anderen gewalttätigen Aktionen im Baskenland, die den abertzalen Jugendlichen zugeschrieben wurden (z.B. Zerstören oder Be-
schmieren von Bankautomaten etc.), wurde die baskische Linke von Politikern und
Medien aufgefordert, diese Aktionen öffentlich zu verurteilen.

Eingeständnis, dass auch der Staat seine Interessen mit Gewalt durchgesetzt hat. Ein solches Szenario kann ich mir nur vorstellen, wenn der Lösungsprozess in eine wesentlich fortgeschrittenere Phase eintritt.

Die Folter ist ein konstanter Bestandteil der »Anti-Terror-Politik« gegen die baskische Unabhängigkeitsbewegung. Welche Ziele werden damit verfolgt? Welche Auswirkungen hat sie?

Über Folter kann ich persönlich sprechen, da ich, wie tausende meiner Mitbürger und Mitbürgerinnen, sie am eigenen Leib erlitten habe. Folter ist Teil der staatlichen Strategie. Ihr Hauptziel (neben dem Erlangen von Information) besteht darin, Angst in der Bevölkerung zu schüren, um sie zu demobilisieren und von ihrem Einsatz abzubringen. Angst ist auch der Hauptfaktor der staatlichen Strategie beim Versuch, sein soziales Modell durchzusetzen. Wenn die Bevölkerung diese Angst verliert, wird ihre Strategie hinfällig.

Wie beurteilen Sie in diesem Zusammenhang das Verhalten der Massenmedien? Der politischen Parteien? Und das der Richter?

Abgesehen von wenigen Ausnahmen haben die politischen Parteien und die sie unterstützenden Medien eine absolut unverantwortliche Position dazu eingenommen und tun das immer noch. Sie waren und sind damit Komplizen der Folterer. Als letztes Beispiel kann ich Ihnen eine Lektüre von einigen Zeitungskommentaren (z. B. im »Correo Español« oder »Diario Vasco«) zu den Freisprüchen von Guardia Civiles durch den Obersten Gerichtshof empfehlen, die vorher wegen Folter im Fall Portu und Sarasola verurteilt worden waren.

Diese Parteien und diese Medien trugen und tragen eine große Verantwortung, und sie haben einen langen Weg vor sich, wenn sie ein Menschenrecht verteidigen wollen, das im spanischen Staat systematisch verletzt wird. Allerdings befürchte ich, dass sie nicht bereit sind, diesen Weg zu gehen. Die Wahrheit passt nicht in das Geschichtsbild, das sie uns aufdrücken wollen.

Halten Sie die Einrichtung einer Wahrheitskommission für notwendig, um Licht ins Dunkel der letzten 50 Jahre zu bringen?

Ich bin ganz klar für die Einrichtung einer Wahrheitskommission von anerkannten internationalen Persönlichkeiten unter der Schirmherrschaft der UNO. Ihre Funktion wäre eine komplette Auflistung aller Menschenrechtsverletzungen (einschließlich der an Zivilpersonen und Politikern) im Baskenland.

Was könnte eine Wahrheitskommission beitragen?

Einen objektiveren und ernsthafteren Blick auf das, was in den letzten Jahrzehnten im Baskenland passiert ist. Außerdem würde sie etwas Grundsätzliches für ein demokratisches Zusammenleben beitragen: die ganze Wahrheit zu erfahren, damit die komplette Geschichte geschrieben wird, und nicht nur ein Teil von ihr.

Die baskische Linke hat den Vorschlag einer Transitionsjustiz[191] unterbreitet, die sich bei anderen Konflikten in der Welt bereits bewährt hat. Was könnte die zur Konfliktlösung beitragen?
Die Transitionsjustiz entfernt sich vom Bestrafungsgrundsatz, um sich darauf zu konzentrieren, Lösungen für komplexere Zusammenhänge und Probleme zu suchen. Unter diesem Gesichtspunkt wäre diese Anwendung in eine positive und konstruktive Dynamik eingebettet und könnte so also tatsächlich zu einer Entwicklung beitragen, die dem eigentlichen Lösungsprozess angemessener ist.

Wird dieses Modell von der internationalen Gemeinschaft gestützt?
Die Transitionsjustiz hat die Unterstützung der internationalen Gemeinschaft und ist bei der Lösung von verschiedenen Konflikten effizient eingesetzt worden.

Würde der Abzug verschiedener Polizeikörper zur Normalisierung beitragen oder ist es umgekehrt so, dass der Prozess den Rückzug der Kräfte mit sich bringen würde?
Die Veränderung und Anpassung der Polizeikräfte wird sogar schon im baskischen Autonomiestatut angesprochen und wäre somit größtenteils eine legale Maßnahme (zumindest in der CAV). Abgesehen davon ist aber der allmähliche Rückzug der Polizeikräfte ein unabdingliches und strukturelles Element, um das Baskenland komplett zu entmilitarisieren.

Ist die Versöhnung möglich? Was sind ihre wesentlichen Pfeiler?
Bevor wir Versöhnung erreichen, müssen wir die tiefen Streitigkeiten und Rachegelüste überwinden, die sich aufgebaut haben. Für mich ist das große Ziel (wofür ich weder einen Begriff noch eine qualifizierende Beschreibung habe) es zu schaffen, den gesamten Schmerz und das fremde Leiden als unser eigenes zu fühlen. Wenn das Leiden nicht mehr das von uns oder von den anderen ist, werden wir anfangen, das Zusammenleben und vielleicht sogar die Versöhnung möglich zu machen.

191　Wie z. B. im aktuellen Konflikt in Kolumbien (http://www.kolko.net/downloads/Kol-RechtsrahmenFrieden-allgemeineInfo.pdf)

ZUKUNFTSVISIONEN

Arnaldo Otegi stellt u. a. Überlegungen zur Wirtschaftskrise, über ein unabhängiges Baskenland, den Aufbau einer allumfassenden radikalen Alternative und zu politischen Aktivitäten an. Für den Politiker aus Elgoibar bedeutet die neoliberale Offensive das Ende des so genannten Sozialstaats und die Umverteilung öffentlicher Mittel in private Hände. Es sei auch in Europa die Aufgabe derjenigen, die links von der Sozialdemokratie stehen, angesichts dieser regressiven Strategien nach umfassenden und radikalen Alternativen für eine reale Veränderung zu suchen. Die Politik müsse als Werkzeug dafür von den internationalen Finanzmächten und transnationalen Konzernen zurückerobert werden, die sie »entführt« hätten.

Er hält die Unabhängigkeit des Baskenlands innerhalb Europas nicht nur für möglich, sondern sie sei Garant für das Überleben von sozialen, kulturellen und ökonomischen Konzepten, da nur sie im Baskenland die Anwendung von eigenen sozialen und fortschrittlichen Modellen ermögliche. Der abertzalen Linken falle dabei die Aufgabe zu, einen »historischen Block« sozialistischer Prägung zu schaffen, der eine Mehrheit dafür hinter sich bringt. In der Bevölkerung sei dafür ein genügend hoher Bewusstseinsstand und Mobilisierungskraft vorhanden.

Dreht sich der Kampf der Basken um Ethnizität? Passt das mit einer linken Ideologie zusammen? Gibt es einen identitären Sozialismus?
Wir kämpfen darum, die Instrumente zurückzuerlangen, die es erlauben, frei unser ökonomisches, politisches, soziales und institutionelles Modell umzusetzen, für das sich die Bevölkerung entscheidet. Diese Instrumente der Souveränität müssen auch das Überleben von uns Basken mit unserer Sprache sichern. Beides ist heute in Gefahr. Der Kampf auch um nationale Identität in einem unterdrückten Volk (in unserem Fall gegenüber zwei großen Staaten) ist aber Teil eines breiten Kampfes auf dem gesamten Planeten gegen den Imperialismus. Und dieser Kampf ist eng verbunden mit dem Kampf um ein alternatives Sozialmodell. Der Kampf um die volle Souveränität für das Baskenland muss in diesem speziellen Moment nicht nur gemeinsam mit der Arbeiterschaft und

der breiten Bevölkerung geführt werden (inbegriffen das Kleinbürgertum), sondern sogar mit Sektoren, die man als zur nationalen Bourgeoisie zugehörig identifizieren kann. In dem Moment, in dem der spanische Staat von einer Intervention bedroht ist, wird unsere Zukunft mit einer Hypothek belastet (die der Bevölkerung große Opfer abverlangt), welche unsere Wirtschaft für die folgenden Jahrzehnte belastet. Deshalb kann und sollte der Kampf um die Souveränität als klassenübergreifendes Bündnis gesehen werden. Wenn dies klar ist, muss unsere Vorrangstellung in diesem Kampf und in der vorausgesetzten Allianz durch einen historischen sozialistischen Block ausgeübt werden. Dieser muss zum Ziel haben, die Hegemonie innerhalb der baskischen Gesellschaft zu erreichen, um ein alternatives Sozialmodell aufzubauen, das wir als identitären Sozialismus oder Sozialismus bezeichnen, der sich an unsere eigenen Bedingungen und Bedürfnisse anpasst.

Warum und wofür eine baskische Unabhängigkeit? Was bringt sie der Bevölkerung?

In der Vergangenheit sind wir immer für ein Abkommen eine Stufe unter der Unabhängigkeit (vom spanischen Staat in diesem Fall) eingetreten, also eine nationale Autonomie mit Selbstbestimmungsrecht zum Beispiel.

Heute hat sich die Lage aber verändert. Wir werden gezwungen, unsoziale Maßnahmen umzusetzen, die Madrid beschließt. Wenn unsere ökonomische Zukunft nun nicht mehr in unseren Händen liegt (weder in der Wirtschaftspolitik, noch der Steuer-, Industrie oder Sozialpolitik usw.), wir zudem einer Manipulation des Zensus ausgesetzt sind, um demokratische Entscheidungsprozesse zu verzerren, müssen wir uns folgende Frage stellen: Bleibt überhaupt noch eine Möglichkeit unterhalb einer vollständigen Souveränität? Ich sehe das täglich schwieriger.

Die Unabhängigkeit ist unsere einzige Garantie, um sozial, kulturell und wirtschaftlich weiterzuleben. Sie erlaubt es uns, ein viel fortschrittlicheres Sozialmodell umzusetzen, als es uns in dem von Spanien und Frankreich vorgegeben Rahmen ermöglicht wird.

Sind historische Erfahrungen der Eigenständigkeit (z. B. das Königreich Navarra) mit ein Grund dafür, das Recht auf Selbstbestimmung zu fordern? Ist die Geschichte ein Argument der Souveränisten? Worin liegt die Legitimität für die Souveränität?

Uns unserer Geschichte bewusst zu sein und sie zu kennen, ist unerlässlich, um unser Bewusstsein zu schärfen und uns als Basken wertzuschätzen. In diesem

Sinne möchte ich die großartigen wissenschaftlichen Arbeiten und Veröffentli-
chungen hervorheben, die es in den vergangenen Jahrzehnten zum baskischen
Staat Navarra gab. Unsere Legitimation und Ansprüche müssen aber vor allem auf republikanischen Werten und Bürgerrechten basieren. Das heißt: Die
Legitimität, die volle Souveränität zu fordern, hängt vom Willen derer ab, die
wir im Baskenland arbeiten, und er muss frei und demokratisch ausgedrückt
werden. Aus der Erinnerung an das, was wir waren, kämpfen wir also dafür,
was wir sein wollen und sein sollten.

**Erfüllt Euskal Herria die nötigen Bedingungen, um sich als neuer Staat
in Europa zu konstituieren?**
Natürlich. Und das sage nicht ich. Kürzlich hat die Universität Carlos III in
Madrid erklärt (sie wenden dafür ein eigenes Programm an, um objektiv die
Lebensfähigkeit von neuen Staaten zu bestimmen), dass nach Schottland das
Baskenland (vor allen anderen) die wirtschaftlichen, politischen und übrigen
Bedingungen mehr als ausreichend erfüllt, um ein lebensfähiger Staat in Euro-
pa zu sein. Nekane Jurado und Eusebio Lasa beweisen mit Daten (Geografie,
Humankapital, Pro-Kopf-Einkommen, Bruttoinlandsprodukt etc.) in einem
Buch nicht nur die Umsetzbarkeit als Staat, sondern arbeiten auch sein enor-
mes Potenzial heraus, in Europa eine Spitzenposition einnehmen zu können,
was Gleichberechtigung und sozialen Wohlstand angeht. In der hervorragenden Arbeit werden die Stärken eines baskischen Staats spezifiziert. Die Autoren
beweisen, dass er nicht nur wirtschaftlich in einem internationalen Rahmen
lebensfähig ist, in dem etwa ein Viertel aller Mitgliedsstaaten der UNO kleiner
sind und über weniger Ressourcen als wir verfügen.

Mit einer 200 Kilometer langen Küste, vielen Wasservorkommen und Möglichkeiten, an natürliche Ressourcen zu kommen, würde Euskal Herria eine
natürliche ökonomische Einheit bilden, mit einem Bruttoinlandsprodukt von
31.065 Euro pro Einwohner. Der Durchschnitt in der EU mit 27 Mitgliedsstaaten liegt bei 23.600 Euro.

Dazu kommt noch, dass gegenwärtig eine halbe Milliarde Euro im Jahr
nach Madrid abfließt. Die privaten Einlagen der Basken bei Kreditinstituten
übersteigen 75 Milliarden Euro (ohne Firmen, Versicherungen, Fonds etc. einzubeziehen) und dazu muss man beachten, dass die Steuereinnahmen deutlich unter dem europäischen Durchschnitt liegen (9,3 % niedrigere Steuerbe-
lastung). Damit ist klar, dass wir wirtschaftlich lebensfähig wären und zudem
in der Lage, ein sehr fortschrittliches Sozialmodell umzusetzen, von dem die
große Mehrheit der Bevölkerung im Land profitieren würde.

Glauben Sie, die Mehrheit der Bevölkerung im Baskenland ist für die Unabhängigkeit?

Die Antwort werden wir nur erfahren, wenn wir uns der demokratischen Übung unterziehen und die Bevölkerung im Baskenland entscheiden lassen. Mein politischer Spürsinn sagt mir, dass der Anteil steigt und sich eine große Mehrheit für die Unabhängigkeit aussprechen könnte. Aber ich bin gleichzeitig davon überzeugt, dass wir für ein Projekt mit einer derartigen Tragweite in den verschiedenen Provinzen ein viel ausgeglicheneres Stimmenverhältnis als bisher erreichen müssten.

Mit der schweren Systemkrise, die wir gerade erleben, wird sich dieser Vorgang beschleunigen. Die Unabhängigkeitsbestrebungen werden in den nächsten Jahren zweifellos viel stärker werden.

Mit welchen Bedrohungen, Schwierigkeiten und Herausforderungen werden die Basken konfrontiert sein, um ihr Ziel zu erreichen?

Seit langer Zeit werden Drohungen benutzt, um Angst vor der Unabhängigkeit zu schüren: Wir seien dann nicht mehr fähig, die Renten zu zahlen und würden aus der EU geworfen, weil Spanien ein Veto gegen unsere Mitgliedschaft einlegen würden (man beachte den Druck auf Großbritannien, um ein unabhängiges Schottland nicht anzuerkennen). Dazu kommen im spanischen Staat subtile Drohungen, alle Möglichkeiten in der Verfassung[192] auszuschöpfen.

Momentan wird in einem Kolonialisierungsversuch an der Veränderung des Zensus gearbeitet, wie es Marokko auch in der Westsahara macht oder Israel mit den israelischen Siedlungen innerhalb der palästinensischen Gebiete. Das zeigt in aller Schärfe, dass man in Madrid zu dem Schluss gekommen ist, dass der Befreiungsprozess in eine entscheidende Phase getreten ist.

Das große Problem des Staates ist, dass wir als Unabhängigkeitsbewegung deutlich gestärkt in diese Phase eintreten, während der Staat eine strukturelle Krise durchmacht, die seine politische und ökonomische Überlebensfähigkeit in Frage stellt. Unsere größte wirtschaftliche Bedrohung besteht darin, weiter mit ihm verbunden zu sein.

---

192 Gemeint ist, dass Spanien als parlamentarische Monarchie in Artikel 2 der Verfassung definiert wurde. Deren Ordnungsgewalt haben die Streitkräfte inne, welche die territoriale Einheit des Landes (Artikel 8) erhalten sollen. Der von Franco eingesetzte König hat nicht nur repräsentative Aufgaben, sondern ist auch Befehlshaber der Streitkräfte (Artikel 62).

Was ist für Sie Spanien? Und Frankreich?

Es sind Staaten, die unsere Identität als Nation negieren und uns grundlegende demokratische Rechte verweigern. In ihnen leben und arbeiten aber Menschen, die wir respektieren und mit denen wir das Interesse teilen, eine gerechtere Welt für alle zu schaffen. Mit der spanischen Bevölkerung verbindet uns nicht die Zugehörigkeit zur gleichen Nation, sondern zur selben Klasse.

Die »offizielle« Linke in Spanien und Frankreich hat sich nie klar für das Recht auf Selbstbestimmung der Basken ausgesprochen. Sind gute Beziehungen und Zusammenarbeit möglich? Haben Sie Hoffnung auf eine zukünftige Unterstützung?

Um der Sache gerecht zu werden, möchte ich Ihnen sagen, dass es in beiden Staaten immer linke Kräfte gab, die unser Selbstbestimmungsrecht verteidigt haben. Die »Internationalistische Initiative – Solidarität unter den Völkern« (II-SP) ist dafür nur ein Beispiel. Allerdings stimmt auch, dass die »offizielle« Linke in Europa die Unterstützung bestimmter Forderungen (wie das Selbstbestimmungsrecht) oder bestimmter Prozesse (auch bewaffnete) in Bezug zur geografischen Entfernung beurteilt. Deshalb ist klar, dass darüber unsere Beziehungen zu dieser Linken erschwert sind. Ich bin aber ein vehementer Verfechter einer Zusammenarbeit. Gemeinsam müssen wir für ein anderes Sozialmodell oder die Demokratisierung der Staaten streiten.

Was kann die abertzale Linke zu einem Baskenland des 21. Jahrhunderts beitragen?

Die abertzale Linke geht in diese historische Etappe (in der der Verdruss gegenüber der politischen Klasse enorm ist) mit einer großen Anerkennung in der Bevölkerung hier, was eingegangene Verpflichtungen und Ehrlichkeit angeht. Diese Anerkennung erstreckt sich sogar auf Gesellschaftsbereiche, die sich in keiner Weise mit unserem Projekt identifizieren. Das verschafft uns Kredit und Glaubwürdigkeit, die wir mit revolutionärer Zärtlichkeit, Sorgfalt und Verantwortlichkeit behandeln müssen. Diese Verantwortlichkeit muss uns dazu bringen, einen demokratischen, partizipativen, kreativen Prozess ... und die politische, soziale, kulturelle Alternative (allumfassend) zu schaffen, die das Baskenland braucht. Ohne Eile und Zeitdruck muss er sich in einen wirklich historischen Vorgang und eine Katharsis für unser Land verwandeln.

Gibt es in Europa Möglichkeiten für eine Politik links der Sozialdemokratie?

Im aktuellen Kontext der brutalen Offensive des Neoliberalismus, mit einem Modell für Europa und die Welt, das von einer Finanz- und Industrieoligarchie vorangetrieben wird, haben die Institutionen nicht einmal Spielraum für eine wirklich sozialdemokratische Politik. Es ist eine Frage der Kräfteverhältnisse, aber heute dient der große Teil der politischen Klasse dieser Finanz- und Industrieoligarchie. Ich gehe noch weiter: Heute eine sozialdemokratische Wirtschaftspolitik umzusetzen (Umverteilung über Steuern, Aufrechterhaltung sozialer Rechte, etc.) wäre ein Vorgehen gegen diese Oligarchie. Um die Möglichkeit für eine Umwälzung zurückzugewinnen, müssen wir vor allem eine breite Bewegung aufbauen, die fähig ist, den großen Finanzsektoren das Ruder zu entreißen, das sie entführt haben.

In der Konfrontation mit der neoliberalen Agenda wird der institutionelle Spielraum erweitert, um progressive Maßnahmen umsetzen zu können. Ohne diese Gegenmacht wird es kaum einen Spielraum geben.

Krise? In welcher Krise befinden wir uns?

Das ist eine entscheidende Frage, bei deren Beantwortung wir keine strukturellen Analysefehler begehen dürfen. Wir müssen den Leuten erklären, dass es sich nicht einfach um eine weitere Krise handelt, aus der wir herauskommen und u. a. in Sachen Wohlstand, Beschäftigung und Rechte wieder an den Punkt kommen werden, an dem wir einst waren. Das wird nicht geschehen. Die Demontage des so genannten Wohlfahrtsstaates (im spanischen Staat ohnehin kümmerlich ausgeprägt) und die Ausplünderung öffentlicher Kassen für den Gewinn der privaten Hand und die hohe Arbeitslosigkeit gehören zum Modell, das durchgesetzt werden soll. Was die Krise angeht, gehöre ich zu denen, die von einer Systemkrise sprechen. Eine normale Akkumulationskrise des Kapitalismus (Giovanni Arrighi spricht in seinem Werk »Das lange XX. Jahrhundert« von vier großen Akkumulationszyklen: dem genoveser, holländischen, britischen und zuletzt dem US-amerikanischen) fällt mit einer ökologischen Krise (mit Gefahren für die Welt) und einer Energiekrise zusammen (der Peak Oil wurde schon überschritten. Das führt nicht nur zu Verteuerung der Rohstoffe, sondern auch zu ihrer absehbaren Erschöpfung, die einige mit einer Zeitspanne von 15 bis 20 Jahren angeben). Als Folge aus der Systemkrise ergibt sich eine Hegemoniekrise zwischen einer absteigenden Supermacht (USA) und aufsteigenden Ländern (China, Brasilien usw.), die zu (derzeit noch) indirekten militärischen Konflikten führt, wie in Syrien oder bald im Iran. Das ist die Realität. Die Alternative dazu wird radikal, umfassend und global sein müssen oder es gibt keine.

Welche Alternative zu dieser Situation sehen Sie?

Die Alternative muss radikal sein, denn sie muss an die Wurzeln gehen. Die liegen in der kapitalistischen Logik eines Wirtschaftssystems, das die Interessen einer immer kleiner werdenden Elite über die Bedürfnisse von 99 % der Bevölkerung stellt. Ohne diese Logik zu überwinden, gibt es keine Alternative.

Die Alternative muss umfassend sein, denn alle Formen der kapitalistischen Ausbeutung und Diskriminierung müssen abgeschafft werden.

Sie muss auch global sein, denn es lassen sich keine lokalen oder nationalen Lösungen für Probleme wie Standortverlagerungen oder Klimawandel finden. Der Kapitalismus ist seit langem weltweit organisiert (Internationaler Währungsfonds, Weltbank, G8, G20 usw.). Die Völker und Arbeiter brauchen ebenfalls globale Instrumente (eine neue internationale Gemeinschaft der Völker und Arbeiter), um die neoliberale Agenda zu stoppen und unsere eigene umzusetzen.

In welcher Form wirkt die Krise auf Veränderungen des Bewusstseins, der Werte und des Sozialverhaltens? Macht uns Angst konservativer?

Angst spielt eine grundlegende Rolle beim grausamen Versuch, ein ultraliberales Sozialmodell durchzusetzen. Naomi Klein erklärt das im Detail in ihrer Arbeit »Die Schock-Strategie«, die man so zusammenfassen kann: Es werden Schock- und Angstzustände geschaffen, um eine grausame Agenda und harte Einschnitte zu rechtfertigen und mit geringerem oder keinem Widerstand gegen die betroffenen Bevölkerungsgruppen durchzusetzen, die ängstlich in einer Schockstarre verharren.

Wir leben in einer Kultur der Angst (vor Krankheit, Arbeitsverlust, fehlender Wertschätzung durch andere). Ständig Angst aufrechtzuerhalten, ist Teil dieser Strategie (was wird wohl der nächste Alarm nach Rinderwahn, Vogelgrippe und Influenza A sein?). Doch wir müssen uns fragen, wovor wir Angst haben, wenn man uns alles nehmen will. Wenn wir die Angst abstreifen und schreien »Bis hierher und nicht weiter! Es geht auch anders!«, ist ihre Strategie am Ende.

Wie kann der Krise von links begegnet werden?

Wir haben einen langen Weg vor uns, denn unsere Alternative muss auf der Rückgewinnung und der Erneuerung unserer Werte (Solidarität, Gleichberechtigung, Respekt vor der Natur, dem Menschen als generellem Maßstab u. a.) basieren. Ohne das ist es unmöglich, zur notwendigen radikalen Veränderung zu kommen, die wir brauchen. Unser Kampf beginnt damit, die bürgerlichen

Werte (wie Individualität, Konsum, Konkurrenz) durch sozialistische und progressive Werte zu ersetzen, bis sie hegemonial werden. Nur dann können wir zu einer tiefen und strukturellen sozialen Veränderung kommen. Eine Alternative über Werte aufzubauen – darin liegt die Herausforderung.

Stehen wir vor der Demontage des so genannten Sozialstaats?
Die Entscheidung, den Sozialstaat zu zerlegen, wurde direkt nach dem Zusammenbruch des so genannten sozialistischen Blocks getroffen. Wir dürfen nicht aus dem Blick verlieren, dass letztlich über den Sozialstaat nach dem Zweiten Weltkrieg verhindert werden sollte, dass revolutionäre Prozesse wie zuvor in der Sowjetunion und in Osteuropa entstehen. Deshalb stimmt der Slogan der PSOE: »Sie wollen alles beseitigen«. Ehrlicherweise sollten sie allerdings anfügen: »Mit uns an der Regierung wird das ebenfalls geschehen«.

Wo steht die baskische Arbeiterklasse? Hat sie das entsprechende Bewusstsein und ist organisiert, um den neoliberalen Angriffen zu begegnen?
Die Beteiligung am letzten Generalstreik im Baskenland [er bezieht sich auf den 29. März 2012] zeigt, dass das Bewusstseinsniveau und der Mobilisierungsgrad hoch sind. Ohne Zweifel muss beides verstärkt werden, wenn wir wirklich das zurückweisen wollen, was uns aufgezwungen werden soll. Wir müssen klarstellen, dass die Situation genutzt wird, um uns ein Sozialmodell aufzudrücken, das einen Angriff auf die elementaren Rechte der Bevölkerung und der Arbeiterschaft darstellt. Ich glaube, es ist unerlässlich, dass die Gewerkschaftsbewegung und die Arbeiterklasse einen strategischen Beitrag zur sozialen und nationalen Befreiung leisten. Sie sollten eigene strategische Debatten darüber führen, eine effektive Gegenmacht aufzubauen. Zwar ist die Gewerkschaftsautonomie notwendig, doch ihr Verhältnis zum historischen Block für die Unabhängigkeit von Links, der für einen sozialen und politischen Wandel im Baskenland eintritt, sollte bestimmt werden.

Kann es ein Baskenland ohne die baskische Sprache geben? Was muss getan werden?
Die baskische Sprache (die wir 30.000 Jahre zurückverfolgen können) ist ein wesentlicher Bestandteil des Baskenlands. In der Sprachpolitik (wie in anderen Bereichen) bin ich für große Abkommen, um mit allen politischen, institutionellen, ökonomischen und anderen Akteuren das Baskenland aufzubauen. Damit das möglich wird, müssen die spanisch-nationalistischen Kräfte verant-

wortungsvoller und die PNV weniger kleinmütig werden. Doch ich verliere nicht die Hoffnung, dass wir das erreichen können. Das Abkommen müsste abdecken, dass die öffentliche Hand das Erlernen und die Anwendung der offiziellen Sprachen (in allen Gebieten) garantiert. Jeder kann dann frei sein Recht ausüben, in der Sprache zu leben oder sich auszudrücken, die er bevorzugt.

Strategische Neuausrichtungen und politische Veränderung wirkten stets stimulierend auf die Kultur. Kann die neue Situation auch hier zu einer Erneuerung führen?
Der neue Kontext bietet große Chancen. Ich glaube, dass wir sie nutzen müssen, um zu einer umfassenden Befreiung zu kommen. Eine wirkliche Alternative ist unmöglich, ohne dass Kultur dabei eine wesentliche Rolle spielt. Ich glaube sogar, dass wir einen Teil unserer Ziele entpolitisieren sollten, damit die Bevölkerung sie in eine eigenständige Kultur verwandelt, um damit die Werte und die Schaffenskraft für unsere Zukunft zu schreiben, malen, singen, dramatisieren, rezitieren, erzählen, filmen und in Stein zu meißeln.

Gibt es eine Stagnation auf diesem Terrain? Muss das Baskenland kulturell durchgeschüttelt werden?
Ich glaube nicht. Die tägliche Realität zeigt eine Vielzahl von Initiativen auf allen Ebenen des sozialen Lebens. Ich glaube, auch Kulturschaffende im Land sollten gemeinsam über die Lage und über die Situation, die wir derzeit erleben, tiefschürfend reflektieren. Danach sollten sie überlegen, was sie beitragen, um sich den aktuellen Herausforderungen zu stellen. Die aktuelle Situation benötigt einen kulturellen Vorschlag zur Umwälzung, der Ansporn und Stimulanz bietet, wie einst die Bewegung Ez Dok Amairu.[193] Wir sollten auch Vorschläge machen, Notwendigkeiten und Herausforderungen benennen, uns aber dann zurückziehen, damit die Bewegung in völliger Freiheit und Autonomie entsteht. Die Alternative muss ohne Fesseln und Kontrolle entstehen. Auch wenn ich nie Trotzkist war, zitiere ich hier Trotzki: Alle Freiheit für die Kunst!

---

193 Bedeutende Kulturschaffende wie die Sänger Mikel Laboa, Benito Lertxundi, Xabier Lete gehörten genauso zu der Gruppe, die zwischen 1966 bis 1972 aktiv war, wie der Filmemacher Néstor Basterretxea, der Bildhauer Jorge Oteiza, die Schriftstellerin Lourdes Iriondo und andere. Sie bezogen sich stark auf die in der franquistischen Diktatur verbotene baskische Sprache und trugen zur Erneuerung baskischer Kultur bei.

Unter den Vorwänden der Steigerung der Konkurrenzfähigkeit, Ressourcenmangel oder der »Terrorbedrohung« wurden immer stärker kollektive und individuelle Rechte beschnitten. Wohin bewegt sich die westliche Gesellschaft?

Wenn wir, die progressiven Kräfte, das nicht verhindern, wird die westliche Gesellschaft immer autoritärer und von einer immer stärkeren sozialen Ungleichheit geprägt sein. Am Horizont steht: »Mehr Angst, weniger Rechte«. Das Sozialmodell, das uns aufgezwungen wird, sieht die Demontage des öffentlichen Sektors, die Beschneidung aller Rechte (u. a. von Arbeitslosen, Beschäftigten, Rentnern), die Privatisierung von Gesundheit und Bildung und anderer Bereiche vor. Da zunehmender Widerstand erwartet wird, werden Gesetze verschärft (sogar der friedliche zivile Ungehorsam nach Gandhi soll im spanischen Staat kriminalisiert werden!). Das Finanz- und Industriekapital übernimmt nicht nur direkt Regierungen (z. B. Monti, Guindos[194]), sondern es kauft zudem Medienunternehmen auf. Es ist keine Krise, sondern es handelt sich um einen perfekt geplanten Betrug.

Welche Konflikte ergeben sich aus Fragen der Umwelt und schwindenden Ressourcen? Welche Rolle spielen ökologische Kämpfe in Befreiungsbewegungen?

Der wilde Kapitalismus bietet sich als einzig mögliches ökonomisches System an, stellt aber eine unauflösbare Gleichung auf: Es soll ein konstantes Wachstum im Rahmen eines Planeten mit begrenzten Ressourcen geben. Wie immer wird zwischen den Weltmächten um die Kontrolle der Ressourcen gestritten, vor allem um Öl, um produktive Landwirtschaftsflächen (wie in Afrika) und Wasser. Wie in jeder Akkumulationskrise zuvor steht die Aufteilung der Welt auf der Tagesordnung, aber wie nie zuvor auch die Verteilung immer knapper werdender Ressourcen (wie Erdöl).

Deshalb stellen Kämpfe zur Erhaltung der Umwelt das Rückgrat jeder umfassenden Alternative dar. Angesichts des Klimawandels sind schlichtweg der Planet und das Überleben unserer Spezies gefährdet.

---

194 Mario Monti, internationaler Berater der US-amerikanischen Investmentbank Goldman Sachs und von Coca-Cola, war von 2011 bis 2013 italienischer Ministerpräsident (»Expertenregierung«). Luis de Guindos war von 2004 bis 2008 im Vorstand der spanischen Tochter der Investmentbank Lehman Brothers und von 2008 bis 2010 Leiter der spanischen Finanzsektion des global tätigen Unternehmensnetzwerkes PricewaterhouseCoopers; 2011 wurde er als PP-Mitglied zum spanischen Wirtschaftsminister ernannt.

Und der Feminismus?

Die feministische Bewegung sollte die Sichtweise und die Forderungen der Hälfte der Bevölkerung in die Alternative zur vollständigen Befreiung einbringen.

Um uns wirklich bewusst über den strukturellen Beitrag der Frauen am Aufbau der Alternative zu werden, müssen wir ihre Lage deutlich machen. Nehmen wir als Referenz verfügbare Daten aus dem spanischen Staat: Etwa 80 Frauen werden jedes Jahr von ihren Partnern umgebracht, zehntausende werden misshandelt. Dazu ist ihr Durchschnittslohn 22 % niedriger. Die Renten sind im Durchschnitt 39 % niedriger und 70 % erhalten beitragsunabhängige Renten (wie Witwenrenten). Etwas 15,5 % der arbeitenden Frauen verdienen weniger als den Mindestlohn[195] (5,6 % der Männer). Hausarbeit, Kinderbetreuung, Pflege von Kranken und Alten, ist weiter »Frauensache« (95 %) und wird meist nicht entlohnt. Derweil entscheiden Männer in den Gremien. Das sind nur Beispiele dafür, dass die viel beschworene Gleichberechtigung fern jeder Realität ist. In dem Augenblick, in dem es harte Einschnitte ins Sozialsystem gibt, die vor allem die verwundbarsten Bevölkerungsteile treffen – auch Frauen – ist der Kampf für die Emanzipation gegen jede Art der Unterdrückung und Ausbeutung unumgänglich für jede Alternative.

Befindet sich die Linke auch in einer Ideen- oder Modellkrise? Ist eine Regenerierung nötig, um Antworten auf die neue Lage und die neuen Anforderungen zu geben?

Obwohl es diese Krise gibt, erlebe ich sie als große Chance. Wir müssen alles überdenken und von einfachen Rezepten genauso Abstand nehmen, wie davon, Arbeits- und Organisationsformen früherer Modelle nachzuahmen. Für mich ist als erstes eine korrekte Einschätzung notwendig. Gleichzeitig muss verschiedenen sozialen Trägern (wie Intellektuellen, Arbeitern, Kleinunternehmern, Frauen) die Möglichkeit zur Beteiligung geboten und der große Dialog der baskischen Linken auf nationaler Ebene in Gang gesetzt werden.

In der zweiten Etappe hat dieser Dialog das Ziel, eine Alternative zu schaffen. Der Erfolg hängt auch im Baskenland vor allem (aber nicht nur) vom Niveau der demokratischen Beteiligung ab. Demokratische Beteiligung und Meinungsfreiheit müssen die Geburt dieser Linken prägen, die zur Transformation der Gesellschaft ansetzt. Andernfalls wird das Projekt scheitern.

---

195 Er beträgt 645,30 € (14 Zahlungen). Umgerechnet auf 12 Monatslöhne sind es 752 €. Beim Nachbarn Frankreich ist er mit 1.425 € fast doppelt so hoch, in Portugal sind es 566 €.

Wie beurteilen Sie die neuen sozialistischen Bewegungen in Latein-amerika?

Lateinamerika ist für mich eine wahrhaftige Fabrik von Träumen und dem Streben nach Freiheit und Gleichheit. Es bietet uns reichhaltige und neuartige Erfahrung für einen Sozialismus des 21. Jahrhunderts. Grundlegend ist für mich, obwohl es Unterschiede zwischen Brasilien, Venezuela, Bolivien oder Uruguay gibt, dass politisch-militärische Erfahrungen in Massen- und Wahlkämpfe transformiert wurden und die Bewegungen in einigen Fällen an die Regierung oder an die Macht kamen. Es sind Versuche, ein fortschrittliches soziales bzw. sozialistisches Modell zu schaffen, das in bestimmten Zeitabschnitten von der Bevölkerung bestätigt wird, was für mich eine Garantie ihrer Stärke ist. Sozialismus kann nur über die bewusste Partizipation der Bevölkerung geschaffen werden. In dieser neuen historischen Erfahrung ist der neue Sozialismus in Lateinamerika Teil des Einsatzes der Menschheit, um eine Zukunft und eine Alternative gegen den Neoliberalismus zu schaffen, und damit identifiziere ich mich.

Der abertzalen Linken wird gerne vorgeworfen, gegen »Fortschritt« zu sein. Was ist für Sie Fortschritt und Entwicklung?

Ich gebe Ihnen einige Beispiele dafür, was Neoliberale und Kapitalisten als Entwicklung und Fortschritt ansehen: Täglich sterben tausende Kinder auf der Welt an Hunger, vor allem in Afrika. Wie viel Dollar kostet es, das zu vermeiden? Es ist exakt die Summe, die nordamerikanische Bauern jährlich ausgeben, um ihre Tiere zu füttern. Ein anderes Beispiel: Tausende Menschen sterben täglich an Durchfallerkrankungen, weil Trinkwasser fehlt. Was kostet es, sauberes Wasser für alle zu schaffen? So viel wie wir Europäer und Nordamerikaner jährlich für Kosmetik ausgeben. Das nennt man Entwicklung und Fortschritt? Kommen wir zum spanischen Staat: 2006 besaßen etwa 20 große Familien gut 20% des Kapitals an Unternehmen, die im spanischen Börsenindex Ibex gelistet sind. Etwa 1.400 Personen kontrollieren ein Kapital, das mehr als 80% der Wirtschaftsleistung entspricht. Also 0,0035% der Bevölkerung kontrollieren 80,5% des BIP. Sprechen wir von Großprojekten wie dem TAV-Hochgeschwindigkeitszug (oder von Superhafen, Müllverbrennungsanlagen etc.): Es gibt nicht eine rentable TAV-Strecke im Staat. (Einige werden sogar geschlossen, weil Passagiere fehlen). Der Teil, der die baskische Strecke im Süden und im Norden mit anderen Netzen verbinden soll, wurde in Burgos und im französischen Staat auf Eis gelegt. Trotzdem kürzt »unsere« Obrigkeit nicht einen Euro bei diesem Projekt, tut das aber bei Gesundheit oder Bildung.

Warum? Die Antwort ist einfach: Große Baufirmen, die zum Teil Familien gehören, die zu diesen 0,0035% zählen, würden Pleite gehen. Das würde Banken kippen, die ihnen ebenfalls gehören. Wenn Verteidiger dieses Systems von Fortschritt und Entwicklung sprechen, reden sie von ihren Gewinnen, die mit dem Geld aller finanziert werden. Fortschritt und Entwicklung heißt für mich: Grundlegende Bedürfnisse (Nahrung, Wohnung, Kultur, Gesundheit etc.) zu garantieren. So einfach ist das.

In den Konfliktjahren wurde von Verurteilung, Niederlage, Toleranz, Reue und Rechtsstaat usw. gesprochen. Brauchen wir eine andere Sprache?
In der Dialektik des Kriegs pervertiert der Neoliberalismus die Sprache. Einschnitte im Sozialstaat nennt er »Anpassungen«, Rezession ein »negatives Wachstum« usw. Es gibt nun sogar »humanitäre Kriege«. Die Bedeutung von Worten (Frieden, Menschenrechte etc.) wird angepasst. Diese Technik wird auch benutzt, um den Friedensprozess zu blockieren. Deshalb muss die abertzale Linke ihre eigene Sprache mit einem vorrangigen Ziel durchlüften: Sie muss für die gesamte Bevölkerung verständlich sein. Klarheit und Einfachheit müssen Vorrang haben.

Wie sehen Sie die heutige Jugend?
Die Realität der baskischen Jugend wird zum großen Teil von unseren Erfolgen und Fehlern bestimmt.

Wenn wir Defekte oder Mängel an ihr benennen, vergessen wir gerne unsere Verantwortung daran. Das vorangestellt und im vollen Bewusstsein der Risiken von Verallgemeinerungen, sage ich Ihnen, dass die Jugend im Konsumstrudel steckt und verstärkt Werte verliert. Doch sie ist gleichzeitig auch fähig, sich in Dynamiken der Umgestaltung einzuklinken.

Im Baskenland nimmt die Jugendbewegung eine zentrale Rolle im Prozess der sozialen und nationalen Befreiung ein. Sie hat große Beiträge geleistet. In diesem Kontext hat sich die Jugendorganisation Segi[196] aufgelöst und eine ehrliche Selbstkritik geleistet. Es wäre ungerecht, ihre Beiträge und Erfolge nicht zu würdigen.

---

196 Weitermachen. Sie ging aus »Haika« hervor, die März 2001 verboten wurde. Haika war ein Zusammenschluss von »Jarrai« (Weiter) im spanischen Baskenland und der »Gazteriak« (Jugend) im französischen Baskenland (Iparralde). Segi wurde im Februar 2002 verboten, stand zwar ebenfalls auf der EU-Terror-Liste, konnte bis zur Auflösung aber in Iparralde legal arbeiten.

Auch die revolutionäre Jugend muss eigene Überlegungen anstellen und Modelle und Klischees der Vergangenheit umgehen, um adäquat auf die folgende Frage antworten zu können: Welche Organisationsformen und -instrumente sind heute notwendig?

Gibt es einen Verdruss an der klassischen Politik? Ändern sich die Modelle? Müssen sie geändert werden?
Es ist klar, dass es eine Krise der politischen Modelle gibt. Es gibt allgemein eine große Distanz zwischen Gesellschaft und Politik, die von der politischen Klasse repräsentiert wird. Das bildet sich aber noch nicht mit dieser Schärfe in der Wahlbeteiligung ab, auch wenn die Beteiligung abnimmt.

Mir scheint, Griechenland lehrt zwei Lektionen: Traditionelle Parteien (auffällig schon bei Umfragen im spanischen Staat) stürzen ab und es tauchen populistische und rassistische Strömungen auf, die wir nicht geringschätzen dürfen. Wir müssen die Politik als Instrument für die soziale Umgestaltung retten und dafür sorgen, dass dieses Werkzeug in die Hände der Bevölkerung gelangt. Dafür muss sie der Finanz- und Industrieoligarchie entrissen werden.

Wie beurteilen Sie Bewegungen wie die »Empörten«?
Demokratisch sehr gesund. Sie drücken ihren Unmut in Diskussionen und Mobilisierung aus.

Können solche Bewegungen die Stärke erlangen, um einen realen Wandel der Gesellschaft einzuleiten? Wieso ist sie im Baskenland deutlich schwächer?
Diese Bewegungen können die Regierung beeinflussen und das haben sie in Teilbereichen schon erreicht. Aber es gibt niemanden, der im Respekt vor der Autonomie dieser Bewegung ihre Forderungen nach Veränderungen aufgreift und einen Machtanspruch vertritt. Deshalb glaube ich nicht, dass sie eine wirkliche Veränderung bewirken können. Sonst müssten sie fähig sein, einen zivilgesellschaftlichen Aufstand zu organisieren.

Im Baskenland sind sie viel schwächer, weil die Ziele von der abertzalen Linken und vom Block der Souveränisten vertreten werden. Im Zusammenhang mit früheren Antworten möchte ich anfügen: Wenn ich zuvor von der Notwendigkeit gesprochen habe, eine breite Bewegung des zivilen Ungehorsams zu schaffen, die sich den Friedensgegnern und dem Neoliberalismus entgegenstellt, dann sollte das mit einigen Kampfformen geschehen, die auch von der Movimiento 15-M[197] benutzt werden. Wann gibt es einen baskischen Tahrir-Platz (oder auch drei) zur Verteidigung des Friedens (Freiheit für die Gefangenen, Verhandlungen usw.) und unserer sozialen Rechte? Dieses Standbein muss in unserer Strategie noch entwickelt werden. Ohne Konfrontation werden wir unsere Ziele nicht erreichen.

Wie sieht die revolutionäre Basis des 21. Jahrhunderts aus?
Politisch und ideologisch geschult. Denn sie muss überzeugen. Das geht nur mit Argumenten und dafür braucht es eine adäquate Schulung. Sie muss bescheiden sein und besser zuhören als reden können sowie frei von Arroganz gegenüber anderen sein. Sie muss auch beharrlich, geduldig und engagiert für die Sache der Benachteiligten eintreten und im täglichen Leben beispielhaft vorangehen, wenn es um Werte der vorgeschlagenen Alternative geht. Sie muss sich unserer Vergangenheit bewusst sein, wer wir sind und wohin wir gehen. Sie muss dafür sorgen, dass unser politisches und ideologisches Gepäck an neue Generationen übergeben wird. Sie muss natürlich selbstkritisch, aber auch fröhlich und kämpferisch sein.

Und die Avantgarde? Wie passt sich dieses Konzept an die soziale und kulturelle Realität an?
Avantgarden braucht es nur, wenn sie fähig sind, emanzipatorische Prozesse vorwegzunehmen und sie zu fördern. Ihr Vorgehen muss sich aber radikal ändern. Eine Avantgarde proklamiert sich nicht selbst und ist es im revolutionären Sinn nur, wenn sie als solche von der Bevölkerung anerkannt und respektiert wird. Avantgarde zu sein, bedarf eines völlig demokratischen Prozesses, an dem alle teilnehmen, die sie aufbauen wollen. Einmal in Gang gesetzt, kann nur die permanente Kritik und Selbstkritik, loyal, aber ohne Grenzen, garantieren, dass sie sich nicht von den Prinzipien entfernt, die zur Gründung geführt haben. Man hat nicht Recht, weil man Avantgarde ist, sondern man kann Avantgarde sein, weil man beweist, Recht zu haben. Das wird zunächst von den Aktivisten und dann von einer breiten Basis anerkannt.

Gibt es ein alternatives Modell, um Politik über Institutionen zu machen?

---

197   Kurz: 15-M. Die Empörten-Bewegung, so bezeichnet, da sie am 15. Mai 2011 in Madrid entstand, als man sich nach landesweiten Demonstrationen entschloss, nicht nach Hause zu gehen, sondern den »Sol« im Zentrum von Madrid zu besetzen. Das wurde in vielen Städten nachgeahmt. Nach der Auflösung wurden die Aktivisten in der Gesellschaft aktiv, u. a. verhinderten sie Zwangsräumungen und besetzten leerstehenden Wohnraum.

Ich glaube, unsere eigene Geschichte zeigt das. Es befriedigt mich, dass es nicht einen Fall von Korruption unter tausenden Aktivisten der abertzalen Linken gab, die öffentliche Ämter bekleidet haben. Es gibt keine andere Formation, die das von sich sagen könnte. Die einzige Art, alternativ in den Institutionen zu arbeiten, besteht in der Garantie, sie in den Dienst der Bevölkerungsmehrheit zu stellen.

Was ist Utopie für Sie?
Die Utopie ist, voranzuschreiten, Fehler zu korrigieren, Ungerechtigkeit zu beseitigen... sie wartet am Horizont auf uns auf einem Weg, der nie zu Ende geht.

Haben Sie eigentlich Gründe zum Lächeln?
Dafür gibt es immer Anlässe. Meine Kinder, meine Eltern, meine Freundin bei einem Besuch in den Arm nehmen zu können. Heute Nacht habe ich den Regen gehört... Ich glaube, die Antwort steckt in allen Antworten auf Ihre Fragen. Ich habe sie mit der Hand geschrieben und einige Kugelschreiber dabei verschlissen... Sind das ausreichende Gründe zum Lächeln?

Abb. 13: Vor dem Kongresszentrum (BEC) in Barakaldo (bei Bilbao) versammeln sich am 21. Januar 2006 zahllose Anhänger der linken Unabhängigkeitsbewegung, unter ihnen auch Arnaldo Otegi.

Das Baskenland – eine Standortbestimmung

Als Euskal Herria, das »Land des Baskischen«, bezeichnen Basken seit Jahrhunderten das baskische Territorium in seiner Gesamtheit. Sie betonen damit die Bedeutung, die Sprache und Kultur für die Basken haben. Etwas mehr als drei Millionen Menschen leben in Euskal Herria. Für etwa 600.000 von ihnen ist die baskische Sprache Euskera die Muttersprache oder sie sprechen es fließend. Euskera ist eine alte, pre-indogermanische Sprache, die keine bekannte Verwandtschaft mit anderen Sprachen besitzt. Sie wurde im Baskenland bereits vor Jahrtausenden gesprochen, ein echter europäischer Kulturschatz.

Euskal Herria liegt am Golf von Bizkaia. Es umfasst etwa 20.000 km². Zum

Abb. 14: Karte des Baskenlands

Baskenland gehören die sieben Provinzen Gipuzkoa (spanisch: Guipúzcoa), Bizkaia (spanisch: Vizcaya), Araba (spanisch: Álava), Nafarroa (spanisch: Navarra), Lapurdi (französisch: Labourd), Nafarroa Behera (französisch: Basse-Navarre) und Zuberoa (französisch: Soule). Die spanisch-französische Grenze teilt das Land in zwei Teile. In der Schemazeichnung ist die Grenze als schwarz-graue Linie zu sehen, die das Baskenland durchschneidet. Vier Provinzen stehen unter spanischer Verwaltung. Die Basken bezeichnen diese Region als Hegoalde, als Südteil. Drei dieser südlichen Provinzen, Gipuzkoa, Bizkaia und Araba, sind zur Communidad Autonoma Vasca (CAV), der Autonomen Baskischen Gemeinschaft, mit der Hauptstadt Gasteiz (spanisch: Vitoria) zusammengefasst, Nafarroa gehört nicht zur CAV, sondern bildet die separate Comunidad Foral de Navarra, die Foralgemeinschaft Navarra, mit der Hauptstadt Iruñea (spanisch: Pamplona). Die drei Provinzen des Nordbaskenlands werden als Ipar Euskal Herria, Nördliches Baskenland, oder als Iparralde, als Nordteil, bezeichnet. Sie gehören zu Frankreich und sind dem Département Pyrénées-Atlantiques zugeordnet.

Die Basken verfügen über eine Vielzahl demokratischer Traditionen und Institutionen. Ein Beispiel ist die Auzolan oder gemeinschaftliche Arbeit. Diese besteht in der gegenseitigen Nachbarschaftshilfe (z.B. bei dem Bau eines Gebäudes, der Reinigung von Wäldern oder der Hilfe bei Naturkatastrophen) und ist vollständig horizontal organisiert. Ein weiteres Beispiel ist die Organisation der Gemeinden. Die Nutzung natürlicher Ressourcen wie Wasser oder Wälder erfolgt traditionell auf gemeinschaftlicher Basis.

In den vergangenen Jahrzehnten beteiligten sich breite Teile der baskischen Bevölkerung an alternativen Projekten und engagierten sich in sozialen Bewegungen. Eine progressive Genossenschaftsstruktur in Unternehmen, umfangreiche Erfahrungen mit direkter Demokratie in lokalen Institutionen, eine Jugendbewegung und eine starke feministische Bewegung sowie dauerhafte Anti-Atom-Aktivität prägen das Baskenland.

Der politische Konflikt des Baskenlands mit Spanien und Frankreich dreht sich im Kern um die Frage des Selbstbestimmungsrechts der baskischen Bevölkerung und um die Frage, welches Territorium zum Baskenland zählt. Der spanische Staat definiert lediglich die Autonome Baskische Gemeinschaft, also drei der sieben baskischen Provinzen, als »baskische Region«, die oft als Euskadi bezeichnet wird. Ein Verfassungsvorbehalt in der spanischen Verfassung erlaubt den Zusammenschluss der vier südlichen Provinzen. Auf eine Volksabstimmung zu dieser Frage wartet die Bevölkerung seit Jahrzehnten. Die drei nördlichen baskischen Provinzen besitzen in Frankreich keinerlei verwaltungstechnische oder politische Eigenständigkeit.

ARNALDO OTEGI MONDRAGÓN
EINE KURZBIOGRAPHIE

Arnaldo Otegi wurde am 6. Juli 1958 im baskischen Elgoibar geboren. Er ist verheiratet, Vater zweier Kinder und seit zwei Jahrzehnten einer der bekanntesten Sprecher der baskischen linken Unabhängigkeitsbewegung (Abertzale Linke).

Die baskische Sprache war unter Franco verboten. Da in der Familie jedoch baskisch gesprochen wird, schicken ihn seine Eltern auf eine der im Verborgenen betriebenen baskischen Sprachschulen.

Als 1977 seine Verbindung zu einem Kommando der ETA-Abspaltung ETA-pm (político-militar) bekannt wird, flieht er vor der spanischen Justiz in den französischen Teil des Baskenlands. ETA-pm löst sich 1981 auf und gibt den bewaffneten Kampf auf. Teile der Organisation gliedern sich später in die spanische Sozialdemokratie (PSOE) ein. Otegi geht diesen Weg nicht mit, sondern bleibt im Exil.

1987 wird er in Frankreich verhaftet und nach Spanien ausgeliefert, wo er 1989 vom spanischen Sondergericht Audiencia Nacional zu sechs Jahren Haft verurteilt wird. Gegen die baskischen politischen Gefangenen wendet die PSOE-Regierung die Politik der Zerstreuung an. So nennt man die häufige Verlegung aus einem Gefängnis in ein nächstes, alle meist Hunderte Kilometer vom Baskenland entfernt. Auch für Otegi beginnt die Odyssee durch verschiedenste spanische Gefängnisse: Alcalá, Herrera de La Mancha, Huelva, Sevilla, Almería, Granada, Carabanchel und Huesca. Während seiner Haftzeit schließt er sein Studium der Philosophie und Literatur ab.

Nach seiner Entlassung 1993 wird Otegi Mitglied der baskischen Partei Herri Batasuna (Volksunion), einer Koalition verschiedener linker Pro-Unabhängigkeits-Strömungen, die später unter dem Namen Batasuna (Einheit) neu gegründet wird. Batasuna ist im spanischen Staat seit 2003 verboten. In Frankreich ist sie legal, löst sich jedoch am 3. Januar 2013 als Folge des Friedensprozesses selbst auf.

Von 1995 bis 2005 gehört Arnaldo Otegi dem baskischen Parlament als Abgeordneter an. Im Dezember 1997 verhaftet die spanische Justiz die gesamte 23-köpfige kollektive Leitung von Herri Batasuna und verurteilt sie zu sieben Jahren Haft, weil sie im Wahlkampf einen Werbespot mit einem Friedensvorschlag der ETA verbreitete. Otegi tritt zusammen mit anderen jungen PolitikerInnen in das verwaiste Führungskollektiv ein und wird zum Parteisprecher gewählt.

Seit 1998 ist er für die baskische Linke als Verhandlungsführer an allen Verhandlungen zur Lösung des Konflikts beteiligt. Unter seiner aktiven Führung leitet die baskische Linke drei Friedensprozesse ein, die zweimal einen einseitigen Waffenstillstand der ETA zur Folge haben. Trotzdem – oder vielleicht gerade deshalb – lassen spanische Regierung und Justiz nicht locker, um den charismatischen Politiker mittels Anklagen und Verhaftungen aus dem Verkehr zu ziehen. Beispielsweise verurteilt die Audiencia Nacional Otegi im Jahr 2005 zu zwölf Monaten Gefängnis, weil er Berichte über Folterungen baskischer Journalisten durch die spanische paramilitärische Polizei mit der Bemerkung kommentiert hatte, der spanische König sei als Oberhaupt aller bewaffneten Einheiten »für die Folterer verantwortlich«. Sechs Jahre später, im März 2011, entscheidet der Europäische Gerichtshof für Menschenrechte, Spanien habe mit dem Urteil Otegis Meinungsfreiheit verletzt.

Nach dem Scheitern der letzten Friedensverhandlungen im Juni 2007 wird er erneut verhaftet. Er spricht darüber ausführlich im vorliegenden Buch im Kapitel »15 Monate Haft«. Noch während seiner Zeit im Gefängnis sondiert er neue Wege für eine friedliche Konfliktlösung. Nach seiner Entlassung aus dem Gefängnis im August 2008 arbeitet Arnaldo Otegi mit einem kleinen Team und mit der Unterstützung internationaler Konfliktmoderatoren daran, Voraussetzungen für eine neue Friedensinitiative zu schaffen.

Im Oktober 2009 wird Arnaldo Otegi für seine friedenspolitischen Aktivitäten verhaftet und später zu 6½ Jahren Gefängnis verurteilt. Er befindet sich seitdem in Haft im Gefängnis von Logroño. Auch aus dem Gefängnis heraus nimmt Arnaldo Otegi Einfluss auf den aktuellen Friedensprozess. Er ist im Baskenland einer der in der Bevölkerung am meisten respektierten Politiker. Die Kampagne für seine Freilassung findet über das Baskenland hinaus breiten Zuspruch und wird von Persönlichkeiten wie dem argentinischen Friedensnobelpreisträger Adolfo Pérez Esquivel unterstützt, der sich in einem offenen Brief an den spanischen Ministerpräsidenten Rajoy für die Freilassung des baskischen Politikers einsetzt.

Der Strategiewechsel der baskischen Linken führt zu neuen Linksbündnissen und ermöglicht im Februar 2012 die Gründung der neuen Partei Sortu (Aufbauen), zu dessen Generalsekretär die Mitglieder mit großer Mehrheit Arnaldo Otegi wählen.

Am 25. April 2013, dem 76. Jahrestag der Bombardierung Gernikas, verleiht der Bürgermeister der Stadt Gernika-Lumo, Jose Maria Gorroño Etxebarrieta, den beiden Politikern Arnaldo Otegi und Jesús Egiguren (PSE) den Friedenspreis der Stadt als Anerkennung für ihren Einsatz für den Frieden im Baskenland. Bei der feierlichen Veranstaltung schweigt Egiguren aus Protest gegen die andauernde Inhaftierung Arnaldo Otegis. Die beiden Töchter der Politiker nehmen den Preis stellvertretend für ihre Väter in Empfang. Die Audiencia Nacional beginnt daraufhin ein Ermittlungsverfahren gegen den Bürgermeister wegen Verdachts auf Verherrlichung von Terrorismus.

GLOSSAR

Abkürzungs-, Namens- und Organisationsverzeichnis

Abertzale Linke: baskische linke Unabhängigkeitsbewegung

AB (Abertzalen Batasuna, Patriotische Union)

Alternatiba (Alternative): Abspaltung der baskischen Sektion der Vereinten Linken (Ezker Batua)

Amaiur: Wahlbündnis (abertzale Linke, EA, Alternatiba, AB, Aralar) zu den spanischen Parlamentswahlen 2012

Aralar: Abspaltung von Herri Batasuna

Audiencia Nacional (Nationaler Gerichtshof): spanisches Sondergericht, zuständig für Terror-Delikte und Ausdruck der politisierten Justiz

Batasuna (Einheit): ehemalige Partei der abertzalen Linken, 2001 als Nachfolgerin von Herri Batasuna gegründet, 2003 in Spanien verboten, 2013 löste sich die in Frankreich legale Partei auf

Bateragune (Ort zur Vereinigung): die Audiencia Nacional verurteilte Arnaldo Otegi und Mitstreiter, weil sie angeblich versucht hätten, im Auftrag der ETA ein Politorgan namens »Bateragune« aufzubauen

BILDU (Versammeln): Wahlbündnis (abertzale Linke, EA, Alternatiba, AB) zu den Kommunalwahlen und als EH BILDU zu den Regionalwahlen in der CAV und in Navarra

CAV (Comunidad Autonoma Vasca): Autonome Baskische Gemeinschaft

CNI (Centro Nacional de Inteligencia): seit 2002 spanischer Geheimdienst als Nachfolger von CESID (Centro Superior de Información de la Defensa)

EA (Eusko Alkartasuna, Baskische Solidarität)

EAJ-PNV (Euzko Alderdi Jeltzalea-Partido Nacionalista Vasco, Baskisch-Nationalistische Partei): meist nur als PNV bezeichnet

Ekin (Machen): bis 1953 Jugendorganisation der PNV, aus ihr entstand ETA

ELA (Eusko Langile Alkartasuna): Die »Baskische Arbeitersolidarität« ist die größte baskische Gewerkschaft

EPPK (Euskal Preso Politikoen Kolektiboak): Kollektiv der baskischen politischen Gefangenen

ETA (Euskadi Ta Askatasuna): Die politisch-militärische Organisation »Baskenland und Freiheit« wurde 1959 gegründet und kämpfte bewaffnet für ein unabhängiges und sozialistisches Baskenland. Den bewaffneten Kampf stellte die ETA 2011 ein

Euskadi: alte Bezeichnung für das gesamte Baskenland, bezeichnet heute die CAV

Euskal Herria: alle sieben Provinzen des Baskenlands, unabhängig von ihrer derzeitigen administrativen Zugehörigkeit

GARA (Wir): baskische Tageszeitung

Geroa Bai (Ja zur Zukunft): Wahlbündnis zu den spanischen Parlamentswahlen 2012 in Navarra unter Führung der PNV

Guardia Civil: militarisierte spanische Polizeieinheit

Hegoalde: Südteil, bezeichnet die baskischen Provinzen unter span. Verwaltung

Herri Batasuna (Volksunion): 1977 bis 2001, löste sich im Entstehungsprozess von Batasuna auf

ICG (International Contact Group): Gruppe internationaler Vermittler und Moderatoren unter Leitung von Brian Currin zur Lösung des baskischen Konflikts

Iparralde: Nordteil, bezeichnet die baskischen Provinzen unter frz. Verwaltung

IU (Izquierda Unida, Vereinigte Linke)

KAS (Koordinadora Abertzale Sozialista): die »Sozialistische Abertzale Koordination« entstand als Bündnis linker Gruppen der baskischen Unabhängigkeitsbewegung 1976 nach dem Tod Francos (1975). Sie löste sich 1994 auf und wurde trotzdem 1998 verboten

LAB (Langile Abertzaleen Batzordeak): Kommissionen der Abertzalen ArbeiterInnen, zweitgrößte baskische Gewerkschaft

Loiola: Das Jesuitenkolleg von Loiola (nahe der baskischen Kleinstadt Azpeitia) war einer der Verhandlungsorte der Friedensverhandlungen 2005 bis 2007

Lokarri: Baskisches Bürgernetzwerk für Frieden, Dialog und Versöhnung

MLNV (Movimiento para la Liberación Nacional Vasco): spanische Bezeichnung der abertzalen Linken

Nafarroa Bai (Ja zu Navarra): Wahlbündnis in Navarra von 2004 bis 2011 unter Führung der PNV

PNV: siehe EAJ-PNV

Parot-Doktrin: spanisches Gesetz zur rückwirkenden Haftverlängerung von Strafen, ein Urteil des Europäischen Gerichtshofs für Menschenrechte vom September 2013 führte zur Aufhebung der Doktrin

PSOE (Partido Socialista del Obrero Español, Sozialistische Partei der Spanischen Arbeiter)
PSE (Partido Socialista de Euskadi): Landesverband der PSOE in der CAV
PSE-EE: siehe PSE, EE (Euskadiko Ezkerra, Linke des Baskenlands) bildete sich aus Abspaltungen von ETA
PP (Partido Popular, Volkspartei): Partei der spanischen Rechten, derzeit Regierungspartei
PS (Parti socialiste, Sozialistische Partei): derzeit Regierungspartei in Frankreich
SORTU (Aufbauen): Im Februar 2012 gegründete Partei der abertzalen Linken, der politische Gefangene Arnaldo Otegi wurde auf dem Gründungsparteitag zum Generalsekretär gewählt

Abkommen und Bündnisse

Aiete, Erklärung von Aiete, 2011, Friedensfahrplan unter internationaler Beteiligung, benannt nach dem Friedenspalast Aiete in Donostia (San Sebastián)
Anoeta, Friedensvorschlag von Batasuna, präsentiert 2004 im Radsportstadion von Anoeta in Donostia
Brüsseler Erklärung, 2010, Antwort internationaler Persönlichkeiten auf »Zutik Euskal Herria«
Euskal Herria ezkerretik (Das Baskenland von links), 2011, strategisches Bündnis der abertzalen Linken mit EA und Alternatiba
Gernika, Abkommen von Gernika (2010): Das »Abkommen für ein Friedensszenarium und eine demokratische Lösung« wurde bisher von über 30 baskischen Organisationen unterzeichnet, auch vom EPPK
Lizarra-Garazi, Abkommen von Lizarra-Garazi, 1998: Friedensplan aller baskischen Parteien (einschließlich PNV und IU) mit Ausnahme von PP und PSOE
Lortu arte (Bis es erreicht ist), 2010, strategisches Bündnis der abertzalen Linken mit EA
Zutik Euskal Herria (Steh auf Baskenland), Februar 2010, Ergebnisdokument der Strategiediskussion der abertzalen Linken. Mit diesem Dokument bekräftigt die abertzale Linke ihren Strategiewechsel und eröffnet die Phase des aktuellen Friedens- und Konfliktlösungsprozesses.

BILDNACHWEISE

Abb. 1 (S. 14) © Copyright by Jon Hernaez, Argazki Press, 6.6.2006

Abb. 2 (S. 44) © Copyright by Juan Carlos Ruiz, Argazki Press, 14.11.2004

Abb. 3 (S. 44) © Copyright by Jon Urbe, Argazki Press, 6.7.2006

Abb. 4 (S. 104) © Copyright by Ralf Streck, 10.2.2007

Abb. 5 (S. 121) © Copyright by Andoni Canellada, Argazki Press, 17.10.2009

Abb. 6 (S. 181) © Copyright by Lander Fdz. Arroiabe, Argazki Press, 11.5.2012

Abb. 7 (S. 181) © Copyright by Ralf Streck, 11.09.2009

Abb. 8 (S. 189) © Copyright by Andoni Canellada, Argazki Press, 17.10.2011

Abb. 9 (S. 189) © Copyright by Raul Bogajo, Argazki Press, 17.10.2011

Abb. 10 (S. 216) © Copyright by Ralf Streck, 23.2.2013

Abb. 11 (S. 220) © Copyright by Jon Hernaez, Argazki Press, 12.1.2013

Abb. 12 (S. 223) © Copyright by J. Danae, Argazki Press, 14.10.2013

Abb. 13 (S. 246) © Copyright by Ralf Streck, 21.1.2006

Abb. 14 (S. 247) © Copyright by Uschi Grandel, EHL

Alle Bilder sind urheberrechtlich geschützt